Michael Pauen

Die Natur des Geistes

S. FISCHER

MIX
Papier aus verantwortungsvollen Quellen
FSC® C083411

Erschienen bei S. FISCHER

Schaubilder: Peter Palm, Berlin
Satz: Dörlemann Satz, Lemförde
Druck und Bindung: CPI books GmbH, Leck
Printed in Germany
ISBN 978-3-10-002408-4

Inhalt

Einführung: Die Natur des Geistes

Ausgangslage

Die Entdeckung der Natur des Geistes ist eine der letzten großen wissenschaftlichen Herausforderungen, und sie ist vermutlich diejenige mit der längsten Vorgeschichte. Schon in den ältesten Dokumenten unserer Kultur ist das Interesse an einer Erklärung geistiger Fähigkeiten dokumentiert, und es zieht sich von da an wie ein roter Faden durch die Kultur- und Wissenschaftsgeschichte nicht nur der westlichen Zivilisation. In den letzten Jahren hat sich dieses Interesse noch einmal deutlich verstärkt, es sind extrem hoch dotierte Forschungsprogramme initiiert worden, gleichzeitig lassen sich in vielen Bereichen wichtige Fortschritte erkennen.

Es gibt eine Reihe von Gründen für dieses Interesse. Von Geist und Gehirn hängen nämlich praktisch all jene Fähigkeiten ab, die den Menschen zum Menschen und menschliche Gesellschaften zu menschlichen Gesellschaften machen. Diese Fähigkeiten entscheiden also nicht nur darüber, ob wir Fortschritte bei den großen Problemen der Menschheit wie sozialen Konflikten, kriegerischen Auseinandersetzungen oder bislang unheilbaren Krankheiten wie Parkinson und Alzheimer machen; gefordert sind diese Fähigkeiten auch bei all unseren »kleinen« privaten Problemen in Familie und Beruf.

Daneben ist das Problem aber auch schon aufgrund seiner bloßen Schwierigkeit von Interesse, schließlich stellt das Gehirn mit seinen knapp 100 Milliarden Nervenzellen und 100 Billionen Verbindungen bei weitem das komplexeste System dar, das wir kennen. Das bedeutet nicht nur, dass wir zum Verständnis dieses Systems besonders lange benötigen. Vielmehr werden wir hier mit völlig neuartigen Schwierigkeiten konfrontiert. So ist an der Erforschung von Geist und Gehirn eine Vielzahl unterschiedlicher wissenschaftlicher und technischer Disziplinen mit jeweils eigener Entwicklungsdynamik beteiligt. Dies führt nicht nur zu den großen Schwierigkeiten bei der Prognose jeder zukünftigen Entwicklung, vielmehr macht es auch völlig neue Formen der Wissenschaftsorganisation erforderlich.

Zusätzliche Probleme stellen sich aber auch aufgrund der bloßen Quantität der notwendigen Erkenntnisse. Zweifellos gibt es solche Probleme auch in anderen Wissenschaftszweigen. Die übliche Reaktion darauf ist eine steigende Spezialisierung. Wenn es um Geist und Gehirn geht, ist diese Möglichkeit jedoch versperrt: Schon das hochkomplexe System des Gehirns für sich genommen können wir nur verstehen, wenn wir eine große Zahl von Erkenntnissen aus höchst unterschiedlichen Disziplinen zusammennehmen. Die Sache wird noch komplizierter, wenn man sich vor Augen hält, dass es nicht »nur« um die neurobiologische Beschreibungsebene geht, sondern auch um die der Psychologie, nicht nur um das Gehirn, sondern genauso um den Geist. Die neurobiologischen Daten können auf die Dauer nur noch in Computermodellen verarbeitet werden. Dazu müssten Erfassung und Format dieser Daten in hohem Maße standardisiert sein; das aber könnte die bisherige Arbeitsweise unabhängiger Gruppen autonomer Wissenschaftler an ihre Grenzen bringen. Hinzu kommt schließlich, dass die Untersuchungsmöglichkeiten aus naheliegenden Gründen massiv beschränkt sind: Von sehr wenigen Ausnahmen abgesehen, verbietet es sich schlichtweg, in die Funktion der Gehirne von Lebenden einzugreifen.

Immerhin gibt es gleichzeitig aber auch ein großes öffentliches Engagement für diese Forschungsprogramme. Ein Indiz dafür sind die hohen Ausgaben in diesem Bereich. So beschäftigt sich z. B. eines der beiden Flaggschiffprojekte, für die die EU vor einiger Zeit eine Milliarde Euro bewilligt hat, mit dem menschlichen Gehirn. Und die EU steht damit nicht allein: Ähnliche finanziell ebenfalls hervorragend ausgestattete Initiativen gibt es z. B. auch in den Vereinigten Staaten. Sichtbar wird das Engagement aber auch an der Vielzahl der wissenschaftlichen Publikationen in diesem Bereich, es zeigt sich daran, dass es mittlerweile eigene populärwissenschaftliche Zeitschriften speziell zu diesem Thema gibt; schließlich ist es erkennbar an der großen Zahl neuer Forschungseinrichtungen und Studiengänge, die sich mit diesen Fragen befassen.

Problem

Eigentlich alles in Ordnung, könnte man meinen: einerseits eine extrem schwierige Aufgabe, gleichzeitig aber ein großes Engagement, verbunden mit der Bereitschaft, substantielle Mittel für die Lösung des Problems einzusetzen!

Irritierend sind allerdings die massiven Unterschiede in den Prognosen über die zukünftige Entwicklung dieses Forschungsprogramms – vor allem wenn man wissen will, wie weit wir noch von einer halbwegs zufriedenstellenden Lösung entfernt sind. Im Grunde genommen finden sich heute nämlich für jede denkbare Position zumindest einige glühende Verfechter. Während Optimisten der Ansicht sind, dass die wichtigsten Wissenslücken innerhalb absehbarer Zeit beseitigt sein werden, bestreiten Skeptiker mit der gleichen Inbrunst, dass dies *überhaupt* möglich ist, ganz egal wann.

Solche gravierenden Divergenzen deuten bereits darauf hin, dass wir vielleicht noch keine klare Vorstellung davon haben, welches Problem hier überhaupt zu lösen ist. Sollten wir wirklich schon wissen, was hier noch zu tun ist, wie kann es dann gleichzeitig derart weitreichende Meinungsverschiedenheiten nicht nur darüber geben, wie lange wir für die Erledigung dieser Aufgaben benötigen, sondern auch, *ob* dies überhaupt möglich ist? Und umgekehrt: Wenn wir das Problem jetzt schon so genau kennen, dass wir bereits Prognosen über seine Lösung oder seine Unlösbarkeit abgeben können, dann bedeutet dies doch, dass die gesamten noch vor uns liegenden Entdeckungen uns nichts substantiell Neues über Geist und Gehirn vermitteln werden. Andernfalls müssten wir damit rechnen, dass solche Veränderungen unser Problemverständnis beeinflussen und damit auch ganz neue Lösungen eröffnen könnten – unsere Prognosen wären dann wahrscheinlich obsolet. Doch wie will man jetzt schon die Reichweite zukünftiger Entdeckungen beurteilen können, wo wir diese Entdeckungen noch nicht kennen und daher nicht absehen können, ob sie etwas an unseren heutigen Vorstellungen zu ändern vermögen?

Tatsächlich, so möchte ich zeigen, ist das zugrundeliegende Bild der gegenwärtigen Forschungssituation grundsätzlich falsch: Neuere Erkenntnisse füllen eben nicht einfach nur die weißen Flecken auf einer insgesamt bekannten Landkarte. Gerade angesichts der vielfach intensivierten Forschungsanstrengungen spricht vielmehr alles dafür, dass sich unser Verständnis des Problems grundlegend ändern kann. Es werden eben nicht einfach ein paar Daten gesammelt, um die verbliebenen weißen Flecken auszufüllen, vielmehr steht die ganze Karte zur Disposition: Viele Defizite dürften uns noch nicht einmal bekannt sein, vor allem müssen wir uns um ein besseres Verständnis des Phänomens selbst bemühen, das wir heute als Bewusstsein bezeichnen.

Die historische Entwicklung unseres Problemverständnisses

Ein Blick auf die bisherige Forschungsgeschichte kann zeigen, warum das so ist. Auch in der Vergangenheit hat es nämlich immer wieder tiefgreifende Veränderungen im Problemverständnis gegeben, an denen man die Dynamik, aber auch die Konsequenzen dieser Umbrüche studieren kann. Besonders gut zu erkennen sind die Unterschiede, wenn man die traditionelle Seelenvorstellung, wie sie sich in vielen alten Kulturen, der Bibel, aber auch in weiten Bereichen der antiken und mittelalterlichen Philosophie findet, neben den modernen Bewusstseinsbegriff stellt. Spricht man von einer Seele, dann hat man es in der Regel[1] mit einer eigenständigen Substanz zu tun, die unabhängig von Gehirn und Körper existiert. Klärungsbedürftig ist dabei vor allem die Herkunft – z. B. aus einem göttlichen Schöpfungsakt. Aufgeworfen werden aber auch Fragen nach den Besonderheiten der Seelensubstanz, ihrem Schicksal nach dem Tode und schließlich – in späteren Phasen der Forschungsgeschichte – ihrer Interaktion mit dem Körper. Die subjektive Erfahrung spielt dagegen in der Regel eine völlig untergeordnete Rolle, solange es um die Seele geht.

Das ist anders beim Begriff des Bewusstseins. Hier ist die subjektive Erfahrung von zentraler Bedeutung, auch wenn der Bewusstseinsbegriff sie bis heute allenfalls rudimentär erfasst. Anders als die Seele ist Bewusstsein zudem eine Eigenschaft, die einen Träger benötigt. Dies können Emotionen und Gedanken sein, Bewusstsein lässt sich aber auch der Seele[2] oder neuronalen Prozessen zuschreiben. Fragen nach Herkunft und Substanz verlieren damit an Bedeutung, stattdessen treten andere Probleme in den Vordergrund, z. B.: Wie kann diese Eigenschaft aus neuronalen Prozessen erklärt werden, welche Funktionen unterscheiden bewusste Prozesse von unbewussten Prozessen, wie kann man bewusste Erfahrung genauer erfassen und – wie ist das Verhältnis zwischen Innen- und Außenperspektive zu verstehen?

Die Konsequenzen sind auch deshalb so weitreichend, weil es hier nicht einfach um den isolierten Wandel einzelner Begriffe wie »Seele« oder »Bewusstsein« geht; vielmehr ist dieser Begriffswandel Ausdruck weitreichender philosophischer, theologischer, wissenschafts- und kulturgeschichtlicher Umbrüche, die gemeinsam zu tiefgreifenden Veränderungen des Problemverständnisses führen. Und diese Veränderungen halten an: Es wäre merkwürdig, ließen die massiv verstärkten Anstrengungen der Gegenwart unser Verständnis des Problems auf die Dauer unberührt. Hätten wir dann wirklich etwas Neues gelernt? Tatsächlich gibt es deutliche Indizien für eine Weiterentwicklung insbesondere des Bewusstseinsbegriffs, der sich z. B. durch die Unterscheidung von phänomenalem und kognitivem Bewusstsein in den letzten Jahren weiter ausdifferenziert hat.

Dies zeigt erstens, dass eine angemessene Beurteilung der gegenwärtigen Situation wie der zukünftigen Aussichten nur möglich ist, wenn wir auch die früheren Phasen unserer Forschungsgeschichte berücksichtigen. Ignorieren wir diese historische Perspektive, dann besteht die Gefahr, dass wir unsere gegenwärtigen Erkenntnisse und unser gegenwärtiges Problemverständnis naiv verabsolutieren und damit zukünftige Entwicklungen wie auch unsere eigene Situation völlig falsch einschätzen.

Zweitens bedeutet dies, dass wir unser eigenes Problemverständnis nicht einfach zur Grundlage von Zukunftsprognosen machen dürfen. Das führt zwar zu einer beträchtlichen Erschwerung solcher Voraussagen. Auf der anderen Seite können wir aber nur so offen bleiben für Lösungen, die aus heutiger Sicht noch überhaupt nicht abzusehen sind. Die Geschichte der Hirnforschung zeigt, warum wir gut daran tun, uns eine solche Offenheit zu bewahren. In der Vergangenheit ist nämlich immer wieder behauptet worden, dass bestimmte Fähigkeiten wie z. B. unser Sprachvermögen oder unsere kognitiven Fähigkeiten niemals auf natürliche Prozesse zurückgeführt werden könnten. Die meisten dieser Behauptungen haben sich zwischenzeitlich als falsch herausgestellt. Es wäre daher vermessen, wollten wir ausschließen, dass es mit den heute unlösbar erscheinenden Problemen ähnlich gehen wird.

Lässt sich Bewusstsein erklären?

Doch das ist nicht alles. Abgesehen davon, dass wir eine Lösung nicht ausschließen können, gibt es einen wichtigen Punkt, an dem wir einen wesentlichen Schritt in Richtung auf eine solche Lösung machen können – und auch hier ist der historische Hintergrund wichtig. Die meisten Philosophen glauben, dass das größte Hindernis für eine wissenschaftliche Erklärung geistiger Prozesse in der Kluft besteht, die die subjektive Erfahrung von der objektiven, wissenschaftlichen Erkenntnis zu trennen scheint: Direkten Zugang zu unseren eigenen mentalen Zuständen bietet offenbar nur die Introspektion – sie scheint ein prinzipielles Privileg zu besitzen, wenn es um die Erkenntnis unserer bewussten Erfahrungen geht. Aus der objektiven wissenschaftlichen Perspektive der dritten Person ist uns dagegen nur das Verhalten zugänglich, doch das lässt allenfalls indirekte Rückschlüsse auf die zugrundeliegenden Erfahrungen zu. Einer wissenschaftlichen Erklärung des Bewusstseins scheinen damit enge Grenzen gesetzt; insbesondere die qualitativen Aspekte von Schmerzen oder Farbempfindungen sind offenbar aus der Außenperspektive überhaupt nicht angemessen zu erfassen und zu erklären.

Doch so plausibel diese Auffassung auch erscheinen mag: Ich werde zeigen, dass das behauptete Privileg der Introspektion nicht existiert. Auch hier sind die historischen Hintergründe aufschlussreich; dies gilt insbesondere für die Geschichte des Bewusstseinsbegriffs.

Bewusstsein und Wissen

Historisch lassen sich die Ursprünge eines solchen Privilegs der Introspektion bis in die antike Philosophie zurückverfolgen. Schon Platon und Plotin sprechen von einer inneren Erkenntnis, die der Seele offensteht, wenn sie sich – ohne den Umweg über die Sinne zu nehmen – direkt mit ihren eigenen Ideen beschäftigt. Eine wichtige Rolle spielt zudem die engverwandte Gegenüberstellung von unmittelbarer, intuitiver Schau und mittelbarer, diskursiver Erkenntnis. Diese intuitive Erkenntnis ist bei Plotin noch dem göttlichen Geist vorbehalten, später wird sie aber auch als eine besondere Form menschlicher Erkenntnis begriffen. Intuition ist eine unmittelbare, innere Schau, die ebenfalls nicht auf die Sinne angewiesen ist. Anders als beim vermittelten, diskursiven Wissen sind hier zudem Rechtfertigung, Überprüfung und Kritik gleichermaßen unmöglich und unnötig. Und es soll gerade diese Unmittelbarkeit der inneren Schau sein, die das intuitive Wissen dem mittelbaren, diskursiven Wissen gegenüber privilegiert: Die Intuition hat Zugang zu Erkenntnissen, die dem diskursiven Wissen unzugänglich sind, Irrtümer sind zudem ausgeschlossen.[3]

Ohne Zweifel unterscheiden sich Intuition und innere Erkenntnis bei den antiken Autoren von der Introspektion im modernen Sinne. Gegenstand der inneren Erkenntnis sind nicht etwa die eigenen mentalen Zustände, vielmehr geht es um die Ideen oder Gott. Doch die Vorstellung einer unmittelbaren, intuitiven Schau prägt den Begriff von Introspektion, der später von den Autoren des 17. Jahrhunderts in Zusammenhang mit der Etablierung des Bewusstseinsbegriffs entwickelt wird.

Auch die Bewusstseinsvorstellung taucht bereits in der Antike auf, und zwar zuerst in Literatur und Umgangssprache; erste Nachweise gibt es bei Aeschylos und Sophokles. Später findet sich die Vorstellung bei Sokrates und Platon auch in der Philosophie,[4] zudem spielt sie eine wichtige Rolle in der Stoa.[5] Dabei dominieren vor allem Wahrnehmungsmetaphern: Der zentrale Begriff lautet »*Synaisthesis*« (wörtl.: Mitempfindung). Bewusstsein wird also als eine Form der inneren Wahrnehmung verstanden.[6] Nach einem gewissen Bedeutungsverlust im Mittelalter[7] etabliert sich *Bewusstsein* bis zum Ende des 17. Jahrhunderts neben den Begriffen *Seele* und *Geist* als eine der zentralen Kategorien für die Beschreibung mentaler Phänomene. Eine maßgebliche Rolle innerhalb dieses Prozesses spielen Descartes, Locke und Leibniz; eine ausführlichere Auseinandersetzung liefern zudem der Cambridger Platoniker Ralph Cudworth sowie »Pseudo-Mayne«, der bis heute nicht eindeutig identifizierte Verfasser der Schrift ÜBER DAS BEWUSSTSEIN von 1728.

Dabei kommt es zu einer historisch folgenreichen Weichenstellung, die unsere Vorstellung von Bewusstsein und Introspektion bis heute prägt. Geistige Erfahrung, die seit der Antike wie gesagt vor allem in Kategorien der Wahrnehmung beschrieben wurde, wird nun als ein inneres *Wissen* begriffen.[8] Damit etabliert sich, was ich im Folgenden als die *Engführung von Bewusstsein und Wissen* bezeichnen werde. Bewusstsein wird als eine Form des Wissens von den eigenen geistigen Zuständen betrachtet. Der Zusammenhang kann dabei zum einen als begrifflich betrachtet werden: Meine Schmerzen zählen nur dann als bewusste Schmerzen, wenn ich weiß, *dass* ich Schmerzen habe – Fehler wären in diesem Falle prinzipiell ausgeschlossen. Möglich ist zum anderen aber auch ein sachlicher Zusammenhang. In diesem Falle würden meine bewussten Schmerzen z. B. aufgrund der Unmittelbarkeit des Zugangs eine extrem zuverlässige Basis für den Erwerb des entsprechenden introspektiven Wissens bilden – Fehler wären zwar prinzipiell möglich, aber extrem unwahrscheinlich.

Erkennbar ist der enge Zusammenhang von Bewusstsein und Wissen schon auf der rein verbalen Ebene: Wissen ist das Stammwort, von dem die Komposita »Be-wusstsein«, »con-scientia«, »con-science« oder »con-sciousness« abgeleitet sind. Wer Bewusstsein von Schmerzen besitzt, so suggeriert diese Begriffswahl, der weiß damit, dass er Schmerzen hat.

Auch hier darf bei allen Gemeinsamkeiten die historische Differenz nicht aus dem Blick geraten: Für die Autoren des 17. Jahrhunderts geht es nämlich zunächst einmal nicht um eine möglichst genaue Beschreibung des Bewusstseins oder des durch Bewusstsein möglichen introspektiven Wissens. Im Mittelpunkt steht auch nicht die Erkenntnis eigener Schmerzen oder Emotionen. Entscheidend ist für Descartes, Locke, Leibniz, Cudworth und Pseudo-Mayne –

bei allen Differenzen im Einzelnen – vielmehr die Schaffung einer zuverlässigen Basis für wissenschaftliches Wissen. Das introspektive Wissen dient nicht primär der Selbsterkenntnis, vielmehr soll es unsere Erkenntnis der Außenwelt verbürgen: Bei Descartes betrifft dies nicht nur das berühmte »cogito«, sondern auch den Zugang zu den Ideen, die das mathematisch gestützte wissenschaftliche Wissen ermöglichen und einen Anker gegenüber jeglichem Skeptizismus bilden sollen.

Diese Vorstellung hat sich bis heute erhalten. Auch wenn die zugrundeliegende Idee intuitiver Erkenntnis ansonsten längst aufgegeben wurde und die Unterscheidung zwischen der bewussten Erfahrung und dem Wissen *über* diese Erfahrung weitgehend anerkannt ist, so hat sich doch nach wie vor die Auffassung erhalten, dass bewusste Erfahrung ein introspektives Wissen über die Erfahrung garantiere, das vor allem aufgrund seiner Unmittelbarkeit gegen Fehler ganz oder zumindest weitgehend immun sei.

Entscheidend ist hier die Konsequenz dieses Privilegs: Sie besteht in einer prinzipiellen Begrenzung der Reichweite wissenschaftlicher Erklärungen und Beschreibungen mentaler Zustände. Wenn Bewusstsein eine privilegierte Form des Wissens von den bewussten Zuständen begründet, dann muss drittpersonales Wissen notwendigerweise defizitär bleiben. Die wissenschaftliche Erkenntnis mentaler Zustände wäre dann prinzipiell in einer äußerst problematischen Situation, schließlich gäbe es hier – anders als in sämtlichen übrigen Bereichen der wissenschaftlichen Erkenntnis – eine Instanz, die allen wissenschaftlichen Methoden weit überlegen ist, nämlich das bewusste Subjekt selbst.

Anders ausgedrückt: Ausgerechnet die subjektive Erkenntnis, die ansonsten in den Wissenschaften als eindeutig defizitär gegenüber methodisch abgesichertem, objektivem Wissen gilt, scheint hier einen klaren Primat zu haben. Viele Autoren, unter ihnen Leibniz, Du Bois-Reymond, Friedrich Albert Lange, Thomas Nagel, Frank Jackson, Joseph Levine oder David Chalmers haben sich – mehr oder minder ausdrücklich – auf dieses Defizit berufen, um zu zeigen, dass eine hinreichende wissenschaftliche Erklärung vor allem des qualitativen Charakters bewusster Zustände prinzipiell ausgeschlossen ist. Der subjektive Charakter z. B. einer Schmerzerfahrung entziehe sich grundsätzlich jeder objektiven wissenschaftlichen Erklärung. Dies gelte selbst dann, wenn dazu alles nur denkbare Wissen von Psychologie und Hirnforschung zur Verfügung stünde. Das Projekt einer naturalistischen Erklärung des Geistes sei daher zum Scheitern verurteilt, und zwar auch dann, wenn man geistige Prozesse für biologische Vorgänge hält: Man könne den Zusammenhang zwischen biologischer Aktivität und erstpersonaler Erfahrung allenfalls akzeptieren, zu verstehen sei er prinzipiell nicht.

Hier scheint sich ein Dilemma aufzutun: Entweder man hält an den Grenzen einer auf objektives, methodisch gesichertes Wissen verpflichteten Forschung fest, dann muss man auf eine Erklärung subjektiver Erfahrungen verzichten. Oder man besteht auf der Erklärung dieser Erfahrungen, dann muss man die Grenzen der üblichen wissenschaftlichen Standards überschreiten. In den Worten von Thomas Nagel:

»Wenn der Physikalismus verteidigt werden soll, müssen phänomenologische Eigenschaften selbst physikalisch erklärt werden. Wenn wir aber ihren subjektiven Charakter untersuchen, scheint so etwas unmöglich zu sein.«[9]

Ziel dieses Buches ist es zu zeigen, dass sich das Dilemma auflösen lässt, wenn man hinreichend genau zwischen bewusster Erfahrung und der Erkenntnis dieser Erfahrung unterscheidet und dabei erkennt, dass nur die Erfahrung selbst, nicht aber deren Erkenntnis ein subjektives Privileg ist.

Systematische Einwände

Gegen das Introspektionsprivileg und die ihm zugrundeliegende Engführung von Wissen und Bewusstsein gibt es nämlich massive systematische und empirische Einwände. Systematisch ist diese Engführung schon alleine deshalb anfechtbar, weil sie einen äußerst merkwürdigen Begriff des Wissens voraussetzt. Wissen wird üblicherweise[10] als gerechtfertigte, wahre Meinung verstanden, die ihrerseits einen satzförmigen Inhalt hat, z. B. »dass vor meinem Fenster ein paar Steine liegen«. Wahr ist diese Meinung, wenn vor meinem Fenster tatsächlich ein paar Steine liegen, gerechtfertigt ist sie, wenn ich Gründe für diese Annahme vorweisen kann. Offensichtlich muss diese gerechtfertigte, wahre Meinung unterschieden werden von den Gegenständen und Sachverhalten in der Außenwelt, auf die sie sich bezieht. Die Steine vor meinem Fenster sind etwas ganz anderes als mein Wissen bzw. meine Überzeugungen *über* diese Steine. Erstere liegen bei Wind und Wetter in der Außenwelt herum; Letzteres befindet sich in meinem Kopf; in abgeleiteter Form mag es seinen Weg in Bücher und Datenbanken finden. Ein weiterer Unterschied besteht darin, dass die Überzeugungen, die die Grundlage des Wissens bilden, wahr und falsch sein können; für Steine und Schmerzen gilt das nicht.

Halten wir daher fest, dass wir in jedem Falle erstens zwischen subjektiver Erfahrung und dem *Wissen über* diese Erfahrung, also zwischen meinem Schmerz und dem *Wissen über* meinen Schmerz unterscheiden müssen. Dieses Wissen kann ich selbst erwerben, es kann aber auch von anderen erlangt werden. Im ersten Falle spricht man von subjektivem, introspektivem Wissen, im zweiten Fall werde ich – in Ermangelung einer treffenden, bereits eingeführten Bezeichnung – von »extrospektivem mentalem Wissen« oder kurz einfach von »extrospektivem Wissen«[11] sprechen. Extrospektives Wissen ist also das Wissen über die mentalen Zustände anderer im Gegensatz zu dem introspektiven Wissen über die eigenen bewussten Zustände.

Die Unterscheidung alleine sagt natürlich noch nichts über die epistemische Rolle des extrospektiven Wissens. Wie schon gesagt, bestehen viele Philosophen auf dem introspektiven Privileg, auch wenn sie die Unterscheidung von Erfahrung und introspektivem Wissen durchaus akzeptieren. Tatsächlich könnte introspektives Wissen durchaus privilegiert gegenüber extrospektivem Wissen sein – z. B. weil nur die Introspektion einen direkten Zugang zu mentalen Zuständen hat oder weil dieser Zugang wesentlich zuverlässiger ist als der extrospektive Zugang.

Die zentrale These dieser Arbeit lautet jedoch, dass dies *nicht* der Fall ist. Ein subjektives Privileg gibt es nur für die *Erfahrung* mentaler Zustände, nicht jedoch für das introspektive *Wissen über diese Erfahrung.* Zwar *erfahre* ich meine Schmerzen auf eine Weise, die jedem anderen verschlossen ist. Doch wenn es um mein *Wissen über* diese Schmerzen geht, dann existiert ein solches Privileg nicht. Zwischen introspektivem und extrospektivem Wissen gibt es vielmehr eine prinzipielle Symmetrie. Andere können also prinzipiell genauso gut, im Einzelfall sogar besser über meine Schmerzen Bescheid wissen als ich selbst. Das gilt nicht so sehr im Alltag, wo ich in der Tat meist besser als jeder andere weiß, ob ich Schmerzen habe oder nicht. Doch schon im Falle von psychiatrischen Erkrankungen liegen die Dinge anders: Mein Psychiater kann wesentlich besser als ich selbst z. B. über Erfahrungen Bescheid wissen, die ich verdränge. Mehr noch gilt dies für sorgfältig geplante wissenschaftliche Experimente: Sie können schon heute beispielsweise Irrtümer der Introspektion offenlegen; Prognosen über prinzipielle Grenzen derartiger Experimente fallen zumindest zum gegenwärtigen Zeitpunkt sehr schwer.

Meine Behauptung einer prinzipiellen Symmetrie von Introspektion und Extrospektion stützt sich auf eine ganze Reihe weiterer Überlegungen. Diese wenden sich zum einen gegen die Argumente und Intuitionen, auf die sich die Befürworter des Introspektionsprivilegs stützen. *Eine* dieser Intuitionen hatten wir bereits kennengelernt, nämlich die Engführung von Wissen und Bewusstsein. Dieser Vorstellung zufolge ist introspektives Wissen privilegiert, weil es in einem besonders engen Verhältnis zu bewussten Erfahrungen steht. Doch abgesehen davon, dass Unmittelbarkeit im Allgemeinen keine gute Voraussetzung für den Erwerb von Wissen darstellt, werde ich zeigen, dass introspektives Wissen auf vielfältige Weise vermittelt und eben gerade nicht unmittelbar ist.

Fragwürdig sind auch viele der Gedankenexperimente, auf die sich die Verfechter eines introspektiven Privilegs berufen: Solche Gedankenexperimente sollen beispielsweise zeigen, dass es massive Unterschiede in den bewussten Erfahrungen geben kann, die nur introspektiv, nicht aber von außen zu erkennen sind. Ein bekanntes Gedankenexperiment befasst sich mit Zombies. Zombies sind in Verhalten, ihren Gedanken und allen anderen kausal wirksamen und daher äußerlich erkennbaren Eigenschaften identische Doppelgänger bewusster Personen. Der einzige Unterschied ist, dass Zombies kein Bewusstsein haben. Zwar geht niemand davon aus, dass es Zombies wirklich gibt; doch unsere Vorstellungen von Bewusstsein scheint mit der Existenz von Zombies verträglich zu sein. Dann aber würde nichts, wirklich nichts, was aus der Außenperspektive zugänglich ist, sicherstellen, dass eine Person bei Bewusstsein ist. Das Gedankenexperiment erscheint intuitiv äußerst plausibel, bei näherer Betrachtung zeigt sich indessen sehr schnell, dass es zu absurden Konsequenzen führt. Wenn mein Zombie-Doppelgänger nämlich dieselben Gedanken hat wie ich, dann wird er ebenso wie ich denken, er sei bei Bewusstsein – fälschlicherweise natürlich. Doch warum kann ich mir dann sicher sein, dass meine Überzeugung, bei Bewusstsein zu sein, die richtige, und die des Zombies die falsche ist? Auch wenn ich der Zombie wäre, hätte ich ja diese Überzeugung!

Diese Überlegung illustriert das generelle Problem der Argumente, die zugunsten des Introspektionsprivilegs vorgebracht worden sind. Es wird sich nämlich herausstellen, dass alle Annahmen, die das extrospektive Wissen in Frage stellen, auch die Introspektion untergraben. Oder umgekehrt: Was wir introspektiv wissen können, können wir – zumindest prinzipiell – auch extrospektiv in Erfahrung bringen. Und das bedeutet wiederum, dass es eine prinzipielle Symmetrie von Introspektion und Extrospektion gibt.

Empirische Forschung

Wie schon erwähnt, betrifft diese Symmetrie weniger den Alltag, in dem ich im Allgemeinen immer noch besser als alle anderen über meine Schmerzen Bescheid weiß. Wirklich bedeutsam ist diese Symmetrie dagegen in den Wissenschaften – und genau darauf kommt es an, schließlich geht es ja um eine wissenschaftliche Erklärung von Bewusstsein. Hierfür gibt es bereits heute eine Reihe von Belegen. Dazu gehört das schon erwähnte Schicksal der Introspektion in psychologischen Experimenten.[12] Gegen Ende des 19. Jahrhunderts, als die ersten psychologischen Labore von philosophisch geschulten Forschern wie Wilhelm Wundt, Oswald Külpe oder Edward Titchener gegründet wurden, spielte die Introspektion eine zentrale Rolle auch in empirischen Untersuchungen – so wie man es angesichts der in der Philosophie weitverbreiteten Vorstellung eines besonderen Privilegs der ersten Person erwarten sollte. Das ging so weit, dass z. B. in Gedächtnisexperimenten auch einfache Kontrollen unterlassen wurden, weil man sich auf die introspektiven Berichte verließ. Den Versuchspersonen wurden einfach zweimal nacheinander exakt dieselben Stimuli präsentiert, und sie sollten dann angeben, an welche Stimuli sie sich noch erinnern konnten.[13]

Trotz einer intensiven Methodendiskussion unter den beteiligten Forschern hielten sich die Erfolge der introspektiven Psychologie jedoch in Grenzen. Nach dem Tod ihrer Verfechter wurde sie in den zwanziger Jahren des vergangenen Jahrhunderts durch den Behaviorismus verdrängt. Selbst heute, nachdem die Hochzeiten des Behaviorismus längst hinter uns liegen, spielen introspektive Methoden immer noch eine untergeordnete Rolle.

Das wäre schwer zu verstehen, wenn die Introspektion tatsächlich den Königsweg zur Erkenntnis eigener mentaler Zustände bieten würde. Schließlich könnten Psychologie und Neurowissenschaften dann über die Befragung von Versuchspersonen direkt an diesem Privileg partizipieren.

Tatsächlich ist das Vertrauen in die Introspektion mittlerweile auch durch eine große Zahl von Studien in Zweifel gezogen worden. Nisbett und Wilson[14] haben bereits 1977 eine Vielzahl von Belegen dafür geliefert, dass Menschen sich in introspektiven Berichten manchmal fundamental täuschen. So konnten die Probanden in zwei Experimenten dazu gebracht werden, ihre Meinung zu einem sehr kontroversen Thema zu ändern. Doch die Versuchspersonen nahmen ihren Meinungswechsel introspektiv gar nicht zur Kenntnis.

Deutlich werden die Grenzen der Introspektion auch bei der Alexithymie, einer psychiatrischen Erkrankung, bei der die betroffenen Patienten Emotionen zwar *erfahren*, diese aber introspektiv nicht *erkennen*. Abermals fallen Introspektion und Erfahrung auseinander, weil die Introspektion ein offenbar unvollständiges Bild der Erfahrung vermittelt.[15]

Ein letztes Beispiel für eine Dissoziation von Erkenntnis und Erfahrung liefern die berühmten Versuche von George Sperling zum »ikonischen Gedächtnis«.[16] Sperling wies nach, dass Versuchspersonen unter bestimmten Bedingungen nur einen Teil der Objekte introspektiv erkennen konnten, die sie bewusst gesehen haben. Man nimmt an, dass das Arbeitsgedächtnis mit seiner begrenzten Kapazität den entscheidenden Flaschenhals auf dem Weg von der Erfahrung zur Introspektion bildet. Mit anderen Worten: Unser introspektives Wissen kann aufgrund der begrenzten Kapazität der beteiligten kognitiven Prozesse nicht die gesamte Erfahrung erfassen. Schon hier kommt es also zu einer systematischen Verzerrung, und diese Verzerrung lässt sich mit wissenschaftlichen Methoden feststellen.

Die Experimente von Sperling zeigen auch, warum pauschale Behauptungen über die prinzipielle Über- oder Unterlegenheit der Introspektion so problematisch sind: Zwar mögen die Wege und Methoden der Introspektion feststehen, für die wissenschaftliche Forschung gilt dies sicher nicht. Aus den bereits genannten Gründen ist es unmöglich, die Methoden oder gar die Resultate zukünftiger Experimente vorwegzunehmen, vor allem, wenn sie so intelligent sind wie die von Sperling. Auch deshalb steht man auf sehr unsicherem Boden, wenn man dem naturwissenschaftlichen Wissen über geistige Zustände prinzipielle Grenzen zu setzen sucht.[17]

Mittlerweile gibt es zudem eine ganze Reihe von neurobiologischen Untersuchungen, die mehr über die neuronalen Grundlagen von Wissen und Erfahrung mentaler Zustände verraten. Dabei zeichnet sich ab, dass in diesen beiden Fällen jeweils ganz unterschiedliche Areale involviert sind: So sind die neuronalen Grundlagen der primären Erfahrung eher in den peripheren Bereichen, z.B. in den sensorischen Arealen des Okzipital- und Temporallappens zu finden. Dagegen scheint dem Wissen über diese Erfahrung offenbar eher Aktivität in frontalen Arealen zugrunde zu liegen.[18]

Schließlich gibt es Hinweise dafür, dass neben den oben bereits genannten historischen Ursachen auch noch psychologische Gründe für die Überschätzung des introspektiven Wissens existieren. Emily Pronin hat gezeigt, dass wir die Bedeutung introspektiver Erkenntnisse massiv überschätzen, wenn es um unsere eigenen mentalen Zustände geht.[19] Extrospektive Erkenntnisse vernachlässigen wir dagegen auch dann, wenn sie uns wichtige Informationen liefern könnten. Vor diesem Hintergrund ist es nicht schwer zu verstehen, dass wir objektiven Methoden nicht viel zutrauen, wenn es um die Erklärung subjektiver Erfahrungen geht. Das hat aber weniger mit einem unbefangenen Urteil über die Grenzen dieser Methoden zu tun, als vielmehr mit einer offenbar tiefverwurzelten Neigung zur Überschätzung der Introspektion.

Natürlich kann man praktisch jeden der genannten Befunde und jedes der vorgebrachten Argumente für sich genommen anzweifeln – das hat nicht nur mit der Anfechtbarkeit empirischer Erkenntnisse generell zu tun, sondern auch mit den Schwierigkeiten, Erfahrung und introspektive Erkenntnis in einem Experiment sauber voneinander zu trennen. Zusammengenommen fügen sich diese Befunde jedoch zu einem Bild, das nicht mehr so ohne weiteres in Frage zu stellen ist. Auch wenn es uns schwerfällt: Wir täten gut daran anzuerkennen, dass extrospektive Erkenntnis unserem introspektiven Wissen gegenüber nicht prinzipiell benachteiligt ist. Dies gilt wie gesagt nicht für den Alltag. Doch bei wissenschaftlichen Erkenntnissen stehen unsere Vorbehalte gegenüber der Extrospektion auf schwachen Füßen. Dies gilt umso mehr, als die neuro- und kognitionswissenschaftliche Forschung, die heute intensiver denn je betrieben wird, zu einer massiven Zunahme des extrospektiven Wissens, zu einer Verbesserung der Methoden und damit wohl auch zu einer weiteren Korrektur und Ausdifferenzierung unserer Begriffe von geistigen Zuständen führen wird.

Bestätigt wird damit noch einmal eine weitere zentrale These dieser Arbeit: Die Entwicklung der Forschung bei der Erklärung des Verhältnisses von Geist und Gehirn ist prinzipiell offen. Zum einen vermögen wir unsere eigenen methodischen Defizite nicht abzuschätzen, zum zweiten und vor allem aber haben wir noch keine Vorstellung von der endgültigen Gestalt des Problems, ja, uns fehlt eine hinreichend genaue Erfassung des Phänomens des bewussten Erlebens. Die Veränderungen, die die entsprechenden Begriffe in der Vergangenheit durchgemacht haben, werden daher wohl auch in Zukunft anhalten. Doch gerade weil sich die Argumente gegen die Erklärbarkeit geistiger Prozesse trotz ihrer großen intuitiven Plausibilität als überraschend schwach erweisen und weil sich außerdem die systematischen und empirischen Belege zugunsten eines Zugriffs wissenschaftlicher Methoden auf die subjektive Erfahrung häufen, spricht vieles dafür, dass es am Ende möglich sein wird, das Phänomen hinreichend genau zu erfassen und die natürlichen Grundlagen geistiger Prozesse – mehr oder minder gut – zu verstehen.

Die Zweifel an der Möglichkeit eines solchen Verständnisses erklären sich vor allem aus der Komplexität des Problems, die es uns bislang nicht gestattet hat, auch nur eine ansatzweise überzeugende Theorie zu entwickeln. Wann eine solche Theorie entwickelt werden wird und wie sie aussehen wird, welche Begriffe wir dann verwenden und wie genau wir dann das Problem beschreiben werden, das auf diese Weise gelöst wird – all das ist heute einfach noch offen.

Aufbau

Das vorliegende Buch hat drei Kapitel. Im ersten Kapitel werde ich einen Abriss der Geschichte des Problems geben, das lange Zeit als das Leib-Seele-Problem bezeichnet wurde und heute wohl besser Geist-Gehirn-Problem genannt wird. Diese Geschichte zeigt zum einen, dass sich die Methoden und Forschungsstrategien kontinuierlich verändert haben, und zwar häufig genug auf eine zuvor unabsehbare Art und Weise. Daher werden die wichtigsten Defizite üblicherweise erst im Nachhinein erkennbar. Zum zweiten hat sich aber auch das Problemverständnis bis heute immer wieder fundamental verändert, und offenbar halten diese Veränderungen an. Dies heißt auch, dass wir unseren derzeitigen Wissensstand und unser gegenwärtiges Problemverständnis nicht einfach zur Grundlage von Prognosen über die weitere Forschungsentwicklung machen können.

Keineswegs sollte man daraus schließen, dass alles möglich und die Sache völlig offen wäre und wir eigentlich nur zuwarten könnten, bis sich alles von selbst entschieden hat. Die historische Auseinandersetzung zeigt nämlich auch, dass schon die Etablierung der Engführung von Wissen und Bewusstsein, die sich auch im Begriff des Be-wusstseins spiegelt, Anlass zu gewissen Zweifeln gibt: Ursprung dieser Engführung ist nämlich nicht eine Analyse der epistemischen Eigenheiten der Introspektion, vielmehr spielen hier metaphysische und wissenschaftstheoretische Interessen eine wichtige Rolle.

Im zweiten Kapitel versuche ich zu zeigen, dass diese Skepsis durch systematische Überlegungen gestützt wird. Wir haben daher gute Gründe, diese Engführung von Wissen und Bewusstsein aufzugeben. Das ist insofern wichtig, weil die scheinbar tiefe Kluft zwischen der subjektiven Erfahrung von Bewusstsein und der objektiven Erkenntnis durch wissenschaftliche Theorien eines der entscheidenden Hindernisse bei der Lösung des Leib-Seele-Problems darstellt. Im Einklang mit der oben skizzierten Engführung wird nämlich häufig argumentiert, Bewusstsein lasse sich nur aus der Perspektive der ersten Person beschreiben und erkennen. Hieraus würden sich fundamentale Nachteile für die objektive wissenschaftliche Erkenntnis und damit enge Grenzen für jede wissenschaftliche Theorie des Bewusstseins und seiner neuronalen Grundlagen ergeben.

Hier werde ich zeigen, dass starke systematische Gründe gegen diese Auffassung sprechen. Grundlage meiner Argumentation ist die Unterscheidung zwischen (1) bewusster Erfahrung, (2) introspektiver und (3) extrospektiver Erkenntnis. Ein subjektives Privileg gibt es nur hinsichtlich der bewussten Erfahrung. Die *Erkenntnis* dieser Erfahrung dagegen kann sowohl introspektiv wie auch extrospektiv erfolgen, wobei zwischen diesen beiden Erkenntnisformen eine grundlegende Symmetrie besteht: Was introspektiv erkannt werden kann, ist im Prinzip auch Gegenstand der extrospektiven Erkenntnis. Umgekehrt untergraben Bedingungen, die die extrospektive Erkenntnis beeinträchtigen, auch die introspektive Erkenntnis.

Im dritten Kapitel wird es dann darum gehen, empirische Belege für diese Symmetrie vorzustellen. Konkret werde ich Belege dafür präsentieren, dass extrospektive Erkenntnis Irrtümer oder Verzerrungen der Introspektion offenlegen kann. Zum zweiten soll aber auch nach den konkreten Mechanismen der Introspektion gefragt werden: Können wir also besser verstehen, was bei der introspektiven Erkenntnis passiert und wie solche Irrtümer und Verzerrungen zustande kommen? Schließlich werde ich ein erstes Modell zur systematischen Beschreibung der Qualität bewusster Erfahrungen vorstellen. Zumindest im Ansatz möchte ich damit zeigen, wie wir mit Hilfe von philosophischen, psychologischen und neurobiologischen Erkenntnissen zu einem besseren Verständnis der natürlichen Grundlagen des Phänomens kommen können, das wir heute als bewusste Erfahrung bezeichnen.

Kapitel I: Historische Hintergründe

Einleitung: »Das« Problem

Wenn man sich mit der Vorgeschichte der heutigen Erforschung von Geist und Gehirn befassen will, muss man weit zurückgehen. Bereits in den frühesten erhaltenen Kulturzeugnissen, z. B. in den Wandbildern der Höhlen von Lascaux, in neolithischen Dolmengräbern,[1] den Homerischen Epen, den Platonischen Dialogen, aber auch in vielen Zeugnissen aus nicht-westlichen Kulturen[2] finden sich Belege dafür, dass dieses Problem die Menschheit schon seit sehr langer Zeit beschäftigt hat. Von *einem* Problem und dessen Vorgeschichte zu sprechen stellt allerdings schon eine grobe Vereinfachung dar, die den Kern einer der zentralen Thesen dieses Buches betrifft: Es geht in dieser Geschichte eben nicht um die Auseinandersetzung mit *einer* klar umrissenen Fragestellung. Zentrale Behauptung dieser Arbeit insgesamt und des vorliegenden Kapitels im Besonderen ist vielmehr, dass sich in der bisherigen Geschichte der Auseinandersetzung mit Geist und Gehirn auch die Vorstellung von dem zu lösenden Problem fundamental gewandelt hat. Dies zeigt sich schon an dem Begriffswandel, der sich hier beobachten lässt: Während am Beginn dieser Geschichte seelenähnliche Vorstellungen dominieren, ist später eher vom Geist die Rede; seit dem 17. Jahrhundert tritt dann der Bewusstseinsbegriff zunehmend in den Vordergrund. Die Entwicklung setzt sich bis in die Gegenwart fort, und auch in Zukunft müssen wir mit weiteren Veränderungen unserer Vorstellung von dem Problem rechnen.

Doch warum kann man dann überhaupt noch davon ausgehen, dass hier ein Zusammenhang besteht, der es erlaubt, mehrere Jahrtausende alte Seelenvorstellungen für unsere heutigen Auseinandersetzungen mit Geist und Gehirn in Anspruch zu nehmen? Die Antwort auf diese Frage ist ein wenig komplizierter. Grob zusammengefasst hat sie zwei zentrale Aspekte: Zum einen erhalten sich trotz aller Verschiedenheiten gewisse inhaltliche Übereinstimmungen über die Zeit hinweg: Wenn der biblische Gott Adam den Lebensatem einhaucht, dann verwandelt er damit ein Stück unbelebter Materie in ein Lebewesen. Doch offenbar besitzt Adam auch geistige Fähigkeiten – nur deshalb ist er für die Einflüsterungen der Schlange empfänglich und empfindet später so etwas wie Scham und Reue. Deutlicher noch ist dies im platonischen TIMAIOS, der den Schöpfungsprozess der Seele beschreibt und dabei ausführlich auf Schmerzempfindungen, Emotionen und Wahrnehmungen eingeht.[3]

Seelen sind zwar zunächst vor allem Dinge oder Substanzen, die von außen beschrieben werden: als Vogel, als Hauch oder als Homunculus. Doch zumindest am Rande dienen sie auch der Erklärung dessen, was wir heute unter Bewusstsein verstehen. Vor allem aber befassen sich Seelenlehren mit den Unterschieden zwischen belebter und unbelebter Materie, zwischen menschlichem und nichtmenschlichem Leben, aber sie beschäftigen sich auch mit der Wahrnehmung oder dem Willen.

Tatsächlich kann denn auch aus einem zweiten Grund von einem übergreifenden Problemzusammenhang gesprochen werden: Es kommt nicht einfach zu einer zufälligen Abfolge unterschiedlicher Begriffe und Problemvorstellungen, vielmehr gibt es hier eine Kontinuität mit einer klar erkennbaren Entwicklungslogik: Während die ursprünglichen Seelenvorstellungen vergleichsweise umfassend und dabei gleichzeitig wenig ausdifferenziert und explizit sind, kommt es im weiteren Verlauf vor allem mit der Etablierung des Bewusstseinsbegriffs zu einer Ausdifferenzierung, die eine genauere Beschreibung und eine explizite Benennung einzelner Phänomene wie Wahrnehmung, Emotionen und später dann auch unterschiedlicher Formen des Bewusstseins erlaubt. Verbunden ist damit eine bereits angesprochene Subjektivierung. Während die alten Seelenlehren meist von Substanzen oder Objekten sprechen, geht es für die Bewusstseinstheoretiker vor allem in späteren Phasen der Forschungsgeschichte mehr und mehr um die subjektive Erfahrung.

Außerdem wird der Bereich des Übernatürlichen mit zunehmendem wissenschaftlichem Wissen immer enger gefasst. Bis zu Descartes wurden die meisten seelischen Fähigkeiten einschließlich der Wahrnehmung, der Emotionen und auch der Belebtheit selbst als übernatürlich betrachtet: Es ist Gott selbst, der Adam den Lebensatem einhaucht. Descartes glaubt dann, die Lebensfunktionen, aber auch weite Teile von Wahrnehmungen und Emotionen auf natürliche Prozesse zurückführen zu können, während die höheren Seelenfunktionen wie Geist und Sprache einer solchen Erklärung entzogen seien. Hier kommt es erst im Verlaufe des 19. Jahrhunderts zu entscheidenden Veränderungen. Nach einer Vielzahl spektakulärer Entdeckungen in der Hirnforschung scheint die wissenschaftliche Erklärung höherer kognitiver Funktionen einschließlich der Sprache in der zweiten Hälfte des 19. Jahrhunderts nach den Entdeckungen von Broca, Wernicke, Hitzig und Fritsch plötzlich in die Reichweite der Naturwissenschaften zu gelangen; die Details werden im Folgenden zu erörtern sein. Hier ist zunächst entscheidend, dass es zusätzlich zu den inhaltlichen Gemeinsamkeiten mit heutigen Bewusstseinsvorstellungen noch eine Kontinuität der Entwicklung gibt, die es erlaubt, über alle Veränderungen hinweg von *einem* Problemkomplex zu sprechen.

Wissenschaft, Natur und Transzendenz

Wie gerade bereits geschehen, wird es auch im weiteren Verlauf dieses Kapitels immer wieder nötig sein, zwischen »natürlichen« und »übernatürlichen« Prozessen und Erklärungen zu unterscheiden. Typische Beispiele von natürlichen Prozessen sind die Bewegung eines Pendels oder die Entladung eines Neurons, also Vorgänge, die sich auch in einer – aus heutiger Sicht – naturwissenschaftlichen Sprache beschreiben lassen.[4] Andere Beschreibungen sind dabei ausdrücklich erlaubt. Ein halbwegs angemessener Bericht von einer Opernaufführung wird kaum physikalische Formeln verwenden; dennoch wäre die Aufführung ein natürliches Phänomen, solange eine Beschreibung in der Sprache der Naturwissenschaften möglich ist – auch wenn sie in den meisten Fällen völlig uninformativ und vermutlich unfassbar lang wäre. Typische Beispiele übernatürlicher Prozesse sind göttliche Schöpfungsakte, Wunder oder aber die Lösung einer immateriellen Seele vom Körper. Der Bericht von einer Opernaufführung würde daher die Grenzen des Naturalismus überschreiten, wenn er die Leistungen der Sänger auf ihre göttlichen Fähigkeiten zurückführen würde, statt sich auf z. B. ihre gute Ausbildung zu berufen.

Als naturalistisch werden dann konsequenterweise solche Theorien bezeichnet, die sich ausschließlich auf natürliche Phänomene beziehen, also auf Phänomene, die auch mit naturwissenschaftlichen Methoden erfassbar sind. Eine naturalistische Theorie des Bewusstseins sollte sich auf die Methoden beschränken, die wir auch sonst zur Erklärung natürlicher Phänomene heranziehen. Dabei kann sie mit einer Phänomenologie subjektiver Erfahrung beginnen, ja sie sollte dies sogar, weil andernfalls die Gefahr bestünde, dass das zu erklärende Phänomen verfehlt wird. Gleichzeitig muss eine solche Theorie davon ausgehen, dass der subjektiven Erfahrung Prozesse zugrunde liegen, die z. B. auch in der Sprache der Neurobiologie erfasst werden können. Die Grenze wäre wiederum überschritten, wenn die Erklärung stattdessen Bezug auf eine immaterielle Seele nähme.

Die Unterscheidung von natürlichen und übernatürlichen Phänomenen erscheint sinnvoll, auch wenn sie von heutigen Maßstäben ausgeht. Für Menschen früherer Epochen hat es eine solche Dichotomie von natürlich und übernatürlich häufig nicht gegeben – die Einflüsse von Göttern, Sternen und Wundern waren Bestandteil der alltäglichen Lebenswelt und wurden in der Regel auch von Philosophen akzeptiert. Doch der bloße Glaube wird an der faktischen Wirkungslosigkeit übernatürlicher Kräfte wenig geändert haben. Der

Tod dürfte auch im Mittelalter im Allgemeinen durch Organversagen eingetreten sein und nicht durch das Aushauchen einer immateriellen Seele. Insofern kann man die heutige Unterscheidung zwischen natürlichen und übernatürlichen Phänomenen auch verwenden, wenn es um Epochen geht, die selbst ganz andere Kategorien benutzten.

Voraussetzung ist natürlich, dass man sich dieser historischen Differenz bewusst bleibt. Nur so kann man die Rationalität historischer Theorien auch dort erkennen, wo sie dem gegenwärtigen Erkenntnisstand zuwiderlaufen. Tatsächlich erweisen sich viele aus heutiger Sicht obsolete Theorien als bestens nachvollziehbar, wenn man ihren zeitgenössischen Kontext berücksichtigt. Das bedeutet auch, dass unsere eigene Rationalität uns – natürlich – nicht davor bewahren kann, revisionsbedürftige Theorien aufzustellen.

Plan

Das folgende Kapitel gliedert sich in vier Abschnitte. Im ersten Abschnitt werde ich zunächst einen Überblick über alte, vorphilosophische Seelenvorstellungen geben, so wie sie sich in religiösen und literarischen Texten, aber auch in Zeugnissen der bildenden Kunst und in der Philosophie der Antike finden. In zweiten Abschnitt wird es dann um die Etablierung des Bewusstseinsbegriffs im 17. und frühen 18. Jahrhundert bei Autoren wie Descartes, Cudworth, Locke, Leibniz und Pseudo-Mayne gehen. Dabei werde ich insbesondere die Engführung von Bewusstsein und Wissen verfolgen, die bis heute eines der wichtigsten Hindernisse bei der Suche nach einer wissenschaftlichen Erklärung darstellt. Im dritten Abschnitt wird mein Augenmerk dann der Entwicklung gelten, die zwischen dem frühen 18. und dem Ende des 19. Jahrhunderts zur endgültigen Abwendung vom Seelenbegriff und damit zu einem substantiell veränderten Problemverständnis führt: Während sich der Erklärungsbedarf bei der Seelensubstanz vor allem auf die – meist übernatürliche – Herkunft und den Schöpfungsprozess richtete, geht es bei der Erklärung des Bewusstseins eher um die Zurückführung auf basale natürliche Prozesse wie etwa die Aktivität von Nervenzellen. Im vierten Abschnitt werde ich schließlich eine kurze Skizze der Entwicklung von der introspektionistischen Psychologie des 19. Jahrhunderts über den Behaviorismus und den Funktionalismus bis zu den empirischen Bewusstseinstheorien der Gegenwart liefern. Auch dabei werde ich nicht zuletzt die Veränderungen des Problemverständnisses hervorheben.

I. Vormoderne Seelenvorstellungen

Nichtphilosophische Seelenlehren

Seelenvorstellungen spielen eine zentrale Rolle in vorphilosophischen Zeugnissen unterschiedlichster Kulturen. Es muss nicht eigens darauf hingewiesen werden, dass die Interpretation alter Texte, mehr noch die Auslegung von sehr alten nichtliterarischen Dokumenten stets problematisch ist. Dennoch lässt sich angesichts der Vielzahl der Hinweise nur schwer bestreiten, dass Seelenvorstellungen in alten Kulturen sehr weit verbreitet gewesen sein müssen. Zweifellos gibt es vielfältige Unterschiede z. B. hinsichtlich der Seelensubstanz, der Herkunft, aber auch bezüglich der Frage, ob die Seele unsterblich ist. Dennoch existiert ein Kern von Merkmalen, die fast immer zu finden sind. So werden Seelen in der Regel als selbständige Substanzen vorgestellt, die gegebenenfalls auch unabhängig vom Körper auftreten können; außerdem erklären sie bestimmte Besonderheiten beseelter Wesen, z. B. deren Belebtheit, ihre besondere Nähe zu den Göttern, ihre personale Identität, aber auch ihre geistigen Fähigkeiten. In vielen Fällen liefert die Seele schließlich auch die Erklärung für ein Weiterleben nach dem Tode des Körpers.

Seelensymbolik

Seelenvorstellungen lassen sich in den unterschiedlichsten Kulturen finden, und zwar keineswegs nur innerhalb des abendländischen Kulturkreises. Eine vergleichende Untersuchung von Sheils an knapp 70 nichteuropäischen Kulturen konnte in fast allen Fällen die Vorstellung von Seelen nachweisen, von denen angenommen wurde, dass sie den Körper verlassen können.[5] Außerdem sind solche Vorstellungen schon recht früh zu finden. Es gibt eine Reihe von Hinweisen auf Seelenvorstellungen schon in der Steinzeit.[6] Eines der ältesten Zeugnisse ist eine Wandmalerei in den ca. 15 000 Jahre vor Christus entstandenen Höhlen von Lascaux.[7] Die Wandmalerei zeigt neben einem offenbar auf einer Jagd verletzten Wisent einen Jäger, der bei dieser Jagd getötet worden ist. Neben dem Jäger befindet sich ein Vogel: Er symbolisiert offensichtlich die Seele des Jägers, die diesen nach seinem Tod verlassen hat.

Die Vorstellung der Seele als eines Vogels ist weit verbreitet. Sie findet sich z. B. in der Kultur des Alten Ägypten, die die Ba-Seele in der Gestalt eines Vogels darstellt,[8] bei den Ugren östlich des Ural, sie findet sich als Symbol des Atman in alten indischen Zeugnissen, bei den Karthagern im 3. und 4. Jahrhundert vor Christus, zwischen 700 und 550 v. Chr. in Oberitalien, bei mittelamerikanischen Indianern, aber auch in der afrikanischen Shona-Kultur ca. 1000–1200 nach Christus.[9] Es ist äußerst unwahrscheinlich, dass in all diesen Fällen Rezeptionsbeziehungen bestanden, vielmehr liefern Vögel mit ihrer Beweglichkeit und Leichtigkeit offenbar eine intuitiv plausible Darstellung der Fähigkeit der Seele, sich vom vergleichsweise schweren, an die Erde gebundenen Körper zu lösen. Angehörige unterschiedlicher Kulturen scheinen unabhängig voneinander hier ein überzeugendes Symbol ihrer Seelenvorstellungen gesehen zu haben.

Das Verhältnis zwischen Seele und Seelensymbolik war zudem ursprünglich oft wesentlich enger, als es heutigem Denken entspricht; in manchen Fällen kam es hier offenbar zu einer direkten Identifikation: Die Seele *war* der Vogel, für den man z. B. Öffnungen im Sarg des Toten lassen musste. Tatsächlich finden sich sogenannte Seelenlöcher nicht nur in neolithischen Dolmengräbern, sondern auch in frühchristlichen Sarkophagen, in Gräbern amerikanischer Indianer,[10] aber auch an Urnen. Diese Öffnungen sollten es offenbar der Seele des Verstorbenen erlauben, das Grab bzw. die Urne zu verlassen und gegebenenfalls wieder zurückzukehren. Ein sehr handgreifliches Verständnis der Seelensymbolik zeigt sich auch an der in manchen europäischen Ländern bis in die jüngere Vergangenheit geltenden Sitte, im Sterbezimmer nach dem Tod ein Fenster zu öffnen, um die Seele des Toten entweichen zu lassen.[11]

Aus Schlesien wird von einer Rauchwolke im Sterbezimmer berichtet, nachdem man vergessen hatte, das Fenster zu öffnen.[12] Hier kommt ein anderes wichtiges Seelensymbol zum Zuge, der Atem oder Lufthauch, der die Grundlage vieler Seelenbezeichnungen darstellt: Dies gilt für *Psyche* und *Pneuma* im Griechischen ebenso wie für das indische *Atman*, das hebräische *Ruah*, das lateinische *Spiritus* und *Flatus* und schließlich nicht zuletzt für das deutsche Wort *Geist*. Wie u.a. die biblische Schöpfungsgeschichte zeigt, stellen Hauch und Atem noch aus einem anderen Grund ein naheliegendes Symbol der Seele dar. Diese soll nämlich auch die Belebtheit des menschlichen Körpers erklären – und die beginnt und endet mit der Fähigkeit zu atmen. Deshalb beginnt Adam sich zu bewegen, nachdem Gott ihm seinen Atem eingehaucht hat, und deshalb endet das Leben mit dem »Aushauchen« der Seele.

All dies bedeutet, dass die Seele unabhängig vom Körper existieren kann – auch dies ist eine in sehr vielen Seelenlehren zu findende Vorstellung. Dabei geht es nicht nur um die Hoffnung auf ein Leben nach dem Tode. Auch im Traum oder in ekstatischen Zuständen kann die Seele sich vom Körper lösen – mit möglicherweise dramatischen Folgen. Kehrt die Seele nach dem Ende von Traum oder Ekstase nicht mehr in den Körper zurück, dann kann dies für die betroffene Person den Tod bedeuten. So stirbt in einer von den Gebrüdern Grimm herausgegebenen Sage eine Magd, deren Seele sich zeitweilig außerhalb des Körpers befand: Ihr Körper war in der Zwischenzeit bewegt worden, so dass die Seele den Rückweg nicht mehr finden konnte. In einer anderen Geschichte fängt ein Knecht die Seele einer Nonne, die ihm Albdrücken bereitet hatte. Die Nonne kann erst ins

Leben zurückkehren, nachdem ihre Seele aus dem Gefängnis befreit worden ist.[13]

Symbolisiert werden kann die Seele aber auch durch den menschlichen Körper selbst. Dieses Symbol findet sich in der ägyptischen Kultur, wo die Ka-Seele häufig in der Gestalt des beseelten Körpers, manchmal sogar als dessen Doppelgänger dargestellt wird; es findet sich in der römisch-griechischen Antike, aber auch in der christlichen Tradition. Die Symbolik erklärt sich u. a. dadurch, dass die Seele auch für die Identität des Menschen steht, also für die spezifischen Eigenschaften, die jeden zu dem Menschen machen, der er ist. Dies kann so weit gehen, dass eine Witwe noch eine Liebesnacht mit der Seele ihres ermordeten Mannes verbringen kann – wie es in der Edda erzählt wird.[14]

Damit sind nur einige wenige Beispiele aus der Vielfalt der Seelensymbole genannt.[15] Auch wenn diese Symbole heutigen Erklärungsbedürfnissen nicht gerecht werden: Aus zeitgenössischer Perspektive betrachtet, verkörpern sie wichtige Eigenschaften der jeweiligen Seelenvorstellungen. Verkörperung ist dabei durchaus wörtlich zu nehmen: Die Seelen wurden nicht – wie bei Descartes – als immaterielle Wesenheiten einer völlig anderen Seinsordnung verstanden, vielmehr galten sie als materielle Dinge und waren damit Bestandteile der üblichen Ordnung der Dinge. Man kann die Seele daher einsperren und freilassen, ja man kann sie schlagen[16] oder Sex mit ihr haben; man kann sie sehen und muss spezielle Öffnungen für sie schaffen. Dies zeigt auch noch einmal, dass für die meisten Seelenlehren der Objektcharakter im Vordergrund steht, nicht der Aspekt des subjektiven Erlebens, der für Bewusstseinstheorien gerade in jüngerer Zeit zentrale Bedeutung erlangt hat. Damit entsteht auch das für viele Theorien schwer lösbare Problem der Interaktion von Geist und Körper. Für die meisten Seelenlehren ist das kein besonders großes Problem. Als materielles Ding kann die Seele auf den Körper wirken, sie kann materielle Spuren hinterlassen, aber sie wirkt auch auf andere Menschen: Bei ihnen kann sie z. B. Albdrücken hervorrufen, doch man kann auch versuchen, die Seele für die eigenen Zwecke einzuspannen: So gab es bei Naturvölkern in Florida ebenso wie bei den Römern die Sitte, den Atem Sterbender aufzufangen, um sich an ihm zu stärken.[17] In einem anderen Fall setzte ein skandinavischer Stammesfürst kurzerhand drei Finnen fest, um deren Seelen zu einer Reise nach Island zu veranlassen und ihm von dort zu berichten.[18]

Erklärungsfunktion

Die weite Verbreitung von Seelenvorstellungen in nahezu allen bekannten Kulturen, die Ähnlichkeit der Seelensymbole sowie die Tatsache, dass viele dieser Entwicklungen ganz unabhängig voneinander geschehen sind, zeigen, dass solche Vorstellungen und die dazugehörige Symbolik offenbar aus der Sicht ganz unterschiedlicher Kulturen eine wichtige Funktion erfüllt haben – eine Annahme, die durch die Literatur vielfach bestätigt wird.

Einige dieser Funktionen sind offensichtlich. So spielen Seelenvorstellungen eine zentrale Rolle bei der Erklärung der Lebendigkeit des menschlichen Körpers. Dies gilt für das hebräische *Nepesh* und *Ruach*, die ägyptische Ka-Seele, für die christliche Seelenvorstellung, aber auch für die *Psyche* bei Homer. Die Vorstellung ist u. a. deshalb naheliegend, weil die meisten dieser Seelenvorstellungen durch einen Atem oder einen Wind symbolisiert werden, hinter dem man den Lebensatem vermuten kann.

Doch es geht nicht nur um das pure Leben. In vielfältiger Weise erklären Seelenvorstellungen auch Geist und Emotionen – nicht zuletzt deshalb stehen sie in der Tradition der Auseinandersetzung mit Geist und Gehirn. Seelenvorstellungen kommen zudem einem fundamentalen menschlichen Bedürfnis entgegen: Aufgrund ihres göttlichen Ursprungs und ihrer Unabhängigkeit vom sterblichen Körper bietet die Seele nicht nur die Aussicht auf eine Überwindung der individuellen Sterblichkeit, sondern auch auf ein Wiedersehen mit verstorbenen Angehörigen z.B. im Traum, in einer jenseitigen Existenz oder sogar in diesem Leben. Die Bedeutung solcher Aussichten in Zeiten, in denen man aufgrund der allgemein geringen Lebenserwartung ständig mit dem Tod konfrontiert war, ist kaum hoch genug einzuschätzen.

Hiermit verbindet sich schließlich eine wichtige weitere Funktion: Wenn es eine Existenz nach dem Tode gibt, dann muss man auch damit rechnen, dort für Verfehlungen belangt zu werden, die in der irdischen Existenz nicht gesühnt wurden. Dies gilt insbesondere dann, wenn die irdischen Normen ebenso wie die Seele selbst einen göttlichen Ursprung haben. Eine zentrale Rolle spielt dieser Zusammenhang in den ägyptischen Seelenlehren. Sie kennen bereits die Vorstellung eines Gerichtsrituals zur Abwägung der Sünden nach dem Tode, die dann später von der christlichen Seelenlehre übernommen wurde.

Philosophische Seelenlehren

Die Vorgeschichte der philosophischen Seelentheorien in der griechischen Antike ist sehr unübersichtlich und derzeit noch unvollständig erforscht. Es gibt Indizien für indoeuropäische Vorläufertheorien, in denen eschatologische und psychologische Aspekte noch ungeschieden sind.[19] Häufig wird auch zwischen einer Freiseele und einer Körperseele unterschieden. Bei Homer, der die Vielfalt der zeitgenössischen Seelenvorstellungen reflektiert, ist Letztere an den Körper gebunden; aktiv ist sie nur so lange, wie der Körper wach ist. Die Freiseele dagegen, bei Homer die *Psyche*, kann den Körper verlassen und als Totenseele weiterexistieren.[20] Dabei ist die Schattenexistenz im Hades nicht mit wirklicher Unsterblichkeit zu verwechseln: Die Existenz als Schatten galt als völlig unattraktiv und geistlos. Ein echtes Leben nach dem Tode genossen aus der Sicht von Homers Zeitgenossen allein die »Unsterblichen« – die Götter.[21]

Wichtige Vorstufen in der Entwicklung zu den Seelentheorien von Platon und Aristoteles markieren dann die Lehren von Pherekydes und Pythagoras. Durch sie finden orphische Vorstellungen, insbesondere die Idee einer unsterblichen Seele,[22] Eingang in die griechische Philosophie. Eine erste ausführliche, aber teilweise auch rätselhafte Auseinandersetzung mit dem Seelenbegriff verfasst Heraklit, der wohl erstmals einen einheitlichen Begriff des Psychischen entwickelt und dabei auch die menschliche Individualität auf die Seele zurückführt.[23] Heraklit trägt damit entscheidend zur Etablierung des Begriffs *Psyche* in der griechischen Philosophie bei;[24] er hält jedoch an der Sterblichkeit des Menschen fest,[25] nur der Ruhm kann den Tod des Menschen überdauern.

Platon und Aristoteles

Eindeutig spricht sich dann Empedokles zugunsten der menschlichen Unsterblichkeit aus – die er in aller Bescheidenheit gleich für sich selbst in Anspruch nimmt: »Als ein unsterblicher Gott reise ich umher, nicht mehr sterblich, bei allen … mit Ehren ausgezeichnet.«[26] Wirksam sind hier offenbar die bereits erwähnten pythagoreischen, schamanistischen und orphischen Einflüsse,[27] die sich auch in Empedokles' Seelenwanderungslehre zeigen.

Erkennbar sind diese Einflüsse auch noch bei Platon, der sich ansonsten – wie später auch Aristoteles – um eine Systematisierung der z. T. noch recht vielgestaltigen und unklaren vorsokratischen Seelenvorstellungen bemüht. Dabei betont er die zuvor allenfalls beiläufig behandelte moralische Bedeutung der Seele: Von ihr hängt es ab, ob wir ein gutes oder schlechtes Leben führen.[28] Zudem wird die Seele systematisch in die Schöpfungsgeschichte einbezogen – so wie es im TIMAIOS geschieht: Dabei wird erzählt, wie der eigentliche Schöpfergott den höchsten, rationalen Seelenteil aus einer besonders edlen Substanz erschafft, während untergeordnete Götter die beiden sterblichen Seelenteile, nämlich Begierden und Emotionen, sowie den Körper hervorbringen.[29] Platon gewinnt durch diese Dreiteilung der Seelenvorstellung die Möglichkeit, die zuvor mehr oder minder unabhängigen unterschiedlichen Aspekte in eine einheitliche Konzeption zu integrieren, die klar dualistische Züge trägt. Insbesondere der höchste, rationale Seelenteil kann unabhängig vom Körper existieren. Er überdauert dank seiner Unsterblichkeit nicht nur den Tod des Körpers, sondern existiert der platonischen Seelenwanderungslehre zufolge bereits vor dem Körper, den Platon in einem berühmten Wortspiel (soma-sema) als »Grab der Seele« bezeichnet.

Prägend für die weitere Auseinandersetzung mit Geist und Gehirn ist Platons Seelenlehre zum einen deshalb, weil sie in ihrer Unterscheidung von volitionalen, emotionalen und rationalen Vermögen eine differenzierte Bestandsaufnahme der mentalen Fähigkeiten vorlegt. Sie macht damit – ähnlich wie später die Seelenlehre des Aristoteles – deutlich, wie umfassend das Spektrum der Fähigkeiten ist, die die antike Philosophie der Seele zuschreibt.[30]

Zweitens entwickelt Platon eine Theorie der inneren Erkenntnis, die für viele seiner Nachfolger maßgeblich ist und bis heute nachwirkt.[31] Zentral ist dabei die Annahme, dass die Seele einen privilegierten Zugang zu sich selbst hat. Platon begründet dieses Privileg damit, dass die Seele hier nicht auf die unzuverlässige Sinneswahrnehmung angewiesen ist. Dabei geht es allerdings nicht um eine Analyse introspektiver Selbsterkenntnis, vielmehr speist sich Platons Interesse aus seiner Metaphysik. Gegenstand der inneren Erkenntnis sind nicht etwa die eigenen Wünsche, Emotionen oder Gedanken, sondern die Ideen. Diese hat die Seele nämlich bereits vor ihrer irdischen Existenz geschaut und vermag sich daher auch nach ihrer Verbindung mit dem menschlichen Körper an sie zu erinnern.[32]

Platons Theorie der inneren Erkenntnis gewinnt über Plotin, Augustinus und Descartes Einfluss auf die moderne Philosophie und wirkt nach bis in die gegenwärtige Philosophie des Geistes. Das ist auch insofern bemerkenswert, als es weder Platon selbst noch Augustinus oder Descartes um eine Phänomenologie oder Epistemologie der Introspektion ging. Platon suchte ein epistemisches Fundament für seine Ideenlehre, bei Augustinus ging es um theologische Fragen, für Descartes um eine Begründung empirischer Wissenschaft, deren letztes Fundament das »cogito« liefern sollte. Das heißt selbstverständlich nicht, dass diese Auffassungen falsch sein müssen, aber es wirft die Frage auf, ob dieses jeweils recht spezifische Erkenntnisinteresse nicht zu Verzerrungen in den Theorien der inneren Erkenntnis geführt hat.

Anders als Platon scheint Aristoteles kein besonderes Interesse an der inneren Erkenntnis zu haben. Außerdem betrachtet er die Seele nicht als eine Substanz, sondern als den »Inbegriff der Vermögen des Menschen«,[33] als »leibliches Funktionsgefüge, … das die emergenten Phänomene des Lebens, Wahrnehmens, Vorstellens und Denkens erzeugt«.[34] Trotz gewisser Übereinstimmungen kann seine Theorie jedoch nicht mit modernen Varianten des Funktionalismus gleichgesetzt werden. Von Letzteren unterscheidet sich seine Lehre z. B. durch die fehlende Neutralität gegenüber der Realisierung seelischer Funktionen: Anders als moderne Funktionalisten hält Aristoteles nur bestimmte, an den Körper gebundene Realisierungen für möglich.[35]

Besonders intensiv befasst er sich mit der Systematik der seelischen Vermögen. Aristoteles übernimmt das dreigliedrige Schema Platons, arbeitet es aber weiter aus. Unterschieden wird dabei zwischen einem vegetativen, einem wahrnehmenden und einem rationalen Seelenteil. Den vegetativen Seelenteil hat der Mensch mit sämtlichen Lebewesen gemeinsam, also mit Pflanzen und Tieren, den wahrnehmenden nur mit den Tieren; der rationale, unsterbliche Seelenteil ist ausschließlich dem Menschen vorbehalten.

Aristoteles liefert mit seiner klar gegliederten und umfassenden Seelenvorstellung einen hervorragenden Ausgangspunkt für die Darstellung der weiteren Entwicklung, in der es zu einer weiteren Präzisierung und Ausdifferenzierung kommt. Dabei werden die vegetativen, perzeptuellen oder emotionalen Fähigkeiten, die bei Aristoteles und seinen Vorgängern noch unter den Seelenbegriff fallen, zunehmend als eigenständig begriffen; außerdem bilden sich neue Disziplinen zur Erforschung dieser Fähigkeiten. Die vegetativen Fähigkeiten werden schon bei Descartes aus der Seelenvorstellung ausgegliedert; letztlich werden sie zum Gegenstand der Biologie. Auch Wahrnehmung und Emotionen gewinnen an Eigenständigkeit, für sie ist mittlerweile die Psychologie zuständig, Vergleichbares gilt für die volitionalen Fähigkeiten. All dies führt dazu, dass der moderne Begriff des Geistes und deutlicher noch der des Bewusstseins nur noch einen kleinen Teil der Fähigkeiten umfasst, die bei Aristoteles unter den Seelenbegriff fallen.

Plotin

Was die introspektiven Fähigkeiten angeht, so soll hier in Anlehnung an Cary[36] vor allem die Entwicklung von Platon und Plotin über Augustinus bis zu Descartes verfolgt werden. Zeigen wird sich dabei, dass die ursprünglich metaphysische These eines direkten, weil nicht auf die Sinne angewiesenen Zugangs zu den Ideen später – bei Plotin und Augustinus – für die Erkenntnis Gottes und erst bei Descartes für die Selbsterkenntnis der Seele bzw. des Bewusstseins selbst in Anspruch genommen wird.

Als einer der zentralen Vertreter des antiken Neuplatonismus weist Plotin (205–270) der Seele eine zentrale Rolle in seiner Kosmologie zu, während anthropologische Überlegungen hier eine eher untergeordnete Bedeutung haben. Plotin hat also nur ein geringes Interesse daran, die unterschiedlichen vitalen und perzeptiven Fähigkeiten des Menschen auf die Seele zurückzuführen. Wichtig ist dagegen die Stellung der Seele in der Mitte der kosmischen Hierarchie: Über ihr stehen zunächst der Geist und dann, an der Spitze der Hierarchie, das göttliche Eine; unter ihr befindet sich die leibliche Welt, in die die Seele gefallen ist. Ähnlich wie Platon und die Gnostiker geht also auch Plotin von einem »Abstieg der Seele in die Leibeswelt« aus.[37]

So wenig man bei Plotin auch über die anthropologische Bedeutung der Seele erfahren kann, so aufschlussreich sind seine Schriften für deren epistemische Rolle, und die ist – ähnlich wie bei Platon – an die Wendung nach innen gebunden. Auf diese Weise gewinnt die Seele bzw. deren höherer Teil Zugang zum göttlichen »Einen«, also zur höchsten Instanz des Kosmos. Es unterscheidet sich so tiefgreifend von allem anderen Seienden, dass es sich den üblichen Formen des Erkenntnisgewinns entzieht:[38] Möglich ist hier nur noch eine Schau, die ihren Gegenstand nicht in einzelne Teile zerlegt, sondern in einem Akt als Ganzes erfasst. Eine solche Schau hat eine eigene Evidenz, sie bedarf daher keines weiteren Beweises[39] und lässt den Schauenden mit dem Geschauten eins werden[40] – schon allein deshalb kann er das Geschaute nur innerhalb seiner selbst finden.[41] Wahre Erkenntnis muss sich daher nach innen wenden und wird somit zur Introspektion:

> Die Seele muss »von allem was außen ist sich zurückziehen und sich völlig in das Innere wenden; man darf nicht sich an irgend ein Äußeres anlehnen, sondern muß das Wissen von all dem auslöschend, schon vorher in seiner eigenen Haltung, jetzt aber auch in den Gestalten des Denkens, auch das Wissen von sich selbst auslöschend sich der Schau Jenes hingeben.«[42]

Sieht man einmal davon ab, dass der eigentliche Erkenntnisgegenstand nicht die Seele selbst, sondern das göttliche »Eine« ist, dann liegen hier bereits wichtige Bestandteile jener Auffassung vor, die die Vorstellung von Introspektion bis heute prägt: Weil diese nicht auf die unzuverlässige sinnliche Wahrnehmung angewiesen ist, sondern auf einem unmittelbaren Zugang zu den Erkenntnisgegenständen im eigenen Innern basiert, kommt ihr ein besonderes epistemisches Privileg zu.

Augustinus

Den dritten wichtigen Schritt in der – hier massiv vereinfachten – Geschichte des Introspektionsbegriffs vor Descartes vollzieht Augustinus. Während bei Plotin die Wendung nach innen noch in die überindividuelle Sphäre des Einen, des Prinzips alles Seienden führt, lässt Augustinus diese Wendung in einem privaten Innenraum enden. So berichten seine BEKENNTNISSE von einer solchen Wendung nach innen, die sich sukzessive von der äußeren Körperwelt entfernt[43] und über die Seele und den Verstand schließlich Zugang zum eigenen Innern und damit zum göttlichen Licht gewinnt:

> »Hierdurch gemahnt, zu mir selbst zurückzukehren, trat ich, geführt von dir, in mein Innerstes ein. Ich vermochte

es, denn ›du warst mein Helfer‹. Ich trat ein und sah mit dem Auge meiner Seele, so schwach es war, über diesem meinem Seelenauge, über meinem Geiste ein unwandelbares Licht. … Nicht so war es über meinem Geiste wie das Öl über dem Wasser oder wie der Himmel über der Erde, sondern darum höher, weil es mich schuf, und ich darum niedriger, weil ich sein Geschöpf.«[44]

Anders als bei Plotin kommt es hier also auch nicht zu einer Identifikation der Seele mit Gott – eine Vorstellung, die für den Kirchenvater Augustin wohl schwerlich akzeptabel gewesen wäre: Die Differenz von Erkennendem und Erkanntem bleibt erhalten, weil der Erkennende in seinem eigenen Innern verharrt und damit von Gott getrennt bleibt.[45]

Augustinus trägt damit entscheidend dazu bei, dass die Metaphorik des inneren Raums die zuvor üblichen Seelenmetaphern wie den Lufthauch, den Homunkulus oder den Vogel zunehmend verdrängt. Dieser Raum, an dessen Stelle später das Motiv der *Camera Obscura* tritt, symbolisiert auch das Privileg der Introspektion: Zugang zu diesem Raum habe eben nur ich; alle anderen sind also von den in der Introspektion erworbenen Erkenntnissen ausgeschlossen.

Gleichzeitig lassen sich hier deutliche funktionale Veränderungen der Seelenvorstellung beobachten. Während die Seele als Prinzip des Lebens in den Hintergrund tritt, gewinnt sie als Prinzip der Erkenntnis an Bedeutung. Und diese Erkenntnis findet bei Augustinus in jenem inneren Raum statt. Dabei spielt eine weitere Metapher eine wichtige Rolle: das Seelenauge.[46] Es erlaubt der Seele zu »sehen«, was sich in dem inneren Raum befindet, ohne dabei die fehlbaren körperlichen Sinne bemühen zu müssen. Zumindest in dieser Hinsicht haben wir es hier in einem wörtlichen Sinne mit einer »inneren Schau«, also einer Introspektion zu tun.

Doch Augustinus setzt sich nicht nur als Theoretiker mit dem Problem der Introspektion auseinander, er praktiziert sie auch selbst. Vor allem in den BEKENNTNISSEN führt der Weg nach innen nicht nur zum göttlichen Licht, sondern eben auch zu einer Art Selbsterforschung, die sich mit dem Bekenntnis des Glaubens ebenso wie mit dem der eigenen Sünden befasst.[47] Schließlich geht es auch um ein klassisches Problem der Introspektion, nämlich die Frage nach dem Selbst:

> »Groß ist die Macht des Gedächtnisses, gewaltig groß, mein Gott, ein Tempel, weit und unermeßlich. Wer kann es ergründen? Eine Kraft meines Geistes ist's, zu meiner eigenen Natur gehörig, aber ich vermag nicht ganz zu erfassen, was ich bin. Ist denn der Geist zu eng, sich selbst zu fassen.«[48]

Darüber hinaus befasst sich Augustin mit der Zeiterfahrung,[49] den Sinnen[50] sowie dem Denken selbst[51] und betreibt damit Selbsterkenntnis im modernen Sinne von Introspektion. Ausdrücklich betont er die Privatheit der eigenen Gedanken,[52] außerdem nimmt er bereits das Cartesische »Cogito«-Argument vorweg: Selbst wenn ich mich hinsichtlich aller Inhalte meiner Überzeugungen und Erfahrungen täuschen mag, so kann ich doch sicher sein, selbst zu existieren, denn auch der Täuschungsprozess ist eine Form der Existenz:

> »Doch ohne das Gaukelspiel von Phantasien und Einbildungen fürchten zu müssen, bin ich dessen ganz gewiß, daß ich bin, weiß und liebe. Bei diesen Wahrheiten machen mir die Argumente der Akademiker keinerlei

Sorge. Mögen sie sagen: Wie, wenn du dich täuschst? Wenn ich mich täusche, bin ich ja. Denn wer nicht ist, kann sich auch nicht täuschen; also bin ich, wenn ich mich täusche.«[53]

II. Bewusstsein und Introspektion im 17. Jh.

Descartes

Den größten Einfluss auf die Entwicklung des modernen Verständnisses von Geist und Gehirn hat wohl die Philosophie von Descartes ausgeübt, in deren Mittelpunkt die Unterscheidung von Geist und Materie steht. Geist ist für Descartes grundsätzlich bewusster Geist. Dieses Bewusstsein stiftet introspektives Wissen, das sich auch bei Descartes nicht in erster Linie auf die eigenen mentalen Zustände richtet. Vielmehr geht es um einen sicheren Zugang zu jenen Ideen, durch die sich die Naturwissenschaften und ihre mathematischen Methoden leiten lassen sollen.[54] Descartes' Theorie hat dennoch weitreichende Konsequenzen für die spätere Philosophie des Geistes: Seine Privilegierung des introspektiven Wissens wird – weit stärker noch als sein Rationalismus oder seine dualistische Leib-Seele-Theorie – prägend für die weitere Auseinandersetzung mit dem Problem des Bewusstseins.

Descartes' Dualismus ist oft als unverständlich und irrational kritisiert worden. Tatsächlich ist seine dualistische Theorie einer immateriellen Seele aus zeitgenössischer Perspektive jedoch absolut rational: Zum einen war die

Begründung materialistischer Alternativen mindestens ebenso problematisch, zum anderen waren Überzeugungen von der Existenz übernatürlicher Mächte ohnehin weit verbreitet. Insofern lag es nahe, geistige Prozesse, für die es keine nachvollziehbare naturalistische Erklärung gab, auf übernatürliche Ursprünge zurückzuführen.

Dualismus

Ausgangspunkt von Descartes' Theorie des Geistes ist die aristotelische Seelenvorstellung, so wie sie sich in der scholastischen Tradition erhalten hatte, der auch Descartes seine Ausbildung verdankte. Anders als Aristoteles vertritt Descartes einen eindeutigen Dualismus; dabei schlägt er jedoch große Teile der beiden unteren aristotelischen Seelenvermögen, also der vitalen und perzeptuellen Fähigkeiten, dem Körper zu, so dass die cartesianische Seele nur noch die höheren, rationalen Teile ihres aristotelischen Pendants umfasst. Descartes wendet sich gleichzeitig gegen die aristotelische Auffassung, die Seele stelle das Wesen des Körpers dar und sei daher fest an diesen gebunden. Descartes versucht damit u. a. Spannungen zur christlichen Unsterblichkeitslehre aufzulösen: Wie sollte die Seele den Tod des Körpers überstehen können, wenn sie doch fest an ihn gebunden war?[55] In Descartes' eigener dualistischer Konzeption scheint dieses Problem schon aufgrund der prinzipiellen Unabhängigkeit der Seele vom Körper nicht aufzutauchen. Weil »unsere Seele ihrer Natur nach vollkommen unabhängig vom Leibe« ist, ist sie »folglich nicht mit ihm zu sterben bestimmt«.[56]

Bekanntlich beruft sich Descartes bei der Begründung des Dualismus in der sechsten Meditation auf das zuvor von ihm etablierte Prinzip der klaren und deutlichen Erkenntnis, das die Wahrheit so erkannter Inhalte garantieren soll.[57] Folglich glaubt er aus der klaren und deutlichen Erkenntnis seiner selbst als eines denkenden, nicht ausgedehnten Dinges, das unabhängig vom Körper existieren kann, die Unabhängigkeit des Geistes vom Körper ableiten zu können:

> »Da ich ja einerseits eine klare und deutliche Idee meiner selbst habe, sofern ich nur ein denkendes, nicht ein ausgedehntes Ding bin, und andrerseits eine deutliche Idee vom Körper, sofern er nur ein ausgedehntes, nicht denkendes Ding ist«, so sei es gewiss, »daß ich von meinem Körper wahrhaft verschieden bin und ohne ihn existieren kann.«[58]

In den LEIDENSCHAFTEN DER SEELE argumentiert Descartes außerdem, dass eine Zurückführung von Denken und Sprechen auf körperliche Prozesse völlig undenkbar sei. Man könne »keineswegs begreifen, … daß der Körper in irgendeiner Weise denkt«,[59] genauso wenig sei es vorstellbar, dass eine Maschine »die Worte auf verschiedene Weisen zusammenordnet, um auf die Bedeutung alles dessen, was in ihrer Gegenwart laut werden mag, zu antworten, wie es der stumpfsinnigste Mensch kann«.[60]

Descartes hat in einer Hinsicht zweifellos recht: Angesichts des zeitgenössischen Wissensstandes war an eine naturalistische Theorie der Kognition einfach nicht zu denken. Die Berufung auf die Funktionen einer von Gott geschaffenen Seele war dagegen aus seiner Sicht absolut rational, immerhin hatte Gott durch die – allseits als Tatsache anerkannte – Schöpfung des Menschen und seiner Welt bewiesen, dass seine Fähigkeiten weit über das dem Menschen Vorstellbare hinausreichten.

Camera Obscura

Besonders ausführlich befasst Descartes sich mit den Verarbeitungsprozessen im visuellen System. Dabei stützt er sich u. a. auf den Vergleich der visuellen Wahrnehmung mit dem bereits seit Aristoteles bekannten Modell der *Camera Obscura*, auf das sich auch Kepler berufen hatte und das später von Locke, Leibniz und dann von Christian Wolff verwendet werden wird – wobei sich die Bedeutung des Modells allerdings stark erweitert.[61]

Die *Camera Obscura* ist eine Lochkamera, genauer ein dunkler Raum oder ein Kasten mit einer kleinen Öffnung, durch die das Außenlicht eindringen kann. Dabei zeichnet sich auf der dem Loch gegenüberliegenden Wand ein – spiegelverkehrtes und auf dem Kopf stehendes – Bild der Außenwelt ab.

Während Locke die Camera Obscura als Modell des Geistes insgesamt verwenden wird, stellt sie für Descartes ebenso wie für Kepler nur ein Modell des Auges dar. Dabei ent-

Die Camera Obscura

spricht die Pupille der Öffnung der Kamera und die Retina der Projektionswand.[62] Descartes kommt so zu einer vergleichsweise guten Darstellung der anatomischen Struktur des visuellen Systems. Defizite treten erst dort auf, wo es um die Funktion neuronaler Prozesse geht. Da der zeitgenössischen Wissenschaft jegliche Grundlagen zum Verständnis der elektrochemischen Informationsverarbeitung fehlten, muss Descartes hier auf mechanische Vorstellungen zurückgreifen. So stellt er die Nerven als Röhren dar, in denen sich kleine Körper, sogenannte Lebensgeister, befinden, die mit ihrer Bewegung Informationen und Bewegungsimpulse weiterleiten.

Die rationale Seele

Die Arbeitsteilung zwischen diesem mechanischen Wahrnehmungssystem und der immateriellen Seele ist nicht völlig klar, doch offenbar geht Descartes davon aus, dass die Seele ins Spiel kommt, sobald es um eine *bewusste* Repräsentation der Wahrnehmungsinhalte geht.

Zwar bezeichnet er die Seele ausdrücklich als eine Substanz. Tatsächlich aber weist sie gerade nicht die traditionellen Merkmale einer Seelensubstanz auf: Descartes' Seele besteht nicht aus besonders feinen Atomen, sie ist kein Hauch, kein Vogel und auch kein Homunculus. Entscheidend ist für Descartes vielmehr ein *funktionales* Merkmal: Das Denken[63] ist das definierende Merkmale der cartesianischen Seele. Descartes' Vorstellung vom Denken ist dabei recht weitreichend. Es umfasst »alle Operationen des Willens, des Verstandes, der Einbildung und der Sinne«,[64] denen ein repräsentationaler Gehalt gemeinsam ist.[65]

Neben Geist (mens) und Seele (anima) verwendet Descartes bereits den Begriff des Bewusstseins (conscientia).[66] So ist auch Denken bei ihm grundsätzlich als bewusstes Denken definiert:

> »Unter dem Namen »Gedanken« (cogitatio) fasse ich alles zusammen, das so in uns ist, dass wir uns seiner unmittelbar bewusst sind. In diesem Sinne sind alle Operationen des Willens, des Verstandes, der Einbildung und der Sinne Bewusstseinsinhalte.«[67]

Tatsächlich verfügt Descartes über einen vergleichsweise weit ausdifferenzierten Begriff des Bewusstseins. Dieser Begriff umfasst erstens die Vigilanz, also das bloße Vorhandensein von Bewusstsein im Gegensatz zu einem komatösen Zustand oder einem traumlosen Tiefschlaf. Zweitens ist hier von intentionalem Bewusstsein die Rede. Es umfasst innere und äußere Sinneswahrnehmungen, Willensakte, Phantasievorstellungen, Akte des Zweifelns und Verstehens, Bejahens und Verneinens, also einen wesentlichen Teil der Prozesse, die Descartes unter seinen – vergleichsweise weiten – Begriff des Denkens subsumiert.[68] Schließlich ist drittens die Fähigkeit zu willentlicher, expliziter Reflexion Teil des Bewusstseins.[69]

All dies demonstriert noch einmal die oben bereits erwähnte Subjektivierung, die sich mit dem Übergang von der klassischen Vorstellung einer Seelensubstanz zum Bewusstseinsbegriff vollzieht. Obwohl Descartes noch am Substanzbegriff festhält, wird die Seele *de facto* nicht durch objektive Merkmale wie einen Hauch oder besonders feine Atome, sondern durch einen subjektiv erlebbaren Prozess, nämlich das Bewusstsein, definiert.

Introspektion

Descartes ist dabei überzeugt, dass uns unser Geist weitgehend transparent ist. Wir sind uns unserer Gedanken nicht nur bewusst, sondern können uns offenbar auch hinsichtlich ihrer Inhalte kaum irren. Diese Behauptung ist keine Folgerung aus dem »Cogito-Argument«, vielmehr scheint Descartes davon auszugehen, dass es sich um eine direkte Implikation von Bewusstsein handelt – so wie es ja auch die Termini Be-wusst-sein oder con-scientia selbst suggerieren. Dieser Vorstellung zufolge konstituiert Bewusstsein Wissen hinsichtlich seiner Inhalte: Wer einen Schmerz bewusst erfährt, der *weiß* mit sehr großer Sicherheit, dass er einen Schmerz erfährt. Es ist also keineswegs zufällig, dass Descartes einen epistemischen Begriff für die erstpersonale Erfahrung verwendet. Genau damit wird die Engführung von bewusster Erfahrung und Wissen begründet, die bis heute eine zentrale Rolle in der Vorstellung von Bewusstsein spielt. Problematisch ist diese Engführung zum einen, weil sie mit ihrer Privilegierung des erstpersonalen Wissens die extrospektive, wissenschaftliche Erfassung von Bewusstsein erschwert. Zum zweiten verengt sie jedoch die Vorstellung der bewussten Erfahrung auf eine epistemische Funktion und verliert damit das qualitative Erleben aus dem Blick.

Sichtbar wird die Engführung beispielsweise, wenn Descartes am Ende der zweiten Meditation behauptet, »daß ich nichts leichter und augenscheinlicher erfassen kann – als meinen Geist«.[70] In der dritten Meditation heißt es, dass es keine Schwierigkeiten bezüglich der Vorstellungen geben könne, die wir von uns selbst haben;[71] außerdem bezeichnet er die Selbsterkenntnis der Seele als das Paradigma der wahren Erkenntnis.[72]

Bei der Begründung dieses Privilegs der Introspektion beruft sich Descartes im Einklang mit der Tradition der inneren, intuitiven Erkenntnis auf den direkten Zugang, den die Introspektion zu unseren bewussten Zuständen hat. In diesem Sinne heißt es bei Stephen Menn:

> »My intellectual knowledge of myself is like direct vision in that ... it carries with it the certainty we would seek in direct contact with an object, that the link between thought and object cannot be broken.«[73]

Tatsächlich behauptet Descartes, dass »der Geist beim reinen Denken sich sozusagen auf sich selbst richtet und irgendeine der Ideen, die in ihm sind, betrachtet«.[74] Die Direktheit verbürgt dabei nicht nur epistemische Sicherheit und Direktheit des introspektiven Zugangs, vielmehr hat sie auch zur Konsequenz, dass die Introspektion instantan und vollständig ist: Ich erfasse meine eigenen Gedanken also ohne irgendwelche Verzögerungen oder in einzelnen Schritten.

Wie schon gesagt, geht es Descartes nicht in erster Linie um die bloße Erkenntnis eigener mentaler Zustände. Vielmehr verfolgt er ein wissenschaftstheoretisches Ziel, nämlich die Begründung einer auf Mathematik und Geometrie basierenden Physik.[75] Stützen soll sich diese Physik auf den Verstand und die Ideen und eben nicht auf die trügerischen Sinne:

> »Da ... ja selbst die Körper nicht eigentlich durch die Sinne oder durch die Fähigkeit der Einbildung, sondern einzig und allein durch den Verstand erfaßt werden, auch nicht dadurch, daß man sie betastet oder sieht, sondern, daß man sie denkt.«[76]

Es leuchtet ein, dass dieses Programm auf einen absolut zuverlässigen Zugang des epistemischen Subjektes zu seinen eigenen geistigen Prozessen, insbesondere zu den Ideen angewiesen ist – andernfalls wäre das Privileg des Verstandes gegenüber den Sinnen nicht zu verteidigen. Der cartesianische Bewusstseinsbegriff stiftet nicht zuletzt diese Sicherheit.

Descartes' Auffassungen von den besonderen epistemischen Qualitäten der Selbsterkenntnis sind also nicht durch eine Phänomenologie der Perspektive der ersten Person bestimmt; vielmehr stehen allgemeine epistemologische Interessen, insbesondere eine Begründung der wissenschaftlichen Forschung im Vordergrund. Das heißt nicht, dass seine Analyse falsch sein muss, aber es kann die Beweislast der Kritiker von Descartes ein wenig verringern, wenn sich andere Zweifel an dem epistemischen Privileg der Introspektion ergeben sollten.

Descartes' Theorie des Geistes wirft trotz ihrer begrifflichen Klarheit eine Reihe von z. T. altbekannten Problemen auf. Dies betrifft insbesondere die Interaktion von Seele und Körper. Wie kann die Seele kausal wirksam sein und damit eine der paradigmatischen Eigenschaften physischer Gegenstände aufweisen, wenn sie sich doch prinzipiell von allem Physischen unterscheidet? Abgesehen davon kommt es durch den Einfluss der Seele auf den Körper zu einer Verletzung der auch von Descartes bereits akzeptierten Energieerhaltungssätze.[77]

Doch auch wenn die Interaktion von Leib und Seele ein offenes Problem bleibt, so stellt Descartes' Dualismus zumindest aus zeitgenössischer Perspektive einen äußerst vernünftigen Vorschlag dar. Angesichts der verfügbaren naturwissenschaftlichen Grundlagen war eine naturalistische Erklärung höherer kognitiver Funktionen nicht nur faktisch unmöglich, sondern noch nicht einmal vorstellbar. Wie sollte man Denken und Sprechen auf die Bewegung von Körpern in Röhren zurückführen?

Diese Überlegungen haben jedoch eine wichtige Konsequenz: Wenn die Argumente für den Dualismus vor allem wegen der Unvorstellbarkeit einer naturalistischen Erklärung kognitiver Prozesse akzeptabel sind, dann dürften diese Argumente spätestens in dem Moment zur Disposition stehen, wo derartige Erklärungen in den Bereich des Vorstellbaren rücken. Und genau dies geschieht spätestens seit der Mitte des 19. Jahrhunderts, d. h. von dem Moment an, in dem Neurobiologie, Physik und Chemie das grundlegende Handwerkszeug zum Verständnis der neuronalen Übertragung und Verarbeitung von Informationen zur Verfügung stellen.

Parallel dazu wird auch eine wichtige begriffliche Entwicklung abgeschlossen, die bereits bei Descartes beginnt, nämlich der Wandel vom Seelenbegriff zum Begriff des Bewusstseins. Bei Descartes zeichnet sich dieser Wandel schon in der Definition der Seele ab. Diese greift eben gerade nicht auf klassische Merkmale einer Substanz zurück, vielmehr stellt sie eine Funktion in den Mittelpunkt, nämlich die des bewussten Denkens. Auch wenn seine Sprache das genaue Gegenteil suggeriert, so ist Descartes daher letztlich eher ein Eigenschafts- als ein Substanzdualist.

Tatsächlich spielt Descartes eine zentrale Rolle bei der Etablierung des Bewusstseinsbegriffs im 17. Jahrhundert. Wie bereits erwähnt, hat der Unterschied zwischen einem substantialistischen und einem an Eigenschaften und Funktionen orientierten Verständnis des Geistes weitreichende Konsequenzen für eine mögliche Lösung des Leib-Seele-Problems: Während man bei einer Seelensubstanz zunächst nach Herkunft und Entstehung fragen wird, werfen geistige Eigenschaften vor allem die Frage auf, welche Prozesse oder Mechanismen ihnen zugrunde liegen. Hier gibt es im Prinzip Raum und Bedarf für naturalistische Erklärungsansätze. Auch wenn Descartes selbst solche Ansätze für die höheren kognitiven Funktionen ausschließt, so schafft doch sein Verständnis geistiger Phänomene den begrifflichen Raum für eine solche Erklärung.

Descartes' Theorie hat außerdem große Bedeutung für die Engführung von Bewusstsein und Wissen. Wer einen bewussten Gedanken oder eine bewusste Wahrnehmung hat, der gewinnt nach Descartes ein introspektives Wissen von diesen mentalen Zuständen, das dem äußeren Beobachter verschlossen ist – so wie es der Etymologie des Wortes »conscientia« entspricht. Auch diese Auffassung scheint naheliegend, zumal sie der von Platon, Plotin und Augustin begründeten Tradition entspricht; in der weiteren Geschichte der Auseinandersetzung mit Geist und Gehirn spielt sie eine zentrale Rolle. Es wird sich jedoch herausstellen, dass sie in mehrfacher Hinsicht problematisch ist.

Zieht man noch in Betracht, dass Descartes mit der Einleitung des Übergangs von einem substantialistischen Seelenbegriff zum Begriff des Bewusstseins auch die Subjektivierung vorantreibt, dann wird deutlich, dass hier bereits alle Elemente bereitliegen, aus denen sich später das Erklärungslückenproblem ergibt: Zum einen sind bewusste Prozesse – anders als eine Seelensubstanz – potentieller Gegenstand einer naturalistischen Erklärung. Gleichzeitig erschwert Descartes diese Erklärung aber, indem er die bewusste Erfahrung durch die Engführung mit dem Wissen der Extrospektion entzieht.

Wie gesagt: Descartes ist *sehr* weit von der Position der Erklärungslückentheoretiker entfernt. Doch es gibt eine Textstelle am Ende der zweiten Meditation, in der sich diese Position andeutet: Descartes verweist darauf, dass man Menschen aus der Außenperspektive in der visuellen Wahrnehmung mit Maschinen verwechseln könne – nur der Geist selbst gibt Auskunft darüber, dass es sich um Menschen handelt.[78]

Cudworth

Einen wichtigen Anteil an der Etablierung des Bewusstseinsbegriffs hat auch das Werk des Cambridger Platonikers Ralph Cudworth (1617–1688). Cudworth führt den Begriff des Bewusstseins nicht nur häufig im Munde, vielmehr zeigt er sich auch bemüht, ihn genauer zu bestimmen.

Ähnlich wie bei Descartes gründet das Interesse an Fragen des Bewusstseins auch hier in weiterreichenden Problemen. Während Descartes primär an erkenntnis- und wissenschaftstheoretischen Fragen interessiert ist, geht es für Cudworth vor allem um Probleme der Metaphysik: Er versucht nämlich zu zeigen, dass die Welt, so wie wir sie vorfinden, weder ein bloßes Produkt des Zufalls noch das Resultat ständiger göttlicher Eingriffe sein kann. Es muss noch etwas Drittes geben, Cudworth spricht hier von der »Plastischen Natur« des Universums. Gemeint sind dabei offenbar biologische Prozesse, die in Entwicklung und Struktur einen zielgerichteten Charakter erkennen lassen. Cudworth glaubt damit auch die lange Entwicklungsdauer des Universums erklären zu können: Hätte Gott direkt eingegriffen, dann hätte er dank seiner Allmacht die Welt sofort in ihren heutigen Zustand versetzen können.[79]

Zwar ist die Natur der Kunstfertigkeit des Menschen in vielerlei Hinsicht überlegen; in einem Punkt jedoch ist sie unvollkommen, und dabei kommt der Begriff des Bewusstseins ins Spiel. Anders als die menschliche Kunstfertigkeit besitzt die Natur kein Bewusstsein ihrer eigenen Gründe und Ziele:

> »Obwohl sie künstlich und zielgerichtet handelt, besitzt sie doch weder die Absicht, diese Ziele zu erreichen, noch versteht sie die Gründe, aus denen sie so handelt. Die Natur ist nicht der Meister dieser vollendeten Kunst und Weisheit, die ihr Handeln bestimmt, sondern der Diener und der sich plagende Vollstrecker ihrer Befehle.«[80]

In ausdrücklicher Absetzung von Descartes kommt Cudworth' Metaphysik somit zu einer doppelten Unterscheidung: Zunächst stellt sie der unbelebten die belebte Natur gegenüber, um dann zweitens innerhalb der belebten Natur noch einmal zwischen bewusstem und unbewusstem Leben zu unterscheiden.

Bewusstsein spielt hier also eine zentrale Rolle, und so zeigt Cudworth sich weit stärker als Descartes bemüht, diesen Begriff zu bestimmen. Entscheidend ist auch für ihn der epistemische Charakter: Bewusstsein erschließt ein introspektives Wissen über die eigenen Ziele, Gründe und Empfindungen. Cudworth bezeichnet das Bewusstsein auch als eine Art der »Verdopplung«, die dazu führt, dass ein Subjekt mit sich selbst, seinen Emotionen und seinen Wünschen und seinen Zielen bekannt wird.[81]

Cudworth hebt zudem den besonderen epistemischen Rang des introspektiven Wissens hervor – und beruft sich dabei auf genau die Merkmale, die wir bereits aus der Gegenüberstellung von intuitivem und diskursivem Wissen, von Introspektion und empirischer Erkenntnis kennen. Die Sinne, so Cudworth, geben nur ein oberflächliches Bild der äußeren Hülle der Gegenstände.[82] Da sie eine gewisse Distanz niemals überwinden könne, müsse der empirischen Erkenntnis das Wesen der Dinge verborgen bleiben. Zugänglich sei dieses Wesen allein der inneren Schau, schließlich stehe sie direktem Kontakt mit ihren Gegenständen.

> »The Essence of nothing is reached unto by the Senses looking Outward, but by the Mind's looking inward into it self. That which wholly looks abroad outward upon its Object, is not one with that which it perceives, but is at a distance from it, and therefore cannot Know and Comprehend it; but Knowledge and Intellection doth not meerly look out upon a thing at distance, but makes an Inward Reflection upon the thing it knows, and according to the Etymon of the Word, *the Intellect* doth *read inward Characters written within it self*, and Intellectually comprehend its Object within it self, and is the same with it.«[83]

Dies gelte insbesondere für abstrakte Objekte. Grundlage des Bewusstseins ist auch für Cudworth eine immaterielle Seele; doch anders als Descartes spricht er diese Seele auch Tieren zu und betont außerdem, dass es unbewusste seelische Vorgänge gibt. In diesem Zusammenhang verweist er darauf, dass wir in unseren Träumen zuweilen von den

Antworten der erträumten Personen überrascht werden. Doch wie sollte das möglich sein, wenn uns sämtliche Vorgänge in unserer Seele zugänglich wären?

Locke

Obwohl Lockes empiristischer Ansatz denkbar weit von dem cartesianischen Rationalismus abweicht, weisen die Vorstellungen beider Autoren ein bemerkenswertes Maß an Gemeinsamkeiten auf, wenn es um den Geist und seine Funktionen geht – und zwar gerade in den Bereichen, die für die Interessen dieser Arbeit zentral sind. So sieht auch Locke die Seele als Trägerin des Geistes und unterscheidet sie prinzipiell vom Körper; ein Mensch hat daher immer einen Körper *und* eine Seele.[84] Weniger klar ist, ob die Seele immateriell ist – so wie dies Descartes behauptet hatte.[85] Locke tendiert deutlich zu dieser Auffassung;[86] gleichzeitig bemüht er sich jedoch zu zeigen, dass der Materialismus wahr sein kann, obwohl man kaum eindeutige Beweise in dieser Sache werde finden können.[87] Darüber hinaus übernimmt er Descartes' mechanistische Theorie der Informationsübertragung in den Nerven.[88] Auch Locke geht also davon aus, dass »alle Sensation in uns lediglich durch verschiedene Grade und Modi der Bewegung unserer Lebensgeister zustande kommt, die von den äußeren Gegenständen in verschiedener Weise angeregt werden«.[89]

Die Seele ist also der Ort des Denkens. Denken ist dabei zwangsläufig bewusstes Denken; die Vorstellung unbewusster Gedanken ist für Locke geradezu absurd: »Wenn man die Meinung vertritt, die Seele denke, ohne daß der

Mensch es wahrnehme, so macht man … aus einem Menschen zwei Personen.«[90] Doch wenn Gedanken stets bewusst sind, was passiert dann in Phasen des Unbewusstseins, z. B. im traumlosen Schlaf? Da es kein unbewusstes Denken gibt, kann die Seele in diesen Phasen also auch nicht denken. Anders als Descartes weigert sich Locke daher, die Seele als denkende Substanz zu *definieren*. Das würde nämlich bedeuten, dass die Seele stets denken müsste – ansonsten würde sie eines der Kriterien verletzen, durch die sie definiert ist.[91]

Introspektion

Gedanken stehen bei Locke für die gesamte Vielfalt dessen, was wir heute als geistige Prozesse bezeichnen würden, also nicht nur für kognitive Vorgänge im engeren Sinne, sondern auch für Wahrnehmungen, Emotionen, Erinnerungen und Willensakte. Gegenstand der Gedanken sind Ideen. Da Locke die Existenz angeborener Ideen grundsätzlich bestreitet, bleiben hier nur zwei Quellen: die äußere und die innere Wahrnehmung. Aus Ersterer stammen die Ideen der Wahrnehmung, aus Letzterer die Ideen der Reflexion. Wie der Name schon erkennen lässt, werden Erstere durch Wahrnehmung aus der Außenwelt aufgenommen. Locke nennt Beispiele wie gelb, weiß, heiß, kalt, weich, hart, bitter, süß etc. Doch Locke macht auch einen wichtigen Schritt zur Thematisierung der bewussten Erfahrung. Der Geist kann nämlich auch sein eigenes Tun beobachten. Durch Introspektion kommt er dann zu den Ideen der Reflexion wie »wahrnehmen, denken, zweifeln, glauben, schließen, erkennen, wollen«.[92] Auch der Bewusstseinsbegriff basiert auf dem Wahrnehmungsmodell: Bewusstsein ist für Locke »Wahrnehmung dessen, was im eigenen Geiste vorgeht«.[93]

Bewusstsein wird damit als eine Form der Introspektion bestimmt. Insofern ist es nicht weiter verwunderlich, dass Locke zur Illustration auf das bereits bekannte Modell der *Camera Obscura* zurückgreift. Während Kepler und Descartes das Modell nur zur Illustration der Funktion des Auges benutzt hatten, wendet Locke es auf den Geist insgesamt an:

> »Meines Erachtens ist der Verstand einem Kabinett gar nicht so unähnlich, das gegen das Licht vollständig abgeschlossen ist und in dem nur einige kleine Öffnungen gelassen wurden, um äußere, sichtbare Ebenbilder oder Ideen von den Dingen der Umwelt einzulassen.«[94]

Die Camera Obscura liefert damit einerseits ein Modell für die Erfassung der bewussten Erfahrung. Damit treibt Locke die Subjektivierung noch einen Schritt weiter als Descartes. Gleichzeitig hält er an der Engführung von Bewusstsein und Wissen fest und schließt damit die Extrospektion praktisch aus. Damit entsteht das oben skizzierte Dilemma: Die subjektive Erfahrung scheint allein dem introspektiven Wissen vorbehalten – eine objektive Erkenntnis ist hier kaum mehr möglich. Während das Subjekt aus der Innenperspektive direkten Zugang zu den Ideen hat, bleibt dem externen Beobachter nur die Außenansicht der Camera Obscura, die keinen direkten Zugang zu den Ideen gewährt. Man könnte dies für eine ungewollte Konsequenz des von Locke verwendeten Bildes halten. Tatsächlich spricht er sich jedoch ganz ausdrücklich für dieses Privileg aus: »Wenn ich denke, ohne daß ich es weiß, dann kann es auch niemand anders wissen.«[95] Die Außenperspektive ist somit von der erstpersonalen Perspektive, von Bewusstsein und Selbstwahrnehmung abhängig. Dem externen Beobachter ist prinzipiell nichts zugänglich, was nicht auch das bewusste Subjekt selbst erkennen könnte.

Darüber hinaus ist die innere Selbstwahrnehmung für Locke ähnlich wie für Descartes praktisch immun gegenüber Irrtümern. Im Prinzip ergibt sich dies bereits aus Lockes Begriff des Bewusstseins: Wer in einem bewussten Zustand ist, der *weiß* mit großer Sicherheit, in welchem Zustand er ist, schließlich besteht Bewusstsein in der Wahrnehmung der Gedanken, die man gerade denkt. Damit wird noch deutlicher, dass auch Locke die bereits bei Descartes zu findende Engführung von Wissen und Bewusstsein betreibt. Konsequenterweise stellt auch er die Introspektion an die Spitze der Hierarchie des Wissens. In der Introspektion liege »die höchste Erleuchtung und die größte Gewißheit, deren wir mit unseren Anlagen unserer Art zu erkennen fähig sind«.[96] Auch die Begründung dieses Privilegs ist bereits bekannt: Locke spricht hier von intuitiver Erkenntnis und beruft sich dabei auf den direkten Zugang zu den Ideen, die wir »unmittelbar durch sie selbst, … ohne Vermittlung einer dritten« wahrnehmen.[97]

Aufgrund ihrer weitgehenden Immunität gegen Irrtümer spielt die Introspektion eine zentrale Rolle in Lockes Erkenntnistheorie: »Auf dieser Intuition beruht die ganze Gewißheit und Augenscheinlichkeit unseres gesamten Wissens.«[98] Ähnlich wie bei Descartes geht es auch bei Locke keineswegs primär um adäquate Theorie des Bewusstseins. Vielmehr soll die Introspektion die Basis für seine empiristische Erkenntnistheorie legen, außerdem spielt sie eine wichtige Rolle für seinen Begriff der Person.

Der ESSAY ON CONSCIOUSNESS von »Pseudo-Mayne«

Bewusstsein ist seit der Antike ein Thema der Philosophie, doch die vermutlich erste Abhandlung, die sich ausdrücklich dieses Themas annimmt,[99] wird erst 1728 von einem bis heute nicht eindeutig identifizierten Autor veröffentlicht: AN ESSAY ON CONSCIOUSNESS.[100] Der unter dem Namen »Pseudo-Mayne« bekannte Verfasser ist sich des singulären Charakters seiner Schrift wohl bewusst und betont daher gleich zu Beginn, Bewusstsein bilde »ein würdiges und hervorragendes Thema, das eine Vielheit nützlichen und besonderen Wissens vermittelt«.[101]

Ähnlich wie für Locke und Descartes stellt Bewusstsein auch für Pseudo-Mayne eine Form des Wissens, genauer eine Form des Selbstwissens dar. Wer Bewusstsein von einem mentalen Prozess hat, der erwirbt Wissen über diesen mentalen Prozess. Irrtümer sind ausgeschlossen, Bewusstsein stiftet die höchste denkbare Form des Wissens. Gegenstand des Bewusstseins sind auch bei Mayne die kognitiven Prozesse des Wahrnehmens, Denkens und Erinnerns. Besonders hervorgehoben werden jedoch die Willensakte, die in Maynes Augen ohne Bewusstsein gar nicht möglich wären.[102]

Mayne greift dabei auf das Modell der Selbstwahrnehmung zurück, das sich bereits bei Locke findet, allerdings wird es hier weiter ausgebildet und verfeinert. Mayne definiert Bewusstsein als »die unmittelbare Wahrnehmung des Geistes von sich selbst, so wie er sich im Moment der Handlung der Selbstwahrnehmung wahrnimmt«.[103] Er unterscheidet drei Aspekte dieses Prozesses der Selbstwahrnehmung:

»Denn zuerst gibt es den Akt des Denkens, dann das Bewußtsein davon, und darauf folgt die Wahrnehmung desselben; diese letztere schließt also … die erste Handlung ebenso wie diejenige, die darauf folgt und in der Mitte steht, mit ein; denn es kann keine Wahrnehmung des Bewußtseins geben ohne die Wahrnehmung dessen, wovon der Geist ein Bewußtsein hat.«[104]

Maynes Darstellung ist ein wenig verwirrend. Anders als es der Wortlaut der obigen Passage suggeriert, ist hier offenbar keine zeitliche Abfolge gemeint, wie Mayne ausdrücklich betont: »Denken, das Bewußtsein davon und Wahrnehmung dessen … finden alle zusammen und zur selben Zeit statt«[105] – alles andere wäre unvereinbar mit der Einheit des Selbst. Vermutlich hat Mayne hier eine funktionale Abhängigkeit von gleichzeitig ablaufenden Prozessen im Blick: Denken ist Gegenstand des Bewusstseins, das seinerseits Objekt einer inneren Wahrnehmung ist.

Mayne ist zudem der Meinung, dass die Einheit des Selbst nur gewährleistet werden kann, wenn man sich die Seele als immateriell vorstelle. In einer materiellen, ausgedehnten Seele müsse jeder dieser Prozesse an einem anderen, räumlich distinkten Ort stattfinden, was aber der Einheit des Selbst zuwiderlaufe.[106]

Das Vokabular

Das von Mayne gewählte Wahrnehmungsvokabular lässt einmal mehr erkennen, dass die Festlegung auf den Bewusstseinsbegriff und seine epistemologischen Implikationen im 17. und frühen 18. Jahrhundert keineswegs zwangsläufig war – es gab nämlich eine ganze Reihe von Alternativen. Hierzu gehören insbesondere Begriffe wie *Wahrneh-*

mung oder *Empfindung*, die sich stärker an der Bedeutung des griechischen *Synaisthesis* (wörtl.: Mitempfindung) orientieren.[107] So gehörte *Consense*, die englische Übersetzung von *Synaisthesis/Mitempfindung*, auch bei Cudworth noch zu den Begriffen, die zur Umschreibung des Bewusstseinsphänomens dienten:

> »Duplication ... is included in the Nature of synaisthesis, Con-Sense and Consciousneß, which makes a Being to be Present with it self, Attentive to its own Actions, or Animadversive to them, to perceive it self to Do or Suffer.«[108]

Bemerkenswert ist diese Vielfalt, weil sie zeigt, dass die Engführung von Wissen und Bewusstsein, wie sie sich letztlich durchgesetzt hat, ursprünglich alles andere als selbstverständlich war. Hätte sich das Verständnis von Bewusstsein als Selbstwahrnehmung durchgesetzt, dann wäre das Privileg für die Erste-Person-Perspektive möglicherweise schwächer ausgefallen. Immerhin können Wahrnehmungen scheitern, so wie es bei der Wahrnehmung der Außenwelt häufig genug geschieht. Wenn sich dieses Modell nicht durchgesetzt hat, so lag dies wohl vor allem daran, dass die epistemologischen und metaphysischen Positionen der hier vertretenen Autoren ein solches Scheitern nicht zuließen, hätten sie doch das Ziel einer Begründung des wissenschaftlichen Wissens in Frage gestellt: Wenn wir uns nicht einmal unserer eigenen Gedanken und Empfindungen sicher sind, wie sollen wir dann zuverlässige Aussagen über die Außenwelt machen? Nicht zuletzt aus diesem Grunde dürften sich die Autoren für den Bewusstseinsbegriff und damit für die Engführung von Bewusstsein und Wissen entschieden haben. Zur Begründung wird dabei immer wieder auf die Unmittelbarkeit der

Introspektion verwiesen. So beruft sich auch Mayne darauf, dass man sich

> »kein *Wissen* oder keine *sinnliche Vorstellung* und keine *Wahrnehmung* vorstellen [könne], die ... dem Geist so unmittelbar gegenwärtig ist.«[109]

Mayne gibt sich denn auch fest von den außerordentlichen epistemischen Qualitäten des Selbstwissens überzeugt: Bewusstsein »ist ein völlig gewisses Wissen oder es gibt überhaupt keins«.[110] Auch für ihn geht es dabei nicht in erster Linie um ein möglichst genaues Bild geistiger Prozesse, vielmehr dient seine Theorie der Stützung einer epistemologischen These. Bewusstsein stellt nämlich die Basis alles übrigen Wissens dar; würde diese Basis angegriffen, dann würde dies auch alles andere Wissen in Frage stellen:

> »Und hieraus folgt, daß das Bewußtsein in der Tat die Basis und das Fundament allen Wissens überhaupt ist: was immer ich von einem Ding durch Beobachtung wissen oder erkennen kann und dadurch, daß ich über es mit meinem Verstand reflektiere, hängt völlig davon ab, daß ich es zunächst als ein Objekt betrachte oder als etwas, das eine so und so bestimmte Erscheinung in meiner Wahrnehmung hat.«[111]

Leibniz

Leibniz entwickelt seine einflussreiche Theorie des Bewusstseins auf der Basis einer idealistischen Metaphysik und in direkter Auseinandersetzung mit Descartes und Locke. Dabei geht er von der Annahme aus, dass das cartesianische Modell der Wechselwirkung von Leib und Seele gescheitert ist, weil es den Gesetzen der Physik widerspricht. In Leibniz' Dualismus gibt es daher keine Wechselwirkung. Geistige und physische Prozesse laufen parallel nebeneinanderher, ohne dass es zu einer gegenseitigen Beeinflussung kommt.[112]

Doch wie kommt dann der Eindruck zustande, der Körper würde unserem Willen folgen? Und warum machen wir Wahrnehmungserfahrungen, die im Einklang mit unserer Umwelt stehen? Leibniz' Antwort beruft sich auf ein von Gott eingerichtetes System der »prästabilierten Harmonie«: Gott hat die psychische und die physische Welt so präzise aufeinander abgestimmt, als würden sie miteinander interagieren. In Wirklichkeit gibt es jedoch nur einen präzisen Parallelismus zweier unabhängiger Systeme, die keinerlei Einfluss aufeinander ausüben. Leibniz illustriert dies mit dem berühmten Uhrenbeispiel: Zwei absolut genaue Uhren, die ursprünglich die gleiche Zeit anzeigen, werden weiterhin genau parallel laufen, auch wenn keinerlei Abhängigkeit zwischen ihnen besteht.[113] Und in der THEODIZEE[114] beschreibt er den Konstrukteur eines Automaten. Der kennt die zukünftigen Wünsche seines Auftraggebers und kann daher den Automaten so bauen, dass dieser von sich aus genau den Wünschen des Besitzers entspricht und damit den – unzutreffenden – Eindruck erweckt, er reagiere auf den Besitzer. Genauso hat Gott sämtliche Willensakte jeder individuellen Seele schon im Akt der Schöpfung vorhergesehen und die äußere Welt so gestaltet, als würde sie von uns beeinflusst.

Leibniz' Theorie des Bewusstseins basiert auf seiner Metaphysik, genauer auf seiner Monadenlehre: Die Monaden sind ausdehnungslose, schlechthin einheitliche Substanzen, sie sind reizempfänglich und selbst immateriell,[115] doch sie treten stets in einem organischen Körper auf und bilden so die Grundlage allen biologischen und psychischen Lebens:

»Monaden sind die … Quellen der Tätigkeit, die ersten absoluten Prinzipien der Zusammensetzung der Dinge und gleichsam die letzten Elemente der Analyse der Substanzen. Man könnte sie *metaphysische Punkte* nennen; sie tragen etwas wie *Leben* und eine Art von *Perzeption* in sich.«[116]

So wie es unterschiedliche Arten von Lebewesen gibt, gibt es auch unterschiedliche Arten von Monaden. Schon in ihrer einfachsten Form sind sie für Reize empfänglich, dies gilt schon für Pflanzen.[117] Verfügen sie über Sinnesorgane und Erinnerung, wie dies bei Tieren der Fall ist, dann spricht Leibniz von Seelen.[118] Die höheren geistigen Monaden sind die menschlichen Seelen, bei ihnen sind Wahrnehmungen und Willensakte bewusst, und ihr Denken folgt rationalen Prinzipien: Menschen sind daher zur »Erkenntnis der notwendigen und ewigen Wahrheiten«[119] in der Lage und verfügen damit über Fähigkeiten, die im Prinzip denen Gottes vergleichbar sind.[120] Dies gilt insbesondere deshalb, weil Menschen nicht nur über ein Bewusstsein der Außenwelt und die Erkenntnis Gottes verfügen, vielmehr besitzen sie auch ein Bewusstsein ihrer selbst:

»Durch die Erkenntnis der notwendigen Wahrheiten … erheben wir uns auch zu den *reflexiven Akten*, vermöge deren wir den Gedanken unseres ›Ich‹ fassen.«[121]

Bewusstsein und Wissen

Doch wie denkt Leibniz das Verhältnis von Bewusstsein und Wissen? Festzuhalten ist zunächst, dass er ausdrücklich und vielfach darauf hinweist, dass nicht alle Geschehnisse in der Seele bewusst sein müssen. Abgesehen davon, dass es Lebewesen gibt, die über gar kein Bewusstsein verfügen, treten auch bei Menschen immer wieder Gedanken und Wahrnehmungen, sogenannte »petites Perceptions« auf, die sich der bewussten Erfahrung entziehen.[122]

Gleichzeitig folgt Leibniz seinen Vorgängern jedoch in der Engführung von Bewusstsein und Wissen: Wenn wir uns eines Gedankens, einer Emotion oder einer Wahrnehmung bewusst sind, dann können wir sicher sein, genau *diesen* Gedanken, *diese* Emotion oder *diese* Wahrnehmung zu haben; mit Irrtümern brauchen wir hier nicht zu rechnen:

> »Das Bewußtsein oder die Reflexion, die die innere Handlung begleiten, können natürlich niemals täuschen; sonst wäre man nicht einmal sicher, daß man an diese oder jene Sache denkt.«[123]

Diese Engführung ist insofern überraschend, als Leibniz z. B. in den PRINCIPES DE LA NATURE eine Unterscheidung zwischen Perzeption und Apperzeption macht, die der Unterscheidung zwischen Bewusstsein und Wissen sehr nahekommt. Offenbar besteht hier in Leibniz' Augen keine begriffliche Beziehung: Bewusstsein *ist* nicht selbst schon Wissen, doch es begründet dieses Wissen von den bewussten Zuständen auf eine Weise, die Irrtümer ausschließt.

Die Motivation für die Unfehlbarkeitsthese ist auch hier epistemologisch: Würde die Sicherheit hinsichtlich des eigenen Denkens in Frage gestellt, dann stünde nach Leibniz auch die Möglichkeit von Erkenntnis generell zur Disposition: »Wenn die unmittelbaren inneren Erfahrungen nicht gewiß sind, so gibt es keine Tatsachenwahrheit, deren man sicher sein könnte.«[124] Leibniz folgt also dem bereits bekannten Argumentationsmuster: Es ist nicht die Analyse des Mentalen, die die Infallibilität von Bewusstsein und Introspektion – und damit eventuell auch die Vertrauenswürdigkeit der empirischen Erkenntnis – sichert, vielmehr gilt umgekehrt, dass die Notwendigkeit verlässlicher empirischer Erkenntnis die Infallibilität des erstpersonalen Wissens fordert.

Camera Obscura

Leibniz greift zudem auch auf das bereits mehrfach erwähnte Modell der *Camera Obscura* zurück und damit auch auf die Annahme, dass Bewusstsein durch eine Art Selbstwahrnehmung zu erklären ist. In diesem Punkt stimmt er Locke ausdrücklich zu.[125] Allerdings besteht er darauf, dass die Wahrnehmungen aus der Außenwelt in der *Camera Obscura* nicht einfach auf eine passive und neutrale Leinwand, also eine »*Tabula rasa*« treffen. Leibniz zufolge ist die Leinwand, also unser Geist, vielmehr aktiv und strukturiert, schließlich verfügen wir über eingeborene Ideen:

> »Um die Ähnlichkeit [zwischen dem Geist und der Camera Obscura] noch zu vergrößern, müßte man voraussetzen, daß es in dem dunklen Zimmer [d.h. der Camera Obscura] als Bildfläche eine Leinwand gäbe, die … durch Falten aufgegliedert wäre, die die eingeborenen Kenntnisse darstellen sollen. … Denn wir empfangen nicht allein die Bilder oder Spuren im Gehirn, sondern formen daraus auch neue, wenn wir die *komplexen Ideen*

ins Auge fassen. So muß die Leinwand, die unser Gehirn darstellt, aktiv und elastisch sein.«[126]

Es gibt allerdings noch einen zweiten wichtigen Unterschied zwischen Locke und Leibniz. Aus Lockes Sicht sind es Funktionen der Seele, die durch die Camera Obscura illustriert werden. Bei Leibniz dagegen sind es im Wesentlichen Funktionen des Verstandes und des Gehirns. Obwohl Leibniz sich also im Allgemeinen wesentlich entschiedener als Locke gegen materialistische Auffassungen abgrenzt, scheint er es für möglich zu halten, auch höhere kognitive Funktionen auf Gehirnprozesse zurückzuführen. Doch welche Rolle bleibt dann der Seele? Leibniz hat dabei das Bewusstsein und die innere Wahrnehmung im Blick: Die Seele nimmt introspektiv die Prozesse im Gehirn wahr und macht sie dadurch bewusst, und genau das ist ein Prozess, den materialistische Theorien nicht erklären können.[127]

Das Mühlengleichnis

Leibniz begründet diese Behauptung mit dem berühmten Mühlenbeispiel in der MONADOLOGIE, das bereits die zentralen Intuitionen der Erklärungslückentheoretiker vorwegnimmt. Er versucht damit zu zeigen, dass auch eine beliebig genaue Beschreibung der Gehirnfunktionen niemals eine plausible naturalistische Theorie des Bewusstseins liefern kann. Zu diesem Zweck beschreibt er eine bewusstseins- und wahrnehmungsfähige »Maschine«, die so groß wie eine Mühle ist, so dass man sie in jedem Detail untersuchen kann. Doch wie genau man auch sucht – man wird nur Teile finden, die einander in Bewegung versetzen, niemals jedoch auch nur das kleinste Anzeichen von Bewusstsein. Leibniz folgert, dass Bewusstsein nicht auf teilbare materielle Prozesse zurückgeführt werden kann, sondern in der unteilbaren, einfachen Substanz, eben der Seelenmonade zu finden sein muss.[128]

Leibniz' Gleichnis zeigt noch einmal, dass subjektive Erfahrung als Thema von den Theoretikern des 17. und frühen 18. Jahrhunderts ernst genommen wird, doch er lässt gleichzeitig den Preis erkennen, der dafür gezahlt werden muss. Die bewusste Erfahrung ist dem introspektiven Wissen vorbehalten: Der objektiven, extrospektiven Erkenntnis, die die Mühle untersucht, bleibt es prinzipiell verborgen. Es entzieht sich damit auch einer wissenschaftlichen Erklärung. Damit wird abermals das Dilemma sichtbar, das dann später die Erklärungslückentheoretiker thematisieren werden.

Doch so suggestiv Leibniz' Gleichnis erscheint – es ist anfechtbar. Es unterstellt nämlich, dass ein Phänomen unerkennbar und unerklärbar ist, wenn eine Untersuchung auf der untersten Beschreibungsebene, nach heutigen Maßstäben der mikrophysikalischen Ebene einzelner Moleküle und Atome, keine Hinweise auf das Phänomen und seine Lösung liefert. Anfechtbar ist die Voraussetzung, weil viele gängige Erklärungen physikalischer Phänomene *nicht* auf der elementaren Ebene ansetzen: So lässt sich z. B. der Unterschied zwischen flüssigem Wasser und Eis nur erkennen und erklären, wenn man Strukturen in den Blick nimmt, die größere Mengen von Molekülen umfassen. Auch bei Bewusstsein ist nach allem, was uns heute bekannt ist, zu erwarten, dass eine Erklärung nicht auf der Ebene einzelner Zellen, Moleküle oder gar Atome ansetzt, entscheidend ist vielmehr der Aktivitätszustand ganzer neuronaler Netze.

Die Beobachtung lässt ein weiteres Problem erkennen,

das für alle Überlegungen zur Erklärbarkeit höherstufiger Phänomene von Bedeutung sein dürfte. Leibniz teilt nämlich mit den heutigen Erklärungslückentheoretikern die Annahme, dass unser Vorstellungsvermögen Auskunft über die Erklärbarkeit geistiger Phänomene liefern kann. Doch Leibniz' eigenes Beispiel zeigt, warum die Annahme falsch ist. Im Einklang mit der Mechanik seiner Zeit unterstellt er, dass Erklärungen auf der untersten Organisationsebene zu finden sein müssten. Wie gerade gezeigt, haben wir jedoch mittlerweile vielfältige Belege dafür, dass Erklärungen auf höheren Ebenen der Organisation ansetzen. Wo genau der richtige Ansatzpunkt ist, ist indessen eine Sache der empirischen Forschung. Da solche Forschungsergebnisse nicht vorauszusehen sind, kann unser Vorstellungsvermögen keine Auskunft über die Möglichkeit zukünftiger Erklärungen geben. Gedankenexperimente, die immer nur auf historisch bedingten Intuitionen basieren, geben daher eine trügerische Sicherheit, wenn es um die Grenzen wissenschaftlicher Erkenntnis geht.

Fazit

Tatsächlich sollte man erst einmal wissen, wonach man suchen muss, um eine derartige Erklärung zu finden. Und dazu benötigt man eine möglichst genaue Analyse des Phänomens selbst. Möglicherweise sind die charakteristischen Verhaltensunterschiede zwischen bewusster und unbewusster Wahrnehmung nur in einer detaillierten psychologischen Analyse zu erkennen, über die wir heute noch nicht verfügen. Erst dann wissen wir, worauf wir bei der

Untersuchung neuronaler Prozesse achten müssen. Aller Wahrscheinlichkeit nach müssen wir auch erst noch einiges über die Funktion neuronaler Prozesse lernen, bevor wir dort finden können, was wir suchen. Wer diese Schritte mit Hilfe seiner Vorstellungskraft zu überspringen versucht, der gleicht einem Kriminalbeamten, der behauptet, ein Fall sei unlösbar, nur weil er sich eine Lösung nicht vorstellen kann; dabei aber weder alle Daten über den zu klärenden Fall kennt noch detaillierte Informationen über die einzelnen potentiellen Verdächtigen besitzt.

Was das Problem des Bewusstseins angeht, so gelten diese Vorbehalte auch für uns selbst, aber mehr noch für Descartes, Locke und Leibniz: Sowohl hinsichtlich der Beschreibung des zu erklärenden Phänomens wie auch hinsichtlich der physischen Prozesse, die als Kandidaten für die Erklärung in Frage kamen, waren die Philosophen des 17. Jahrhunderts in einer wesentlich schlechteren Position, als wir es heute sind. Angesichts des Fehlens substantieller Grundlagen über den zellulären Aufbau des Gehirns und die Grundzüge der elektrochemischen Informationsübertragung und -verarbeitung musste eine naturalistische Erklärung höherer kognitiver Funktionen ihnen fast zwangsläufig als unmöglich erscheinen. Komplexe kognitive Funktionen lassen sich eben nicht auf die Bewegung kleiner Körperchen in Röhren zurückführen, nicht zu reden vom Bewusstsein, zumal uns hier aller Wahrscheinlichkeit bis heute eine angemessene Beschreibung des Phänomens fehlt. Offensichtlich droht hier eine Falle: So naheliegend es sein mag, von der Unvorstellbarkeit eines bestimmten Typs von Erklärungen auf deren Unmöglichkeit zu schließen – offenbar ist dieser Schluss unzulässig. Und das gilt nicht nur für Leibniz und seine Zeitgenossen, es gilt auch für uns selbst, schließlich können auch wir die Defizite unserer heutigen Methodologie und unseres heutigen Problemverständnisses nicht abschätzen.

Gleichzeitig lässt sich bei Descartes, Locke, Leibniz und ihren Zeitgenossen aber auch die Entstehung der modernen Vorstellung von Bewusstsein und ihrer Engführung mit dem introspektiven Wissen verfolgen. Hintergrund ist dabei weniger ein genuines Interesse an der Epistemologie introspektiver Erkenntnis, vielmehr geht es primär um die Suche nach einer verlässlichen Grundlage wissenschaftlicher Erkenntnis, und die sollte die Introspektion liefern.

Die Autoren greifen dabei zurück auf eine seit der Antike bekannte Vorstellung von unmittelbarer Anschauung, die aufgrund ihrer Direktheit als epistemisch privilegiert galt. Dieses Privileg, das in der Antike für die Schau der Ideen, die Erkenntnis des göttlichen Einen oder aber den Bezug zu Gott selbst in Anspruch genommen worden war, gilt jetzt auch für die Inhalte des Bewusstseins: Wer denkt, der weiß, dass er denkt, und wer Schmerzen hat, der weiß damit, dass er Schmerzen hat. Die Vorstellung wird verstärkt durch den Vergleich des Bewusstseins mit der *Camera Obscura*. Das äußerst suggestive Bild weist dem internen Beobachter ein eindeutiges Privileg zu; aus der Außenperspektive ist dagegen kaum etwas zu erkennen. Gestützt wird dieses Privileg auch durch die Alltagserfahrung: Ich weiß wesentlich besser über meine Schmerzen und Empfindungen Bescheid als meine Mitmenschen. Doch die Theoretiker des 17. Jahrhunderts nehmen für das introspektive Wissen ganz generell eine weitgehende Unfehlbarkeit in Anspruch, aus der sich ein Privileg auch gegenüber jeglicher wissenschaftlichen Erkenntnis ergibt.

Genau hier wird eine historisch bedingte Intuition zur Stützung einer Behauptung in Anspruch genommen, die eine Art Ewigkeitswert für sich in Anspruch nimmt. Tatsächlich ist es offenbar unzulässig, die Reichweite zukünftiger extrospektiver Methoden zu bestimmen, bevor sich auch nur deren Umrisse abzeichnen. Dies bedeutet auch, dass die Konsequenz, die üblicherweise aus dem Privileg der Introspektion gezogen wird, auf schwachen Füßen steht: Ob wissenschaftliche Theorien wirklich außerstande sind, die subjektive Erfahrung von Bewusstsein zu erklären, kann man erst beurteilen, wenn man diese Theorien kennt. Aus der Tatsache, dass die von Leibniz vorgestellte mechanistische Theorie des Bewusstseins scheitert, kann man nicht schließen, dass dies auch für beliebige zukünftige Theorien gilt, die mit völlig anderen Methoden und Voraussetzungen arbeiten.

III. Die Entwicklung bis zum Ende des 19. Jahrhunderts

Buffon und die Homo-Duplex-Theorie

Doch wie sehen die empirischen[129] Theorien jener Zeit aus? Wie Michael Hagner gezeigt hat, bezeichnen die Wissenschaftler das Gehirn häufig als das »Organ der Seele«. Ähnlich wie Locke, Descartes und Leibniz erkennen sie damit die besondere Rolle des Gehirns für geistige Prozesse an, bestehen aber gleichzeitig darauf, dass natürliche Vorgänge bestenfalls einen Teil der höheren kognitiven Funktionen erklären können: Die Seele spielt die entscheidende Rolle; dem Gehirn bleibt nur die untergeordnete Funktion als Sitz und Instrument der Seele.

Tatsächlich dominiert der Dualismus auch in den Wissenschaften bis weit ins 19. Jahrhundert;[130] allerdings spielen die Introspektion und die Engführung von Wissen und Bewusstsein für die Wissenschaftler kaum eine Rolle. Stattdessen suchen sie z. B. die Unterschiede in den kognitiven Fähigkeiten von Menschen und Tieren zu verstehen[131] – auch um damit den unterschiedlichen Rang von Mensch und Tier in der Ordnung der Dinge zu bekräftigen.

Dualistische Theorien sind hier vor allem deshalb von Bedeutung, weil nach einer verbreiteten Auffassung nur so die Unterschiede von Mensch und Tier erklärt werden können. Physiologische Befunde sind hierzu nicht in der Lage, zu groß sind die Gemeinsamkeiten, solange man auf die Untersuchungsverfahren jener Zeit angewiesen ist.

Gut zu beobachten ist diese Strategie z. B. bei dem Arzt Thomas Willis, einem Zeitgenossen John Lockes. Willis scheitert bei dem Versuch, den Unterschied zwischen Mensch und Tier durch anatomische Befunde zu erklären. Er beruft sich daher auf übernatürliche, seelische Fähigkeiten, um verständlich zu machen, was der Mensch dem Tier voraushat.[132] Ähnlich ergeht es Edward Tyson, der in seiner ANATOMY OF A PYGMY feststellt, dass den geistigen Unterschieden zwischen dem (von ihm als Pygmy bezeichneten) Schimpansen und dem Menschen praktisch keinerlei Differenzen in der Anatomie des Gehirns entsprechen. Auch Tyson beruft sich daher auf ein immaterielles Prinzip:[133] »In

Wirklichkeit ist der Mensch teilweise ein Tier und teilweise ein Engel.«[134]

Auch Buffon schließlich spricht in seiner HISTOIRE NATURELLE von der Doppelnatur des Menschen. Unter Berufung auf Tyson greift er auf die Seele zurück, weil die natürlichen, anatomischen Unterschiede zum Affen nicht erklären, warum nur der Mensch über besondere kognitive und vor allem sprachliche Fähigkeiten verfügt:

> »So sind z. B. die Zunge und alle Organe der Stimme genauso wie beim Menschen, dennoch kann dieses Tier nicht sprechen; das Gehirn hat genau dieselbe Form und dieselben Proportionen, dennoch kann es nicht denken. Kann es einen überzeugenderen Beweis dafür geben, dass die Materie alleine, so perfekt sie auch organisiert sein mag, weder Gedanken noch Sprache hervorbringen kann, solange sie nicht von einem höheren Prinzip beseelt ist? Oder, in anderen Worten, von einer Seele, die bestimmt, was sie tut?«[135]

Hieraus ergibt sich ein prinzipieller Unterschied zwischen Mensch und Tier, eine »immense Kluft«, die den Menschen zu einer eigenen Klasse von Lebewesen macht.[136] Der entscheidende Unterschied besteht dabei darin, dass der Mensch zusätzlich zu seinen natürlichen noch übernatürliche Fähigkeiten hat. Aus diesem Grund spricht Buffon vom »Homo Duplex«;[137] er wird beherrscht von zwei Prinzipien, Geist und Materie, deren Unterschied Buffon zu einem gnostischen Gegensatz von Licht und Finsternis überhöht:

> »Der innere Mensch hat eine Doppelnatur, er besteht aus zwei Prinzipien, die sich in ihrer Natur unterscheiden und gegensätzlich in ihrem Tun sind. Der Seele, dem Prinzip allen Wissens, steht ständig ein anderes, rein

materielles Prinzip entgegen. Die erstere ist reines Licht, begleitet von Klarheit und Ruhe, eine heilsame Quelle, aus der Wissenschaft, Vernunft und Weisheit fließen. Das letztere ist ein falsches Licht, das nur in der Mitte von Sturm und Dunkelheit scheint, ein reißender Strom voller Irrtum und Leidenschaft.«[138]

Die Entwicklung im 19. Jahrhundert

Dualistische Ansätze und die ihnen zugrundeliegende Vorstellung, dass zumindest höhere geistige Prozesse nicht naturalistisch erklärbar seien, verlieren seit der ersten Hälfte des 19. Jahrhunderts langsam an Boden. Dies reicht zunächst aber allenfalls dazu, die bisherige Dominanz dualistischer Theorien zu schwächen. Zu einer grundlegenden Änderung kommt es erst in der zweiten Hälfte des Jahrhunderts.

Eine umfassende Beschreibung der unübersichtlichen Situation zu Beginn des 19. Jahrhunderts würde den Rahmen dieser Arbeit sprengen. Ich werde mich daher auf zwei besonders charakteristische Beispiele beschränken: auf die Phrenologie von Gall und Spurzheim sowie auf Soemmerring und seine Nachfolger.

Die Phrenologie von Gall und Spurzheim

Die Phrenologie gilt heute als ein völlig abwegiger Ansatz. Die Annahme, es gebe spezifische Hirnregionen für den Wohnsinn, den Einheitstrieb oder den Bautrieb,[139] klingt nicht nur absurd, sie widerspricht allem, was wir heute über Geist und Gehirn wissen. Doch auch die regelrechte Massenhysterie, die Gall mit seiner Theorie auslöste, dürfte ihrem wissenschaftlichen Ansehen nicht so recht dienlich gewesen sein. Michael Hagner[140] und Olaf Breidbach[141] haben jedoch überzeugend dargelegt, dass Gall nicht nur den wissenschaftlichen Maßstäben seiner eigenen Zeit gerecht geworden ist, sondern sogar einen nicht ganz unerheblichen Beitrag zum wissenschaftlichen Fortschritt geleistet hat – so schwer dies aus heutiger Sicht auch zu akzeptieren sein mag.

Ausgehend von der Annahme, dass »die Fähigkeiten und Neigungen … ihren Sitz, ihren Grund im Hirne«[142] haben, betrachtet Gall das Gehirn nicht mehr als bloßes Organ der Seele, sondern traut ihm zu, die entscheidenden kognitiven Leistungen selbst zu vollbringen. Auch wenn Gall den Seelenbegriff nicht explizit aufgibt, so verliert der Bezug auf die Seele bei ihm doch massiv an Bedeutung. Konkret beruft Gall sich zum einen darauf, dass bestimmte geistige Fähigkeiten ausfallen, sobald die entsprechenden Areale des Gehirns verletzt sind, zweitens argumentiert er, dass die kognitiven Fähigkeiten bei Mensch und Tier mit der Größe des Gehirns zunähmen, drittens betont er, dass nicht zu verstehen sei, warum die Natur uns überhaupt ein Gehirn mitgegeben hat, wäre es nicht der Ort der kognitiven Leistungen.[143]

Gall trägt damit nicht nur dazu bei, das Gehirn stärker in den Fokus der empirischen Forschung zu bringen, er stellt auch einen konkreten Zusammenhang zwischen den Erkenntnissen der Hirnforschung einerseits und dem individuellen Verhalten her.[144] Zentrale Bedeutung hat dabei seine Vorstellung, dass das Gehirn aus einzelnen »Organen« bestehe, die ebenso wie die übrigen Organe des Körpers jeweils eine bestimmte Funktion besitzen.[145]

Gall nimmt damit die Lokalisationshypothese vorweg, die sich allgemein erst in der zweiten Hälfte des 19. Jahrhunderts durchsetzen kann und bis heute eine der zentralen Grundlagen praktisch jeder naturalistischen Theorie des Geistes darstellt. Die These besagt, dass sich kognitive oder motorische Funktionen bestimmten Arealen des Gehirns zuordnen lassen, wobei die meisten Funktionen allerdings auf die Aktivität mehrerer Netzwerke zurückgehen. Massiv irrt sich Gall allerdings bei der Charakterisierung der Funktionen; hier greift er kurzerhand auf das zu Beginn des 19. Jahrhunderts gängige Alltagsvokabular psychologischer Vermögen zurück[146] – mit den gerade erwähnten skurrilen Folgen: Es ist in der Tat wenig wahrscheinlich, dass es Areale für den Wohnsinn, den Einheitstrieb oder den Bautrieb gibt. Auch wenn jeder naturalistische Ansatz unterstellen muss, dass eine Fähigkeit, die wir in Verhaltensbeobachtungen feststellen können, eine neuronale Grundlage besitzt, so bedeutet dies nicht, dass die Unterscheidungen, die wir in unserer Alltagssprache machen, ein direktes neuronales Korrelat haben müssen. Wie das Verhältnis zwischen der neuronalen und der mentalen Ebene im Einzelnen ist, kann nur durch empirische Untersuchungen geklärt werden, und diese Untersuchungen fördern bis heute immer wieder neue und überraschende Resultate zutage.

Doch auch Gall stützt sich auf empirische Befunde; eine besondere Rolle spielen dabei Korrelationsstudien über den Zusammenhang von Schädelform und Charaktermerkmalen,[147] aber auch die Untersuchung von Gipsabdrücken und Schädeln.[148] Seine Methode ist dabei aus heutiger Perspektive offensichtlich unzulänglich; aus zeitgenössischer Sicht ist sie dagegen durchaus nachvollziehbar. Wenn nämlich den einzelnen Funktionen jeweils bestimmte Organe entsprechen, dann ist es nicht völlig abwegig zu erwarten, dass sich eine besonders starke Ausprägung einer bestimmten Fähigkeit in der Größe des Organs niederschlägt. Das ist nicht nur bei Muskeln so, sondern – nach dem gegenwärtigen Stand der Erkenntnis – auch im menschlichen Gehirn. Areale, die besonders beansprucht werden, dehnen sich in der Tat aus. So konnten z. B. Eleanor Maguire und Mitarbeiter in einer berühmten Studie zeigen, dass bestimmte für das räumliche Gedächtnis wichtige Areale des Gehirns von Taxifahrern sich ausdehnen, wenn diese das komplizierte Straßennetz Londons erlernen.[149] Zugegeben, die von Maguire festgestellte Ausdehnung fand nur innerhalb des Gehirns statt – die Schädelform der Taxifahrer änderte sich natürlich nicht. Gall dagegen ging davon aus, dass sich die entsprechenden Organe nach außen vergrößern. Das ist falsch, aber eben genauso wenig absurd wie die Annahme, dass die Auswölbungen des Gehirns an entsprechenden Veränderungen des Schädelknochens erkennbar seien:

> »Im Ganzen geht mein Zweck dahin: die Verrichtungen des Hirns überhaupt, und seiner Bestandtheile insbesondere zu bestimmen; dass man in der That mehrere Fähigkeiten und Neigungen aus Erhabenheiten und Vertiefungen am Kopfe oder Schedel erkennen kann, und die wichtigsten Wahrheiten und Folgerungen, welche sich hieraus für die Arzneywissenschaft, für die Sittenlehre, Erziehung, Gesetzgebung u.s.w. und überhaupt für die nähere Menschenkenntniss ergeben, einleuchtend vorzutragen.«[150]

Soemmerring und die romantische Naturphilosophie

Galls Publikumserfolg ist von relativ kurzer Dauer; auch in den Wissenschaften kann sich seine Theorie letztlich nicht etablieren. Dazu tragen u. a. die Experimente von Flourens bei, auf die ich unten[151] noch einmal kurz eingehen werde. Flourens versuchte in Tierexperimenten zu zeigen, dass die Abtragung einzelner Areale des Kortex nicht zu den spezifischen Ausfällen führte, die die Phrenologie erwarten ließ,[152] und überzeugte damit die Mehrheit seiner Zeitgenossen, zumal andere Forscher zu ähnlichen Ergebnissen kamen. Davon abgesehen konnten jedoch in Deutschland um die Wende vom 18. zum 19. Jahrhundert noch völlig entgegengesetzte Auffassungen gleichzeitig Erfolg haben. So versucht z. B. der bekannte Anatom Samuel Thomas Soemmerring 1796 noch einmal die Vorstellung vom Seelenorgan zu verteidigen. Soemmerring zufolge ist dieses Organ, das gleichzeitig der Sitz des Gemeinsinns sein soll, in der Flüssigkeit der Ventrikel zu finden. Soemmerring beruft sich dabei zum einen darauf, dass an den Wänden der Ventrikel die efferenten und afferenten Nerven zusammenkommen.[153] Dies sprach nach Auffassung der Zeitgenossen dafür, dass diese Region eine zentrale Rolle für die Interaktion zwischen Seele und Gehirn spielen musste: Hier schien der Platz für den »zentralen Beobachter und Befehlshaber« (Dennett) zu sein.

Für die Annahme, dass der Sitz der Seele ausgerechnet in einer Flüssigkeit zu finden sei, spricht in Soemmerrings Augen u. a., dass damit der Unterschied zwischen der physischen Aktivität in den Nerven einerseits und der subjektiven Qualität der Empfindungen andererseits zu erklären sei: In den Nerven finde sich die physische Aktivität, in der Ventrikelflüssigkeit dann der Übergang zur subjektiven Empfindung.[154] Abgesehen davon sieht Soemmerring sich im Einklang mit einer langen Tradition, die Flüssigkeit als den Sitz oder den Ursprung des Lebens betrachte.[155] Schließlich könne seine Hypothese auch die Einheitlichkeit der subjektiven Erfahrung erklären: Auch die ergebe sich aus der Einheitlichkeit der Flüssigkeit als eines »einfachen, zusammenhängenden«, den distinkten Nervenimpulsen »gemeinschaftlichen Mitteldinges«, durch die diese Impulse »wirklich verbunden und vereinigt werden«: Die Ventrikelflüssigkeit ist das wahre *»medium uniens«*.[156]

Zwar gelingt es Soemmering, Kant, dem die Schrift auch gewidmet ist, zu einem Nachwort zu bewegen. Dieses fällt jedoch nicht sonderlich schmeichelhaft aus; auch sonst stößt der Autor auf viel Kritik.[157] Verteidigt wird Soemmerring dagegen von seinem Schüler Jacob Fidelis Ackermann, der gleichzeitig heftig gegen Galls seiner Meinung nach absurde Idee polemisiert, geistige Prozesse ausgerechnet im Kortex zu lokalisieren.[158]

Der Kortex, so verkündet einer der führenden deutschen Anatomen im frühen 19. Jahrhundert im Brustton der Überzeugung, sei nur ein untergeordneter Teil des Gehirns. Angesichts des Fehlens von Nerven könne er keine kognitive Funktion haben, vielmehr stelle er die Verbindung von Nervensystem und Blutkreislauf her:

> »Die Rindensubstanz des Gehirns ist daher der Uebergang des Gefässsystems in das Nervensystem. Der Mittelkörper, in welchen die lezten Enden des Gefässsystems, und die Anfänge des Nervensystems sich miteinander verbinden. … Es ist daher in der Rindensubstanz

selbst das Nervenmark noch nicht ausgebildet, und eben darum zu den Geistesverrichtungen noch nicht fähig.«[159] So abwegig Ackermanns Auffassung aus heutiger Sicht auch erscheinen mag – man sollte sich dabei auch die Schwierigkeiten bei der Untersuchung von Hirngewebe mit den Methoden und dem Hintergrundwissen des frühen 19. Jahrhunderts vor Augen halten. Dies betrifft die Qualität der verfügbaren Mikroskope ebenso wie das Fehlen der später von Golgi entwickelten Färbetechniken, die es erst erlaubten, neuronale Strukturen sichtbar zu machen. In jedem Falle kamen in Ackermanns Augen nur zentrale Areale um den Hirnstamm als Ort höherer kognitiver Prozesse in Frage, also genau die Teile des Gehirns, die nach heutiger Erkenntnis am wenigsten mit höheren kognitiven Prozessen zu tun haben.[160]

Ackermann beruft sich auf seinen Lehrer Soemmerring, wenn er den Ventrikeln eine zentrale Rolle zubilligt, allerdings ist es nicht wie bei Soemmerring die Ventrikelflüssigkeit, die den Sitz der Seele bilden soll, sondern »ein feines weiches fast flüssiges Nervenmark, welches die Gebilde der Hirnhöhlen überzieht«[161] und dabei auch die Einheit der subjektiven Erfahrung herstellen soll.[162]

Weit spekulativer als Ackermann geht z. B. Joseph Görres vor, der ebenfalls an Soemmerrings Lehre von den Hirnventrikeln anknüpft. Görres weist die zentrale Rolle der Zirbeldrüse zu, die als die »Centralsonne des Microcosm's« »die erste und die hoechste Stelle in der Hierarchie der organischen Gewalten behauptet«.[163] Wie schon diese kurzen Bemerkungen zeigen, handelt es sich allerdings eher um einen symbolisch-spekulativen Ansatz, der »die Astronomie in die Physiologie übertragen«[164] will; dabei wird der Mikrokosmos des Gehirns nach dem Vorbild des Makrokosmos des Universums interpretiert.

Psychologie ohne Seele – Die Entwicklung in der zweiten Jahrhunderthälfte

Über den Beitrag dieser Theorie zum Fortschritt der Hirnforschung mag man streiten. Doch zusammen mit den Auffassungen von Soemmerring und Ackermann einerseits und denen von Gall auf der anderen Seite demonstriert sie noch einmal, wie groß die Bandbreite der zur Diskussion stehenden Ansätze im Deutschland des frühen 19. Jahrhunderts war. Empirische Erkenntnisse spielen dabei weiterhin eine untergeordnete Rolle; selbst Vertreter naturalistischer Auffassungen wie Gall und Spurzheim stützen sich immer noch auf spekulative Überlegungen. Gleichzeitig halten selbst ausgewiesene Wissenschaftler wie Soemmerring und Ackermann an dualistischen Auffassungen fest; noch Mitte der fünfziger Jahre verteidigt der Göttinger Anatom Rudolph Wagner im sogenannten Materialismusstreit auf einer Tagung der deutschen Naturforscher und Ärzte die Existenz einer Seele. Mit einer gewissen Verzögerung im Vergleich zu Frankreich ändert sich aber auch die Situation in Deutschland nach der Jahrhundertmitte zusehends.

Wie bereits angekündigt, soll auch diese Entwicklung hier anhand einiger Beispiele verfolgt werden. Im Mittelpunkt werden dabei die Erkenntnisse von Broca und Wernicke, die Experimente von Hitzig und Fritsch und schließlich die Erkenntnisse von Golgi und Ramón y Cajal stehen.

Probleme des Materialismus

Wie bereits mehrfach erwähnt, stellt die experimentelle Stützung der Lokalisationhypothese eine zentrale Voraussetzung für einen Beleg naturalistischer Theorien dar. Die Behauptung, geistige Prozesse seien physische Prozesse, musste so lange als bloße Spekulation erscheinen, wie man noch nicht einmal eine begründete Vermutung hatte, *welche* physischen Prozesse im Gehirn die Basis geistiger Aktivitäten bilden und damit den Ausgangspunkt der beabsichtigten Erklärungen bilden könnten. Immerhin verfügten ja die Anatomen längst über eine vergleichsweise detaillierte Beschreibung der unterschiedlichen Areale des Gehirns. Wer behauptete, dass das Gehirn der Ort geistiger Prozesse sei, musste daher erklären können, in welchem Verhältnis die anatomischen Differenzen zu den unterschiedlichen geistigen Funktionen standen. Auch aus Sicht der dominierenden Teleologie wäre sonst nicht zu erklären gewesen, warum Gott oder die Natur überhaupt diese anatomischen Differenzen hervorgebracht hatten, wenn sie keine Bedeutung für die Funktion des Gehirns besaßen.

Doch abgesehen von den Theorien Galls war aus naturalistischer Sicht hier nicht viel vorzuweisen. Auch die bereits erwähnten Untersuchungen von Flourens[165] schienen gegen die Lokalisationshypothese zu sprechen: Flourens hatte in seinen – vor allem gegen Gall gerichteten – Tierexperimenten zu zeigen versucht, dass eine schichtweise Entfernung einzelner Areale der Hirnrinde, anders als es die Lokalisationshypothese erwarten ließ, nicht zu spezifischen kognitiven Ausfällen führe: Der Kortex müsse daher als »eine mehr oder weniger gleichförmige Masse« betrachtet werden.[166] Auch wenn diese Interpretation der

Experimente aus methodischen Gründen zweifelhaft ist,[167] so trugen Flourens' Befunde doch erheblich dazu bei, die Zweifel an der Lokalisationshypothese zu stärken.

Broca und Wernicke

Die Situation änderte sich erst mit den Entdeckungen von Paul Broca und Carl Wernicke: Sie konnten sehr handgreifliche Belege dafür vorlegen, dass die Zerstörung bestimmter Hirnareale zum Ausfall spezifischer kognitiver Funktionen führte. Broca stellt 1861 einen Patienten mit einer schweren, aber recht spezifischen Sprachstörung vor. Der Patient, der starke Läsionen im linken Frontallappen hatte, war in seiner *Sprachproduktion* extrem eingeschränkt; er konnte nur noch die Silbe »tan« hervorbringen. Im Gegensatz dazu war sein *Sprachverständnis* zumindest zu Beginn der Erkrankung nicht eingeschränkt.[168] Einige Jahre später stellte Carl Wernicke eine andere Sprachstörung vor: Wernickes Patienten waren in ihrem *Sprachverständnis* eingeschränkt; die *Sprachproduktion* war dagegen äußerlich normal, sofern man davon absieht, dass ihre Sätze inhaltlich sinnlos waren. Patienten mit dieser Störung haben üblicherweise Schäden in einem ganz anderen Bereich des Gehirns, nämlich im Temporallappen.[169]

Broca und Wernicke konnten damit erstmals einen engen Zusammenhang zwischen spezifischen geistigen Fähigkeiten und identifizierbaren Hirnarealen herstellen. Es kommt hinzu, dass es dabei um die Sprache ging, also diejenige geistige Fähigkeit, die den Menschen vom Tier unterscheidet. Die Ergebnisse von Broca und Wernicke stehen damit im Gegensatz zu einer bereits bei Descartes zu findenden, tiefverwurzelten Intuition, der zufolge eine naturalistische Erklärung sprachlicher Fähigkeiten prinzipiell ausgeschlossen sei. Interessanterweise bricht diese Intuition binnen weniger Jahre zusammen.[170] Und nicht nur das: Sowohl Broca wie später auch Wernicke erheben Erklärungsansprüche, die weit über die Sprache hinausreichen. Broca betont die prinzipielle Asymmetrie zwischen linker, sprachlicher, und rechter Hirnhälfte,[171] Wernicke liefert 1874 gleich eine umfassende naturalistische Lösung des Leib-Seele-Problems, die ganz ausdrücklich die Lokalisationshypothese einschließt:

> »Die elementarsten psychischen Functionen können auf bestimmte Stellen der Grosshirnrinde verwiesen werden, z. B. eine Gesichtswahrnehmung an den centralen Ausbreitungsbezirk des Opticus, ein Geruchseindruck an den des Olfactorius, eine Tastempfindung des kleinen Fingers an das centrale Ende des Ulnaris etc. Die Grosshirnoberfläche ist ein Mosaik derartiger einfachster Elemente, welche durch ihre anatomische Verbindung mit der Körperperipherie characterisiert sind.«[172]

Die Experimente von Hitzig und Fritsch

Wenn Wernicke sich so eindeutig für die Lokalisation geistiger Prozesse im Kortex aussprechen kann, so liegt das auch daran, dass mittlerweile Hitzig und Fritsch mit ihren Elektrostimulationsexperimenten weitere Belege für die Lokalisation geistiger Fähigkeiten geliefert hatten. Nach Galvanis Experimenten mit Froschschenkeln war vielfach erfolglos versucht worden, durch elektrische Stimulation Reaktionen zu erzeugen, die Auskunft über die Funktion der stimulierten Areale geben konnten. Ein beliebtes Untersuchungsobjekt waren dabei die Leichen von zum Tode verurteilten

Verbrechern. So stellten Mainzer Ärzte 1803 Experimente mit den abgeschlagenen Köpfen der Mitglieder der Schinderhannes-Bande an, konnten damit aber lediglich einige Zuckungen in den Gesichtern der Toten erzielen.[173]

Erst Eduard Hitzig und Gustav Fritsch hatten Erfolg mit der Elektrostimulation. In ihrem 1870 publizierten[174] Tierexperiment konnten sie durch kortikale Stimulation gezielt bestimmte Muskelgruppen aktivieren, außerdem fanden sie vergleichsweise große Gemeinsamkeiten über unterschiedliche Versuchstiere hinweg.[175] Außerdem konnten sie zeigen, dass eine Entfernung des für die Steuerung einer Muskelgruppe relevanten Areals die dazugehörigen Bewegungen massiv beeinträchtigt.[176] Hitzig und Fritsch glaubten hieraus schließen zu können, dass die entsprechenden kortikalen Areale nicht nur für die Steuerung der Bewegung zuständig sind, sondern auch ein »Bewußtsein von den Zuständen dieses Gliedes«[177] ermöglichen.

Die Zelltheorie

Neben den Stimulationsexperimenten von Hitzig und Fritsch und den Untersuchungen von Broca und Wernicke gibt es jedoch noch einen weiteren Faktor, der die Lokalisationshypothese, also die Zuordnung kognitiver Funktionen zu spezifischen Hirnarealen stützte. Wie die oben zitierte Bemerkung von Ackermann gezeigt hat, ergab sich die Skepsis gegenüber einer Verortung höherer kognitiver Funktionen im Kortex nicht zuletzt aus der Unkenntnis der komplexen zellulären Struktur dieses Areals: Ackermann hatte seine Behauptung, dass der Kortex allenfalls der Verbindung von Nerven und Gefäßen diene, mit der Abwesenheit von Nervengewebe im Kortex begründet.

Einen wichtigen Schritt zur Revision dieses Bildes lieferte die Zelltheorie von Schleiden und Schwann. Die Autoren konnten den Nachweis führen, dass Zellen den Grundbaustein aller Organismen bilden. Nachdem bereits Bichat festgestellt hatte, dass das Gehirn aus unterschiedlichen Typen von Gewebe besteht, stellen Flechsig und Meynert die sogenannte »Faseranatomie« vor; Kölliker zeigt 1880, dass Nervenfasern ihren Ursprung in Zellen haben.[178]

Der entscheidende Schritt wird dann aber durch Golgi und Ramón y Cajal vollzogen. Golgi entwickelte eine Färbetechnik, die es erlaubte, einen kleinen Teil der Neurone eines bestimmten Areals anzufärben und damit Strukturen sichtbar zu machen, die ansonsten verborgen blieben, weil Neurone zu dicht gepackt sind. Ramón y Cajal stellt dann die Neuronentheorie auf, der zufolge Nervenzellen, die über Nervenfasern und Synapsen miteinander in Kontakt stehen, das zentrale Strukturelement des Kortex ausmachen. Auf dieser Basis beschrieb Simon Exner gegen Ende des Jahrhunderts die grundsätzlichen Funktionsprinzipien neuronaler Netze.[179]

Etablierung naturalistischer Positionen

Dieser Prozess zeigt noch einmal, in welchem Maße die Entwicklung der Hirnforschung von Fortschritten in z. T. völlig anderen Bereichen abhängig ist. So konnte Ramón y Cajal die Neuronentheorie nur entwickeln, nachdem Golgi eine Technik zum selektiven Anfärben von Neuronen entdeckt hatte. Die Frage, ob die Zellen – wie von Golgi behauptet – unmittelbar zu einem Geflecht verbunden sind, oder aber – wie von Ramón y Cajal angenommen – durch einen synaptischen Spalt voneinander getrennt sind, konnte erst mit der Entwicklung von Elektronenmikroskopen weitgehend[180] zugunsten von Ramón y Cajal beantwortet werden; das Gleiche gilt für die Struktur und Funktion von Synapsen. Auch die Entwicklung der Neurophysiologie war lange Zeit durch die Probleme bei der Messung schwacher Ströme beeinträchtigt; den entscheidenden Durchbruch brachte hier die Entwicklung des Kathodenstrahloszilloskops, mit dessen Hilfe in den zwanziger Jahren des vergangenen Jahrhunderts erstmals eine genaue Darstellung des Aktionspotentials möglich war.[181] Es dürfte sich erübrigen, auf die Bedeutung der Computertechnik sowie der bildgebenden Verfahren für die Fortschritte der Neurowissenschaften in den letzten fünfzig Jahren einzugehen.

Die Forschungsgeschichte vor allem im späten 19. Jahrhundert lässt einen bis heute nicht abgeschlossenen Entwicklungsprozess erkennen, der neben der Hirnforschung selbst auch das Grundlagenwissen in der Physik, der Biologie und der Chemie sowie eine Vielzahl von Untersuchungstechniken betrifft. Im Verlaufe dieses Prozesses wird nicht nur die bloße Komplexität des Gehirns sichtbar, vielmehr wird erst damit deutlich, dass das Gehirn und insbesondere der Kortex zur Speicherung und Verarbeitung komplexer Informationen fähig ist. Diese Fortschritte im Verständnis neuronaler Prozesse und ihrer biologischen Grundlagen haben entscheidend dazu beigetragen, dass naturalistische Theorien seit der zweiten Hälfte des 19. Jahrhunderts massiv an Boden gewonnen haben.

Bis dahin war der Naturalismus eine reine Minderheitenposition. Was das bedeutet, kann man an La Mettrie erkennen, einem der wichtigsten Protagonisten des französischen Materialismus des 18. Jahrhunderts. Er wird in

Langes GESCHICHTE DES MATERIALISMUS als »einer der geschmähtesten Namen der Literaturgeschichte« bezeichnet,[182] dem nach seiner Vertreibung aus Frankreich bis zu seinem frühen Tod nur noch eine Existenz als Hofnarr am Hofe Friedrich II. geblieben sei.[183] Aufschlussreich ist auch die Geschichte von Vogt, Büchner und Moleschott, die in der Mitte des 19. Jahrhunderts den deutschen Materialismusstreit anfachen. Zwar erregt der Streit selbst vergleichsweise großes Aufsehen in der Öffentlichkeit wie auch in den Wissenschaften. Büchners KRAFT UND STOFF ist außerordentlich populär; das Buch erlebt in den ersten 17 Jahren zwölf Auflagen und wird vielfach übersetzt. Doch die von Vogt, Büchner und Moleschott verfochtene Position kann sich nach wie vor nicht durchsetzen. Auf der Versammlung der deutschen Naturforscher und Ärzte werden sie 1854 durch den bereits erwähnten Anatomen Rudolph Wagner heftig attackiert, der dabei in seiner Attacke gegen die Materialisten noch eine strikt dualistische Auffassung vertritt.[184] Der Materialismus, so argumentiert Wagner, untergrabe die moralischen und intellektuellen Grundlagen der Kultur und verwandle das Menschliche so in einen »Tanz Wahnsinniger in einem Irrenhause … ohne Zukunft, ohne Lösung der Geheimnisse, … ohne sittliche Basis, ohne Vertrauen auf eine moralische Weltordnung«.[185]

Breitere Zustimmung gewinnen naturalistische Ansätze erst im Zusammenhang mit den oben skizzierten wissenschaftlichen Fortschritten in der zweiten Jahrhunderthälfte. So vertritt Emil Du Bois-Reymond knapp zwanzig Jahre nach dem Materialismusstreit in seiner berühmten Rede ÜBER DIE GRENZEN DES NATURERKENNENS eine eindeutig naturalistische Position: Bewusstsein ist ein materielles

Phänomen. Das Gleiche gilt für Friedrich Albert Lange, der 1866 die erste Auflage seiner GESCHICHTE DES MATERIALISMUS publiziert und eine »Psychologie ohne Seele«[186] proklamiert. Eine entscheidende Rolle kommt dem von Gustav Theodor Fechner vertretenen Psychophysischen Parallelismus zu, der 1860 mit Fechners ELEMENTEN DER PSYCHOPHYSIK[187] ins Bewusstsein der Öffentlichkeit tritt.[188] Fechners Parallelismus ist – anders als die oft mit dem gleichen Namen belegte Leibniz'sche Theorie[189] – keine Variante des Dualismus, sondern ein monistischer Ansatz, der geistige mit physischen Phänomenen identifiziert. Fechners Position wird binnen weniger Jahre »von der überwältigenden Mehrheit der Psychologen und Physiologen akzeptiert«.[190] Zu den Vertretern der Position zählten Wilhelm Wundt, Ernst Mach oder Alois Riehl. Wie Michael Heidelberger gezeigt hat,[191] bildet der Psychophysische Parallelismus sogar eine der Wurzeln der modernen Identitätstheorie.

Von einem Parallelismus kann hier insofern die Rede sein, als Fechners Ansatz nicht nur die physischen Prozesse, sondern gleichermaßen auch die – damit parallellaufende – subjektive Erfahrung berücksichtigt. Fechner zufolge handelt es sich hier um zwei Perspektiven auf ein und denselben Prozess. Nimmt man die Innenperspektive der subjektiven Erfahrung ein, dann erleben wir den Prozess z. B. als Schmerzempfindung; nehmen wir dagegen die wissenschaftliche Perspektive der Hirnforschung ein, dann erscheint er uns als neuronale Aktivität.

Anders als Vogt, Büchner und Moleschott weist Fechner damit der subjektiven Erfahrung eine zentrale Rolle innerhalb eines naturalistischen Ansatzes zu. Doch sein Verweis auf die beiden unterschiedlichen Perspektiven bildet allenfalls einen ersten Ansatz zum Verständnis der Identitätsbeziehung von geistigen und neuronalen Prozessen. Auch viele Vertreter naturalistischer Ansätze zweifeln daran, dass Fechner das Verhältnis von Geist und Gehirn damit hinreichend verständlich gemacht hat.

Mit besonderer Intensität nehmen sich Friedrich Albert Lange und Emil Du Bois-Reymond dieses Problems an: Wie kann es sein, dass unsere Schmerzerfahrung nichts anderes sein soll als die Aktivität von Nervenzellen? Beide Autoren halten am Naturalismus fest, doch sie sind sich einig, dass die Naturwissenschaften an der Antwort auf diese Frage scheitern müssen:

> »Es ist eben durchaus und für immer unbegreiflich, daß es einer Anzahl von Kohlenstoff-, Wasserstoff-, Stickstoff- Sauerstoff- usw. Atomen nicht sollte gleichgültig sein, wie sie liegen und sich bewegen, wie sie lagen und sich bewegten, wie sie liegen und sich bewegen werden. Es ist in keiner Weise einzusehen, wie aus ihrem Zusammensein Bewußtsein entstehen könne.«[192]

Das Szenario illustriert ein weiteres Mal das Dilemma, das für Vertreter naturalistischer Positionen entsteht, die die subjektive Erfahrung ernst nehmen und gleichzeitig an dem Introspektionsprivileg festhalten. Offensichtlich haben sie damit ein Phänomen entdeckt, das sich der Erfassung durch objektive Verfahren entzieht – eine Erklärung dieses Phänomens in naturalistischen Kategorien erscheint damit vollends aussichtslos.

In Du Bois-Reymonds Illustration des Problems kommt aber noch ein anderer Punkt hinzu: Es ist wirklich völlig unverständlich, wie ein paar Atome plötzlich Bewusstsein erlangen sollten. Aber das hat nicht nur mit der Schwierigkeit des Problems zu tun, sondern auch damit, dass Du Bois-Reymond – ähnlich wie Leibniz in seinem berühmten Mühlenbeispiel – vermutlich die falsche Abstraktionsebene gewählt hat.[193] Wie bereits im Zusammenhang mit Leibniz erwähnt, spricht alles, was wir über die biologischen Grundlagen von Bewusstsein wissen, dafür, dass es nicht auf der Ebene von Atomen entsteht, sondern auf der weitaus komplexeren Ebene ganzer neuronaler Netze. Das ist wie gesagt eine empirische Erkenntnis, und vermutlich benötigen wir noch eine ganze Reihe weiterer vergleichbarer Einsichten, bevor wir zu einer halbwegs nachvollziehbaren Theorie des Bewusstseins kommen können. Bis dahin wird uns unser Vorstellungsvermögen wenig helfen können.

Interessanterweise betrachtet schon Du Bois-Reymond die Erklärung qualitativer Bewusstseinserfahrung als den Kern des Problems – ebenso wie es auch die heutigen Erklärungslückentheoretiker tun. Rätselhaft ist dieser Vorstellung zufolge also der qualitative Charakter von Emotionen und Empfindungen, während kognitive Prozesse zumindest im Prinzip als erklärbar gelten. Bis zu Descartes galten dagegen die höheren, rationalen Seelenvermögen als das eigentliche Rätsel. Emotionen und Wahrnehmungen sind für Descartes dagegen niedere Seelenvermögen, die zumindest im Prinzip auf mechanische Prozesse zurückgeführt werden können. Abermals zeigt sich hier, wie tiefgreifend sich immer wieder die Problemkonzeption verändert hat.

Belege für den Naturalismus

Von Interesse ist schließlich auch der Wandel der Argumente, die für oder gegen naturalistische Ansätze ins Feld geführt werden. Im Prinzip sollte man erwarten, dass hier vor allem wissenschaftliche Befunde zum Zuge kommen. Ob geistige Prozesse physische Prozesse sind oder nicht, ist schließlich primär eine empirische Frage. Vertreter naturalistischer Positionen sollten daher empirische Fakten anführen, insbesondere natürlich psychologische oder neurophysiologische Erkenntnisse, die direkt den Zusammenhang von Geist und Gehirn betreffen.

Zumindest bei den frühen Materialisten war dies jedoch nicht der Fall. So stützt sich La Mettrie weniger auf empirische Erkenntnisse als vielmehr auf Anekdoten und ganz allgemeine Beobachtungen, die für die Abhängigkeit psychischer von physischen Prozessen sprechen. Er erwähnt z. B. die Einflüsse von Ernährung, Alter und Klima und beruft sich auf Seneca, dessen Mut einer Verstopfung der Milz zuzuschreiben sei, um dann zu folgern, dass »die verschiedenen Zustände der Seele ... also immer in einem bestimmten Verhältnisse zu denjenigen des Körpers« stehen.[194]

Komplexer ist das Bild bei Vogt, Büchner und Moleschott. Auch hier spielen anekdotische Berichte eine Rolle, die die Abhängigkeit kognitiver Fähigkeiten vom Gehirn deutlich machen sollen. So verweist Büchner darauf, dass es im Tierreich einen recht engen Zusammenhang zwischen Gehirngröße und Intelligenz gibt, zudem habe sich innerhalb der Menschheitsentwicklung mit der Intelligenz auch das Gehirn vergrößert, schließlich hätten auch die Angehörigen der »gebildeten Klassen« ein größeres Gehirn, was z. B. von Hutmachern bestätigt werden könne.[195] Carl Vogt präsentiert die Harnstoffsynthese als Beispiel dafür, wie Leben aus unbelebten Substanzen hervorgehen könne; außerdem demonstriere der Einfluss der Ernährung auf das Verhalten, dass der Geist abhängig von der Materie sei: »Denn da der

Glaube nur eine Eigenschaft der Körperatome ist, so hängt eine Veränderung des Glaubens nur von der Art und Weise der Ersetzung der Körperatome ab.«[196] Die Teltower Bauern beispielsweise seien nur deshalb »so verstockt stabil, weil sie ihre Körperatome stets wieder durch Steckrübenatome ersetzen«.[197]

So fragwürdig derartige »Argumente« auch sind, sie sollten nicht den Blick darauf verstellen, dass sich die Autoren sehr wohl auch auf das verfügbare wissenschaftliche Wissen stützen. Wie Annette Wittkau-Horgby gezeigt hat, spielen dabei die Fortschritte in der Biologie, insbesondere die oben erwähnte Zelltheorie von Schleiden und Schwann, eine wichtige Rolle.[198] Vor allem Büchner beruft sich aber auch auf Entwicklungen in der Physik. Sie sollen seine zentrale These stützen, der zufolge Kraft grundsätzlich von Materie abhängig ist. Die Vorstellung, eine übernatürliche, stofflose Instanz wie ein Schöpfergott oder eine immaterielle Seele hätten Einfluss auf die Natur, stehe im eklatanten Widerspruch zu den Erkenntnissen der zeitgenössischen Wissenschaft. Büchner bringt zudem eine Vielzahl von konkreten Belegen für die Abhängigkeit psychischer Funktionen vom Gehirn; er verweist auf die Untersuchungen von Flourens,[199] auf pathologische Studien an Psychiatriepatienten und auf Untersuchungen zum sogenannten Kretinismus, einer Schilddrüsenunterfunktion, die mit geistigen Behinderungen einhergeht.

Obwohl Büchner noch nicht auf die Studien von Broca, Wernicke, Hitzig und Fritsch zurückgreifen kann, bringt er bereits eine Reihe von Belegen vor allem aus Läsionsstudien, die für die Lokalisationshypothese sprechen.[200] Interessanterweise geht er dabei auch auf den Vorwurf ein, das Gehirn sei viel zu einfach strukturiert, als dass es als Ort geistiger Funktionen in Frage komme.[201] Zwar gibt er ausdrücklich zu, dass die Struktur des Gehirns weitgehend unbekannt sei. Gleichzeitig beruft er sich aber auf den komplexen zellulären Aufbau des Gehirns, das »keine gleichförmige Masse bildet, sondern … aus höchst feinen, höchst zarten und eigenthümlich construirten, hohlen s. g. Primitivfasern oder Primitivröhren von der Breite des tausendsten Theils einer Linie besteht.«[202]

Hält man sich vor Augen, dass es nicht zuletzt der Mangel an hinreichend leistungsfähigen Mikroskopen und Messverfahren war, der den Einblick in die wahre Komplexität des Gehirns verhinderte, dann erkennt man auch hier noch einmal, wie stark die technische Entwicklung die wissenschaftliche Erkenntnis von Geist und Gehirn bestimmt, die dann ihrerseits unsere allgemeinen Intuitionen und Theorien in dieser Sache beeinflusst.

Neben empirischen Befunden spielen aber auch normative Argumente eine wichtige Rolle, vor allem bei den Gegnern naturalistischer Ansätze. Sie behaupten, dass man den Naturalismus ablehnen sollte, weil er die Existenz einer Seele negiert und damit die Grundlagen unserer Gesellschaft oder unserer Moralität bedrohe. Diese Argumente spielen schon in der Auseinandersetzung mit La Mettrie und Gall eine Rolle; besonders dramatisch werden sie von Rudolph Wagner in dem bereits erwähnten »Streit um die Seele« vorgebracht. Wenn der Materialismus recht hat, so Wagner, dann werden Menschen zu mechanischen Automaten degradiert, die keinen Bezug zu moralischen Forderungen und sittlichen Verpflichtungen haben und natürlich auch keine Aussicht auf ein Leben nach dem Tode besitzen.[203]

Die Vertreter naturalistischer Auffassungen reagieren unterschiedlich auf derartige Vorwürfe: Während Gall und Lange zu zeigen versuchen, dass es sehr wohl Platz für Freiheit und Verantwortung in einer Welt ohne höhere Mächte gibt, gehen Vogt und Büchner ganz offensiv mit dem Problem um und erklären z. B. Willensfreiheit zu einer reinen Illusion, von der man sich besser heute als morgen freimachen solle:

> »Der freie Wille existirt nicht und mit ihm nicht eine Verantwortlichkeit und eine Zurechnungsfähigkeit, wie sie die Moral und die Strafrechtspflege und Gott weiß wer noch uns auferlegen wollen. Wir sind in keinem Augenblicke Herren über uns selbst, über unsere Vernunft, über unsere geistigen Kräfte, so wenig als wir Herren sind darüber, daß unsere Nieren eben absondern oder nicht absondern sollen. Der Organismus kann nicht sich selbst beherrschen, ihn beherrscht das Gesetz seiner materiellen Zusammensetzung.«[204]

Selbst wenn man der Ansicht ist, dass geistige Prozesse physische Prozesse sind, und selbst wenn man meint, dass in der physischen Welt deterministische Naturgesetze gelten, so muss man doch keineswegs Vogts Schlussfolgerung teilen, dass damit Freiheit und Verantwortung ausgeschlossen sind. Kompatibilistische Theorien der Willensfreiheit zeigen, dass Determinismus eben keineswegs unvereinbar ist mit der Existenz von Freiheit.[205] Erkennbar wird dies schon daran, dass wir auf unsere willentlichen Handlungen – im Gegensatz zu Vogts Behauptung – einen wesentlich größeren Einfluss haben als z. B. auf die Tätigkeit unserer Nieren.

Doch auch das normative Argument gegen den Naturalismus enthält einen offensichtlichen Denkfehler: Wenn es – aus welchen Gründen auch immer – keine Freiheit, keine Verantwortung und keine Moralität gäbe, so gälte dies ja ganz unabhängig davon, ob Menschen diese Tatsache anerkennen oder nicht. Mehr noch: Wenn die Konsequenzen eines solchen Verlustes von Freiheit wirklich so dramatisch sind, wie es oft dargestellt wird, dann täten wir gut daran, diese Konsequenzen anzuerkennen und uns auf sie einzustellen, statt sie zu ignorieren und uns z. B. für Handlungen verantwortlich zu machen, für die wir faktisch nicht verantwortlich sind.

IV. Von 1900 bis zur Gegenwart

Introspektive Psychologie und Behaviorismus

Parallel zur Etablierung der naturalistischen Positionen in Philosophie und Physiologie setzen sich experimentelle Methoden auch in der Psychologie durch. Dabei stützt sich die erste Generation experimentell arbeitender Psychologen wie Wundt, Külpe und Titchener vor allem auf introspektive Verfahren. Trotz gravierender Differenzen im Einzelnen waren sich die frühen Psychologen einig, dass introspektive Aussagen den besten Zugang zu den mentalen Zuständen der Versuchspersonen bieten. Dies war nicht weiter verwunderlich, hält man sich vor Augen, dass diese Wissenschaftler allesamt eine philosophische Ausbildung hatten. Es war daher naheliegend, den in der Philosophie bis dahin wenig umstrittenen Primat der Introspektion zur

Grundlage wissenschaftlicher Untersuchungen in der Psychologie zu machen.

Selbstverständlich waren sich Wundt, Külpe und Titchener der Problematik introspektiver Aussagen bewusst. Dies zeigt sich z. B. an Diskussionen über die Unterscheidung zwischen bloß vorwissenschaftlicher *Wahrnehmung* und systematischer *Beobachtung* – so wie sie ansonsten in wissenschaftlichen Experimenten üblich war. Wundt hielt eine echte Selbstbeobachtung für unmöglich;[206] er traf daher strenge methodische Vorkehrungen und beschränkte sich auf sehr einfache Reaktionsexperimente. Im Gegensatz dazu glaubten Titchener und die Vertreter der Würzburger Schule an die Möglichkeit einer echten Selbstbeobachtung;[207] auch deshalb dehnten sie die introspektiven Methoden auf höhere kognitive Prozesse aus. Wie hoch die Glaubwürdigkeit introspektiver Aussagen eingeschätzt wurde, wird u. a. daran sichtbar, dass man bei Gedächtnisexperimenten auf Kontrollstimuli verzichten zu können glaubte. Den Versuchspersonen wurden zweimal dieselben Reize präsentiert. Beim zweiten Durchgang mussten sie nur angeben, ob sie sich an den jeweiligen Stimulus erinnerten. Darüber hinaus unterstellten die meisten Vertreter dieser Richtung, dass praktisch alle mentalen Zustände introspektiv erfassbar seien; ihre Position gegenüber der Existenz unbewusster mentaler Prozesse war dabei bestenfalls unklar.[208]

Schon die Versuche der Würzburger Schule zu höheren kognitiven Funktionen machten dann aber die Grenzen der Methode sichtbar. Es stellte sich nämlich heraus, dass introspektiv über das Denken nur wenig zu berichten ist, weil kognitive Prozesse sich zu einem großen Teil offenbar unbewusst vollziehen. Und so verlief »die Suche nach introspektiv erfaßbaren Bestimmungen des Denkens … zunächst gänzlich ergebnislos. In den Protokollen findet sich immer wieder der Hinweis auf das Fehlen von Vorstellungen.«[209]

Festzuhalten ist zunächst, dass die introspektive Psychologie eine Konzeption von Bewusstsein vertritt, die eng an die traditionellen philosophischen Auffassungen angelehnt ist. Bewusstsein wird nicht nur primär aus der Perspektive der ersten Person *erfahren*, vielmehr soll es primär auch aus dieser Perspektive *erkannt* werden. Erst diese introspektive Erkenntnis liefert die Basis für den wissenschaftlichen Zugang zu bewussten Zuständen.

Diese Überlegungen sind insofern von Interesse, als sie einen weiteren Hinweis auf die hier behauptete Symmetrie von erst- und drittpersonaler Erkenntnis liefern. Wie die introspektive Psychologie zeigt, ließe sich diese Symmetrie im Endeffekt selbst dann weitgehend aufrechterhalten, wenn man zunächst ein introspektives Privileg annimmt. Die Wissenschaften könnten dieses Privileg leicht durch die systematische Auswertung erstpersonaler Berichte konterkarieren.[210]

Die obigen Beobachtungen und das weitere Schicksal der introspektiven Psychologie werfen jedoch Zweifel an einem solchen Privileg auf. Abgesehen davon, dass introspektive Methoden nicht zur Erfassung unbewusster Vorgänge geeignet sind, scheinen sie – aus ähnlichen Gründen – auch zur Untersuchung kognitiver Prozesse nur begrenzt geeignet. Tatsächlich dürften nicht zuletzt diese Unzulänglichkeiten dem Behaviorismus den Weg bereitet haben, so dass er sich praktisch unmittelbar nach dem Tod der Protagonisten der introspektiven Psychologie etablieren kann.

Behaviorismus

Damit kommt es zu einer weiteren tiefgreifenden Veränderung des Problemverständnisses, die dazu führt, dass eine Erklärung von Bewusstsein für mehrere Jahrzehnte, genauer bis zur »kognitiven Wende« der 1970er Jahre, nicht mehr als wichtiger Teil des zu lösenden Problems angesehen wird. Während Watson bestreitet, dass »Bewusstsein« überhaupt ein brauchbarer Begriff ist,[211] akzeptiert Skinner zwar die Existenz bewusster, privater Erfahrungen, besteht gleichzeitig aber darauf, dass wir es hier ebenfalls mit einer Form des Verhaltens zu tun haben, die im Übrigen ein konstitutiv soziales Phänomen sei: Außerhalb sozialer Kontexte tauche Bewusstsein überhaupt nicht auf.[212]

Deutlich wird dabei, dass sich auch die Einstellung gegenüber der Introspektion bei den Behavioristen massiv verändert hat. Weit entfernt davon, ein besonderes epistemisches Privileg zu genießen, steht die Introspektion aus ihrer Sicht eindeutig *hinter* der objektiven Perspektive der dritten Person zurück: Das ist schließlich einer der zentralen Gründe für den Kampf des Behaviorismus gegen die introspektionistische Psychologie. Wissenschaftliche Erkenntnis ist nicht durch Selbstbeobachtung, sondern nur durch objektive, drittpersonale Erkenntnis zu erlangen.

Aus behavioristischer Sicht wäre das Problem von Geist und Gehirn gelöst, sobald wir über eine zureichende Erklärung von Verhalten verfügen. Dies gilt deutlicher noch für die semantischen Physikalisten um Carnap, Hempel und Ryle, die der Ansicht sind, dass zwischen Bewusstsein und Verhalten eine begriffliche Beziehung besteht: Was immer wir über Bewusstsein sagen können, lasse sich restlos in Aussagen über Verhalten bzw. Verhaltensdispositionen übersetzen:

»Sogenannte psychologische Sätze … sind stets in die physikalische Sprache übersetzbar. Und zwar bezieht jeder psychologische Satz sich auf physikalische Vorgänge am Leib der betreffenden Person(en).«[213]

Erst in der Übersetzung in eine Sprache, die von öffentlich wahrnehmbaren und messbaren Prozessen spricht, wird wirklich klar, was wir meinen, solange wir von Bewusstsein sprechen. Das gilt auch noch für den Funktionalismus, wie er in den siebziger Jahren des vergangenen Jahrhunderts an Bedeutung gewann. Vertreter dieser Position sind ebenfalls der Ansicht, dass Bewusstsein durch Verhaltensdispositionen zu erfassen sei. Wenn wir die Verhaltensdispositionen erklären können, dann haben wir alles erklärt, was es hier zu erklären gibt.[214]

In Frage gestellt wird diese Auffassung u. a. durch Thomas Nagels berühmten Aufsatz WHAT IS IT LIKE TO BE A BAT?,[215] der den Anstoß für die bis heute anhaltende Debatte über das Erklärungslückenproblem gibt. Nagel sucht zu zeigen, dass die Funktionalisten und erst recht die Behavioristen einen wesentlichen Aspekt von Bewusstsein außer Acht gelassen haben, nämlich die qualitative Erfahrung. Und es sei diese qualitative Erfahrung, die in funktionalen Beschreibungen nicht erfasst werden könne. Unverkennbar, dass wir es hier mit einer weiteren Veränderung der Problemkonzeption zu tun haben: Nun ist nämlich die Erklärung von Bewusstsein, vor allem von qualitativem Bewusstsein, der entscheidende Aspekt des zu lösenden Problems.

Nagel und die an ihn anknüpfende Diskussion demonstrieren gleichzeitig noch einmal das bereits mehrfach erwähnte Dilemma: Die Anerkennung der subjektiven Erfahrung als eines ernstzunehmenden Phänomens scheint unvermeidlich an die Grenzen einer auf objektive Verfahren verpflichteten Wissenschaft zu führen.

> »Yet subjective aspects of the mental can be apprehended only from the point of view of the creature itself … whereas what is physical is simply there, and can be externally apprehended from more than one point of view. Is there any way of including mental phenomena in the world as well, as part of what is simply *there*?«[216]

Das Zitat lässt gleichzeitig die entscheidende Voraussetzung erkennen, die in das von Nagel diagnostizierte Dilemma führt. Nagel setzt die subjektive Erfahrung mit dem *Wissen über* diese Erfahrung gleich – auch das Wissen *über* die Erfahrung kann nur vom Standpunkt des erlebenden Subjekts erworben werden. Die zentrale These des vorliegenden Buches ist, dass dies nicht zutrifft. Während wir in Bezug auf die Erfahrung ein subjektives Privileg haben, gilt dies für das Wissen über diese Erfahrung nicht: Es ist zumindest im Prinzip möglich, die subjektive Erfahrung auch aus der wissenschaftlichen Außenperspektive zu erfassen.

Nagel selbst hat diese Möglichkeit übrigens selbst in seinem Fledermausaufsatz angedeutet – später allerdings nicht weiter verfolgt:

> »Es gibt einen Sinn, in dem phänomenologische Tatsachen völlig objektiv sind: eine Person kann von einer anderen Person wissen oder sagen, welche Qualität das Erlebnis des anderen hat. Dennoch sind sie in dem Sinne subjektiv, dass diese objektive Zuschreibung von Erlebnissen nur für jemanden möglich ist, der dem Objekt der Zuschreibung ähnlich genug ist, um dessen Perspektive einnehmen zu können – um sozusagen die Zuschreibung

in der ersten Person ebensogut zu verstehen wie die in der dritten.«[217]

Die vorliegende Arbeit betreibt selbst keine objektive Phänomenologie, doch sie versucht die Möglichkeit einer solchen Phänomenologie systematisch zu begründen.

Gegenwart

Empirische Theorien des Bewusstseins

Einen letzten Beleg dafür, dass sich unsere Situation nicht sehr weit von der früherer Generationen von Wissenschaftlern unterscheidet, dass wir uns also immer noch in einem schwer vorhersehbaren Entwicklungsprozess befinden, liefern die heute verfügbaren empirischen Theorien des Bewusstseins.[218] Von einem übergreifenden Ansatz, der ein neurobiologisch fundiertes Verständnis von Bewusstsein insgesamt ermöglichen würde, sind diese Theorien noch denkbar weit entfernt. Zu erkennen ist dies schon an der großen Varianz zwischen diesen Ansätzen. Es gibt keine Bewegung hin zu einem oder zwei gemeinsamen Positionen; zudem existieren kaum gemeinsame Streitpunkte und natürlich erst recht keine gegensätzlichen Voraussagen in Bezug auf den Ausgang möglicher Experimente, durch die man die Theorien gegeneinander testen könnte. All dies deutet darauf hin, dass sich diese Vorschläge auf die Dauer als kaum weniger revisionsbedürftig erweisen werden als entsprechende Entwürfe aus der bisherigen Geschichte der Hirnforschung. Die Umrisse einer möglichen Lösung des Problems sind daher nach wie vor noch nicht zu erkennen.

Einer der derzeit bekanntesten Ansätze ist die »*Global*

Workspace Theory« von Bernard Baars,[219] auf deren Basis Stan Dehaene die »*Global Neuronal Workspace Theory*« entwickelt hat.[220] Baars und Dehaene gehen aus von der Beobachtung, dass Bewusstsein vor allem dann ins Spiel kommt, wenn wir ein neues, aber wichtiges Problem lösen und dabei auf Informationen zurückgreifen müssen, die bislang nicht miteinander verknüpft waren. Bewusstsein dient also offenbar als eine Art zentraler Umschlagplatz: Informationen, die irgendwo im Gehirn gespeichert sind, können dadurch zusammengebracht und zu einer neuen Strategie verbunden werden.

Dehaene hat versucht zu zeigen, dass dabei sogenannte globale Neurone aktiv sind. Sie machen die Informationen aus den lokalen Netzwerken im gesamten Kortex verfügbar und verschaffen ihnen damit gleichzeitig Bewusstsein. Aktivität in den peripheren, sensorischen Arealen sei zwar notwendig für die Entstehung von Bewusstsein, doch erst die Aktivierung höherer zentraler Areale führe dazu, dass ein größeres neuronales Netz entsteht, dessen Teile sich wechselseitig verstärken. Diese wechselseitige Verstärkung erlaube es, die bewusste Information zu erhalten und sie innerhalb des Gehirns weiterzuverbreiten. Damit würden verbale Berichte möglich, zudem könne die Information in unseren langfristigen Planungen berücksichtigt werden und auch ins Langzeitgedächtnis eingehen.[221]

Die Theorie stellt einen sehr engen Zusammenhang her zwischen bewusster Erfahrung und introspektiver Erkenntnis und steht damit im Widerspruch zu der hier vertretenen Trennung von Erkenntnis und Erfahrung. Tatsächlich hängt die praktische Bedeutung dieser Trennung von empirischen Befunden ab, die ich weiter unten im dritten Kapitel referieren möchte. Es könnte sich also herausstellen, dass es sich bei der Trennung um eine rein theoretische Angelegenheit handelt, der faktisch keine besondere Bedeutung zukommt.

Dehaene glaubt tatsächlich, dass seine Theorie durch neurobiologische Befunde gestützt wird. Wie sich weiter unten[222] herausstellen wird, zeigt jedoch eine Vielzahl von psychologischen und neurobiologischen Studien, dass es im Gegensatz zu Dehaenes Annahmen einen substantiellen Unterschied zwischen Introspektion und Erfahrung gibt; die introspektive Erkenntnis kann also auch faktisch von der Erfahrung abweichen. Zudem gibt es Differenzen auf der neuronalen Ebene: Einfache Formen von bewusster Erfahrung scheinen durch Aktivitäten in peripheren, sensorischen Arealen des Gehirns realisiert zu sein. Die zentralen Areale, die als eine Art Umschlagsplatz für Inhalte dienen sollen, sind dabei – anders als von Dehaene angenommen – nicht notwendigerweise involviert. Selbst wenn sie zum Zuge kommen, scheinen sie keinen Zugang zu den konkreten Inhalten zu haben, die Gegenstand der bewussten Erfahrung sind[223] – auch das spricht gegen Dehaenes Ansatz: Wie sollen die zentralen Areale Informationen weiterleiten, zu denen sie keinen direkten Zugang haben?

Doch selbst man diese Einwände beiseiteschiebt, würde die »*Global Neuronal Workspace Theory*« noch keine wirklich aussagekräftige Theorie des Bewusstseins liefern. Dazu sind die Aussagen insbesondere zu den Funktionen von Bewusstsein bei weitem zu allgemein, die Angaben zu den neurobiologischen Mechanismen zu ungenau und die empirischen Belege auch dann zu schwach, wenn man sie der Sache nach akzeptiert. Im allerbesten Fall haben wir es hier also mit einem ersten, allgemeinen Ansatz zu einer Theorie des Bewusstseins zu tun.

Vergleichbare Probleme treten bei der »*Local Recurrence Theory*« von Victor Lamme auf, die sich vor allem auf das visuelle System konzentriert. Laut Lamme kommt Bewusstsein vor allem durch Rückkopplungsschleifen innerhalb des Gehirns zustande. Sie sollen Lernprozesse ermöglichen und auch dafür sorgen, dass visuelle Informationen den Sprach-, Aufmerksamkeits- und Handlungszentren zugänglich gemacht werden.[224] Lamme legt eine Reihe von Belegen für die Existenz solcher Rückkopplungsschleifen vor, auf die ich weiter unten noch etwas genauer eingehen werde.[225] Für die hier zur Diskussion stehende Frage nach möglichen Veränderungen der Problemkonzeption in der Gegenwart ist vor allem Lammes Behauptung wichtig, dass die Existenz solcher Rückkopplungsschleifen nicht einfach nur ein empirisches Faktum ist. Vielmehr sieht Lamme hierin ein begriffliches Kriterium von Bewusstsein: Bewusstsein könne durch die Aktivität von Rückkopplungsschleifen also geradezu definiert werden.[226]

Natürlich wäre solches Kriterium sehr wünschenswert. Ein wissenschaftlich vergleichsweise leicht zugängliches Merkmal, das gleichzeitig als begriffliches Kriterium für Bewusstsein dienen kann, würde eine Vielzahl von Problemen lösen. Wir könnten damit nicht nur über das Bewusstsein von nicht-sprachfähigen Wesen wie Tieren oder Kleinkindern entscheiden, vielmehr wäre es auch möglich zu bestimmen, ob Komapatienten bei Bewusstsein sind oder nicht.

Tatsächlich ist Lammes Vorschlag aber im besten Falle ein weiterer Beleg dafür, dass die Problemkonzeption nach wie vor im Fluss ist: Es gibt noch keine halbwegs auf Dauer angelegte Einigung darüber, was wir sinnvollerweise unter dem Phänomen des Bewusstseins verstehen können. Und diejenigen Annäherungen, die es gibt, greifen mit guten Gründen nicht auf neurobiologische, sondern auf phänomenale Kriterien zurück, die unsere Erfahrung zu erfassen suchen. Lammes Vorschlag liefert daher sicher nicht die Grundlage einer allgemein akzeptablen Problemkonzeption. Das liegt vor allem daran, dass er noch nicht einmal einen Versuch unternimmt zu zeigen, dass sein Kriterium wirklich erfasst, was wir normalerweise unter Bewusstsein verstehen bzw. verstehen sollten. Statt sich auf das – zugegebenermaßen glatte – Eis begrifflicher Überlegungen auch nur einzulassen, greift er einfach einen empirischen Befund heraus. Doch der kann allenfalls zeigen, wie Bewusstsein realisiert wird, er erlaubt keine Aussagen über den *Begriff* des Bewusstseins.

Es kommt hinzu, dass Lammes Theorie auch empirisch angreifbar ist. Rückkopplungsschleifen gibt es offenbar auch in solchen Arealen des Gehirns, deren Inhalte sicher nicht bewusst sind.[227] Zudem hat Lammes Theorie Schwierigkeiten bei Bewusstseinsinhalten, die nichts mit dem visuellen System, ja überhaupt nichts mit Wahrnehmung zu tun haben, z. B. mit abstrakten Gedanken. Abgesehen davon trägt die Theorie nicht wirklich zu unserem Verständnis von Bewusstsein im Allgemeinen und seinen neuronalen Grundlagen bei. Wie ich unten noch zeigen möchte, liefert sie aber interessante Befunde zu den Grundlagen von Bewusstsein im visuellen System.

Ebenfalls aus Erkenntnissen über das visuelle System abgeleitet ist schließlich die sogenannte »*Duplex Vision*

Theory« von Milner und Goodale.[228] Im Mittelpunkt der Theorie steht die Unterscheidung zwischen dem ventralen und dem dorsalen Strom des visuellen Systems: Der dorsale Strom dient vor allem der visuellen Handlungsorientierung. Die Informationsverarbeitung erfolgt hier sehr schnell, sie ist aber nicht bewusst und vergleichsweise ungenau. Die Verarbeitung innerhalb des ventralen Stroms dagegen ist genauer und langsamer. Hier entsteht nach Milner und Goodale Bewusstsein; außerdem findet eine Klassifikation der gesehenen Objekte statt, und die verarbeiteten Informationen werden ins Gedächtnis eingespeist.

Belege für ihre Theorie sehen Milner und Goodale u. a. darin, dass die beiden Systeme bei Hirnverletzungen unabhängig voneinander ausfallen können.[229] Es gibt also Patienten, denen entweder nur die visuelle Handlungsorientierung, nicht aber die bewusste Erfahrung und Klassifikation, oder umgekehrt, nur die Erfahrung und Klassifikation, nicht aber die visuelle Handlungsorientierung abgeht. Die Daten sind umstritten, doch selbst wenn man diese Einwände ignoriert, spricht die Beschränkung auf das visuelle System entschieden gegen die Theorie: Wie sollte man die Parallelität zweier Verarbeitungsprozesse, wie sie die *Duplex Vision Theorie* behauptet, auf Bereiche übertragen, in denen es eine solche Parallelität gar nicht gibt? Abgesehen davon bleibt auch der Ansatz von Milner und Goodale viel zu allgemein, als dass er eine einigermaßen zufriedenstellende Theorie des Bewusstseins liefern könnte. So vermögen die Autoren z. B. keine konkreten Angaben darüber zu machen, wie sich bewusste von unbewussten Zuständen auf der kognitiven Ebene unterscheiden, oder welche neuronalen Prozesse dafür sorgen, dass ein Gedanke Bewusstsein erlangt.

Es bleibt daher festzuhalten, dass sämtliche vorgestellten Ansätze sehr weit von einer auch nur halbwegs zufriedenstellenden Theorie des Bewusstseins entfernt bleiben. Abgesehen davon, dass Rückkopplungsprozesse sowohl bei Lamme wie auch bei Dehaene eine Rolle spielen, haben die Theorien zudem kaum eine gemeinsame Basis, ja, sie haben noch nicht einmal gemeinsame Streitpunkte, sondern existieren weitgehend nebeneinanderher. Auch dies spricht gegen die Annahme, dass eine Lösung des Bewusstseinsproblems in absehbarer Zeit zu erwarten ist. Was die empirischen Bewusstseinstheorien angeht, so ist einfach nicht abzusehen, wie lange es noch bis zu einer wirklich befriedigenden Theorie dauern wird.

Fazit

Veränderung der Problemvorstellung

Werfen wir zum Abschluss noch einmal einen kurzen Blick auf die Dynamik der Veränderungen, wie sie vor allem seit der zweiten Hälfte des 19. Jahrhunderts zu beobachten waren. Eine zentrale These dieses Buches lautet, dass der wissenschaftliche Fortschritt nicht einfach nur neue Erkenntnisse anhäuft, sondern unsere Vorstellung von dem zu lösenden Problem selbst verändert.

Während am Beginn der hier verfolgten Entwicklung die Vorstellung einer Seelensubstanz steht, bei der es sich letztlich um ein objektives Ding unter Dingen handelt, tritt im Laufe der Forschungsgeschichte die subjektive

Erfahrung immer weiter in den Vordergrund. Der entscheidende Schritt vollzieht sich dabei mit der Einführung des Bewusstseinsbegriffs im 17. Jahrhundert. Doch gerade diese Subjektivierung führt zu dem bereits mehrfach bezeichneten Dilemma: Als subjektives Phänomen scheint bewusste Erfahrung nicht mehr dem Gegenstandsbereich einer auf Objektivität verpflichteten Wissenschaft anzugehören. Schränkt man sich auf den Bereich des wissenschaftlich Erklär- und Beschreibbaren ein, dann muss man auf die Erklärung subjektiver Erfahrung verzichten; nimmt man diese Erfahrung ernst, dann muss man den Bereich des wissenschaftlich Erklärbaren überschreiten.

Tatsächlich basiert dieses Dilemma jedoch auf einer durchaus anfechtbaren Voraussetzung, nämlich auf der Annahme, dass nicht nur die *Erfahrung* bewusster Zustände dem Subjekt vorbehalten ist, sondern auch das *Wissen über* diese Erfahrung. Erst damit wird die Wissenschaft von einer hinreichenden Erfassung und damit *a fortiori* einer Erklärung mentaler Phänomene ausgeschlossen. Die Voraussetzung geht zurück auf die Engführung von Bewusstsein und Wissen, die sich zusammen mit dem Bewusstseinsbegriff im 17. Jahrhundert etabliert und schon an der zentralen Rolle von »Wissen« im Kompositum »Be-wusstsein« erkennbar ist.

Das Dilemma ist umso gravierender, als die Veränderung der Problemstellung ansonsten die Voraussetzungen für eine wissenschaftliche Erklärung zusehends verbessert. Wenn das Gehirn ein bloßes Seelenorgan wäre, so wie es die Autoren des 17. und 18. Jahrhunderts bis zu Soemmerring annahmen, dann wäre die Hirnforschung nur von untergeordneter Bedeutung für eine Lösung des Problems. Die höheren kognitiven Prozesse einschließlich der Sprache hätten ihren Ort in einer übernatürlichen Seele. Zwar könnte man diese Prozesse nach wie vor beschreiben, doch ihre Erklärung wäre nicht mehr Sache der Naturwissenschaften. Wenn es hier Antworten gäbe, dann wären sie von Religion und Theologie zu erwarten, schließlich wird der Seele in der Regel ein göttlicher Ursprung zugeschrieben. Solche Antworten könnten neben der Entstehungsgeschichte und dem Ursprung der Seele auch die Besonderheiten der Seelensubstanz betreffen, ihre Rolle in der Ordnung der Dinge, aber auch die Ziele, die Gott mit ihr verfolgt.

Doch nach den Mechanismen zu fragen, durch die eine übernatürliche Seele Bewusstsein *hervorbringen* kann, hieße zu verkennen, dass eine Seele an sich bewusst ist. Zweifellos kann man – mit Locke – theoretische Überlegungen anstellen, ob die Idee eines permanent vorhandenen Bewusstseins sinnvoll ist, man kann fragen, ob sie sich mit anderen Annahmen oder Erkenntnissen verträgt, oder wie dieses Bewusstsein in einer von deterministischen Naturgesetzen regierten Umwelt wirksam werden soll. Doch die Suche nach einer reduktiven Erklärung seelischer Fähigkeiten würde das Programm der Naturwissenschaften auf einen Bereich ausdehnen, der sich *per definitionem* außerhalb ihres Gegenstandsgebietes befindet.

Ganz anders liegen die Dinge, wenn man den wissenschaftlichen Materialisten um Vogt, Büchner und Moleschott folgt. Aus ihrer Sicht kommt es nur darauf an, ein ausreichendes Verständnis der materiellen Prozesse zu erlangen, eine eigene Theorie des Bewusstseins ist ebenso unmöglich wie unnötig. So bemerkt Vogt:

»Weshalb gerade jenes Gewebe Bewußtsein ... erzeuge, werden wir allerdings niemals erklären können, und unser höheres Denken wird uns niemals über die Tatsache hinausbringen können, daß es eben einmal so ist.«[230]

Keineswegs stelle das Bewusstsein hier einen Sonderfall dar; dieselbe Grenze betreffe z. B. das Verständnis der Kontraktion von Muskelfasern. Ein besonderes Rätsel gebe es hier wie dort nicht; vielmehr reiche es in beiden Fällen aus zu verstehen, unter welchen Bedingungen der jeweilige Effekt auftrete.

Dass hier ein Problem bestehen könnte, wird erkennbar in dem Moment, wo die subjektive Erfahrung an Bedeutung auch unter den Vertretern naturalistischer Ansätze gewinnt. Eine zentrale Rolle spielen dabei die Ansätze von Fechner, Lange und Dubois-Reymond. Doch während Fechner meint, mit der bloßen Unterscheidung zwischen der Perspektive der ersten Person und der Perspektive der dritten Person das Problem gelöst zu haben, tritt das oben bezeichnete Dilemma bei Lange und Du Bois-Reymond klar zutage: In ihren Augen ist es prinzipiell unmöglich, die subjektive Erfahrung mentaler Zustände durch naturwissenschaftliche Theorien zu erklären.

Es ist wichtig zu sehen, dass diese Autoren sich gegenüber dem traditionellen Cartesianismus, aber auch gegenüber vielen materialistischen Theorien nicht allein durch die Antworten auf bestimmte Fragen unterscheiden oder durch die Vorschläge, die sie zur Lösung des zur Diskussion stehenden Problems machen. Prinzipiell unterschiedlich ist vielmehr bereits die Konzeption des Problems selbst. Im Gegensatz zu dualistischen Theorien und den früheren Formen des Materialismus ist für Lange und Du Bois-Reymond die Erklärung von Bewusstsein substantieller Teil des Problems, und der einzige ernsthafte Kandidat ist eine auf objektive Methoden festgelegte Naturwissenschaft. Dabei scheint schon Du Bois-Reymond davon auszugehen, dass insbesondere die qualitativen Aspekte von Bewusstsein die eigentliche Schwierigkeit darstellen, während kognitive Fähigkeiten unserem Verständnis keine unüberwindbaren Hindernisse in den Weg legen würden.

Mit dem Behaviorismus ändert sich das Problemverständnis abermals, und die Frage nach der Erklärbarkeit geistiger Prozesse tritt wieder in den Hintergrund. So wie die frühen Materialisten gemeint hatten, dass mit der Erklärung der relevanten materiellen Prozesse alles erklärt sei, was es zu erklären gibt, so meinen die Behavioristen, dass mit der Erklärung des Verhaltens die entscheidenden explanatorischen Verpflichtungen erfüllt seien. Dies gilt noch für die frühen Funktionalisten, bis diese Position durch Nagel, Jackson, Levine und Chalmers angegriffen wird. Auch hier ist der entscheidende Anlass, dass die subjektive Erfahrung von Bewusstsein wieder in den Fokus der Aufmerksamkeit tritt und damit die Frage aufwirft, wie man diesem Phänomen in einer auf objektive Verfahren verpflichteten Wissenschaft gerecht werden kann. Die Antwort ist pessimistisch: Die Autoren bestreiten vor allem, dass phänomenale Bewusstseinseigenschaften durch naturalistische Theorien *erklärt* werden können, selbst wenn z. B. Levine und Nagel zugeben, dass phänomenale Prozesse *de facto* neuronale Prozesse *sind*.

Eine zentrale Voraussetzung dieser Position besteht in der Annahme, dass die Introspektion uns einen privilegierten Zugang zu phänomenalen Erfahrungen liefert. Während das introspektive Wissen auf einem unmittelbaren Zugang zu unseren bewussten Erfahrungen beruht, müssen sich die Wissenschaften wie auch jede andere Person mit Rückschlüssen zufriedengeben, die auf unserem Verhalten basieren. Aus diesem indirekten Zugang ergibt sich dann eine prinzipielle Einschränkung wissenschaftlicher Erklärungen insbesondere für den qualitativen Charakter subjektiver Erfahrungen – eben die sogenannte »Erklärungslücke«.

Die Entwicklung ist damit jedoch nicht zu Ende. Vielmehr geht die Diskussion über die Erklärungslücke und die damit verbundenen Grenzen wissenschaftlicher Erklärungen einher mit einer weiteren Ausdifferenzierung des Bewusstseinsbegriffs, die bis heute andauert. So ist zwischen phänomenalem Bewusstsein einerseits und kognitivem bzw. Zugangsbewusstsein andererseits unterschieden worden. Schließlich ist in den letzten Jahren zunehmend die Frage aufgeworfen worden, inwiefern körperliche Prozesse oder sogar Prozesse außerhalb des menschlichen Körpers als konstitutive Bestandteile zumindest von kognitiven Prozessen betrachtet werden müssen.[231] Diese z. T. durch empirische Befunde motivierten Entwicklungen haben ebenfalls weitreichende Veränderungen des Problemverständnisses zur Folge: Wenn geistige Prozesse sich nicht alleine im Gehirn, sondern auch im restlichen Körper oder gar außerhalb des Körpers abspielen, dann muss eine Lösung des Geist-»Gehirn«-Problems auch diese Prozesse einbeziehen; gleichzeitig entfällt in diesen Fällen offenbar das Introspektionsprivileg. Auch die Bezeichnung »Geist-Gehirn-Problem« wäre unter diesen Voraussetzungen im Übrigen unangemessen – vermutlich müsste man eher von einem »Geist-Gehirn-Körper-Problem« sprechen.

In jedem Falle zeigen diese Beobachtungen noch einmal, wie tiefgreifend sich die Problemvorstellungen bis in die jüngste Vergangenheit verändert haben, und sie legen nahe, dass es vergleichbare Veränderungen auch weiterhin geben wird. Es wäre einfach mehr als verwunderlich, würde die gegenwärtige intensive Forschung in den Neuro- und Kognitionswissenschaften nicht auch unser Verständnis des Zusammenhangs von Geist und Gehirn verwandeln. Wichtig wäre dabei vor allem eine genauere Erfassung der subjektiven Erfahrung, wie sie zumindest der Tendenz nach in der Vergangenheit stattgefunden hat.

Natürlich kann man aus all diesen Beobachtungen nicht ableiten, dass das Problem auf jeden Fall gelöst wird; noch viel weniger lassen sich konkrete Angaben darüber machen, wie eine eventuelle Lösung aussehen würde. Genauso wenig haltbar ist aber auch die Behauptung, dass das Problem prinzipiell unlösbar sei. Eine solche Aussage kann man nur über ein Problem machen, dessen endgültige Gestalt bereits bekannt ist. Doch genau das ist nicht der Fall. Solange aber noch Veränderungen der Problemkonzeption möglich sind, kann es auch noch neue, bislang unbekannte Lösungsmöglichkeiten geben.

Kapitel II: Systematische Argumente

Einleitung

Das erste Kapitel dieses Buches hat im Wesentlichen zwei Ergebnisse erbracht: Zum einen hatte sich gezeigt, dass in der bisherigen Geschichte der Erforschung von Geist und Gehirn nicht einfach nur neue Erkenntnisse zu einem im Wesentlichen bekannten Problem zutage gefördert worden sind, vielmehr haben sich die Vorstellung von dem Problem selbst und damit auch das Feld möglicher Lösungsvorschläge immer wieder fundamental verändert. Es ist daher praktisch unmöglich, konkrete Voraussagen über die Lösbarkeit oder Unlösbarkeit des Problems zu machen. Dazu müsste man erst einmal eine genaue und natürlich endgültige Fassung des Problems kennen, doch genau davon sind wir wohl noch weit entfernt.

Die zweite wichtige Konsequenz, die man aus der oben skizzierten Geschichte des Leib-Seele-Problems ziehen kann, betrifft die Annahme eines privilegierten Zugangs zu den eigenen mentalen Zuständen, die eines der wichtigsten Hindernisse für eine wissenschaftliche Erklärung bewusster Erfahrungen darstellt. Der historische Rückblick zeigte, wie es zu dieser Vorstellung gekommen ist und welche

Motive ihre Etablierung geleitet haben. Entscheidend war dabei das Bemühen um eine verlässliche Grundlage wissenschaftlicher Erkenntnis; dagegen spielte das Bemühen um eine Analyse der introspektiven Erkenntnis keine entscheidende Rolle.

Die zugrundeliegende Engführung von Bewusstsein und Wissen erscheint auf den ersten Blick sicherlich plausibel. Doch abgesehen davon, dass wir vermutlich selbst noch durch die oben skizzierte Tradition geprägt sind, neigen wir aus naheliegenden Gründen dazu, die Alltagserfahrung als Maßstab zu nehmen, und da ist die introspektive Erkenntnis in der Regel tatsächlich der Extrospektion überlegen. Das Privileg wird indessen auch für die wissenschaftliche Erkenntnis in Anspruch genommen, doch in diesem Falle ist seine Berechtigung keineswegs offensichtlich. Dies gilt umso mehr, als wir – wie oben gezeigt – die Reichweite zukünftiger Methoden einfach nicht vorhersehen können.

Im Folgenden soll es jedoch nicht um Spekulationen über den wissenschaftlichen Fortschritt gehen, sondern um eine systematische Analyse des Introspektionsprivilegs. Betrachtet man die Sache etwas genauer, dann ergeben sich bereits aus heutiger Sicht einige ganz offensichtliche Einwände: So betrachten wir subjektives Wissen vor allem in wissenschaftlichen Kontexten gerade *nicht* als privilegiert. Vielmehr suchen wir in der Regel nach Objektivität oder – zumindest – Intersubjektivität. Auch Unmittelbarkeit ist im Allgemeinen von zweifelhaftem Wert. Üblicherweise bemühen wir uns mit guten Gründen um Distanz, die z. B. durch methodische Festlegungen, den Gebrauch von Beobachtungsinstrumenten oder einfach das Dazwischentreten von Kritik gewährleistet werden soll.

Es kommt hinzu, dass Introspektion nach allem, was man heute sagen kann, nicht so einfach und unkompliziert ist, wie dies aus der Perspektive der ersten Person erscheinen mag. In Wirklichkeit spielen hier komplexe und fehleranfällige kognitive Verarbeitungsprozesse eine wichtige Rolle.

Schließlich werden sich einige der Gedankenexperimente, die die Defizite der extrospektiven Erkenntnis illustrieren sollen, als überraschend schwach erweisen. Dies liegt vor allem daran, dass Umstände, die das extrospektive Wissen beeinträchtigen, zumindest im Prinzip immer auch zu Beeinträchtigungen des introspektiven Wissens führen. Hieraus ergibt sich eine grundlegende Symmetrie zwischen diesen beiden Formen des Wissens. Empirische Studien, die im dritten Kapitel zu Wort kommen werden, zeigen überdies, dass es sich hierbei nicht nur um ein abstraktes theoretisches Prinzip handelt, vielmehr besitzt diese Symmetrie auch konkrete praktische Bedeutung: Wir können uns nämlich sehr wohl irren, wenn es um unsere eigenen Erfahrungen geht, und diese Irrtümer lassen sich durch wissenschaftliche Untersuchungen nachweisen.

Von Bedeutung sind diese Überlegungen, weil das Introspektionsprivileg eine wichtige Voraussetzung des oben skizzierten Dilemmas bei der Erklärung bewusster Erfahrungen darstellt und damit auch die Behauptung zu stützen scheint, dass Bewusstsein nicht wissenschaftlich erklärbar sei. Begründet wird dies in der Regel damit, dass ein wirklicher Zugang vor allem zu phänomenalem Bewusstsein nur aus der Perspektive der ersten Person möglich sei. Drittpersonales und damit wissenschaftliches Wissen könne immer nur das Verhalten erfassen. Wenn jedoch ein solches

Privileg nicht existiert, dann weckt dies auch Zweifel an der Begrenzung des wissenschaftlichen Wissens, die sich auf das Privileg stützt.

Aufbau

Ich werde mich im ersten Abschnitt des vorliegenden Kapitels um einige begriffliche Klarstellungen bemühen. Dabei wird es zunächst um den Unterschied zwischen Erfahrung und Überzeugungen gehen, anschließend werde ich mich mit dem Problem der Introspektion befassen. Im zweiten Abschnitt sollen dann die klassischen Gedankenexperimente der Erklärungslückentheoretiker vorgestellt werden. Da zu deren Verständnis eine Vorstellung von funktionalen Beschreibungen nötig ist, werde ich auch darauf kurz eingehen. Anschließend werde ich mich im dritten Teil mit den Theorien von phänomenalem Wissen befassen, die u. a. von Chalmers und Levine entwickelt worden sind. Dabei möchte ich zeigen, dass die Engführung von Bewusstsein und Wissen von den Vertretern des Erklärungslückenargumentes nicht nur faktisch vertreten wird, sondern aus systematischen Gründen auch vertreten werden *muss.* Schließlich werde ich im vierten Abschnitt Kritik an den klassischen Gedankenexperimenten üben. Hierbei stehen vor allem Probleme der Extrospektion im Vordergrund. Ziel der Gedankenexperimente ist bekanntlich der Nachweis substantieller Unzulänglichkeiten der Extrospektion in Bezug auf phänomenale Zustände. Ich werde jedoch zeigen, dass die Gedankenexperimente ihr Beweisziel nicht erreichen. Der Grund ist die fundamentale epistemische Symmetrie zwischen Introspektion und Extrospektion: Umstände, die zur Beeinträchtigung der Extrospektion führen, haben auch unakzeptable Beeinträchtigungen der Introspektion zur Folge.

I. Begriffliche Überlegungen

Erfahrung und introspektive Überzeugung

Eines der herausragenden Merkmale von Bewusstsein ist sein subjektiver Charakter: Wie mehrfach erwähnt, erfahre ich meine bewussten Schmerzen auf eine Weise, die keiner anderen Person offensteht. Es ist vor allem diese Unmittelbarkeit, die die Vorstellung eines erstpersonalen Privilegs zu begründen scheint: Wie sollte ich nicht besser als andere wissen, *ob* ich Schmerzen spüre oder eine Farbempfindung habe, und *wie es ist*, die Schmerzen oder diese Farbempfindung zu haben?

Eine Möglichkeit, die Unmittelbarkeit von bewusster Erfahrung und introspektivem Wissen zu begründen, besteht in der Annahme, Bewusstsein *selbst* stelle schon eine Form des Wissens von den bewussten Zuständen dar – so wie es das Wort »Bewusstsein« nahelegt. Der bewusste Schmerz wird also identifiziert mit dem Wissen *von* diesem Schmerz. Ein Schmerz zählt dieser Vorstellung zufolge nur als bewusster Schmerz, wenn ich von diesem Schmerz weiß. Irrtümer sind hier schon allein aus begrifflichen Gründen ausgeschlossen. Ein Schmerzzustand, der nicht mit dem Wissen von diesem Zustand einhergehen würde, würde nicht als bewusster Schmerz zählen; umgekehrt müssten wir einen solchen Schmerz voraussetzen, sobald wir einer Person die entsprechende Überzeugung zuschreiben.

Erfahrung

Wie bereits erwähnt, gibt es jedoch gute Gründe, diese Identifikation zurückzuweisen und stattdessen begrifflich zwischen bewusster Erfahrung und dem Wissen oder den Überzeugungen *über* diese Erfahrung zu unterscheiden. Schauen wir uns zunächst die Unterscheidung von Erfahrung und Überzeugung, genauer von Erfahrung und introspektiver Überzeugung an. Mit der *Erfahrung* z. B. von Schmerzen ist nicht mehr gemeint als das Faktum des bewussten Schmerzes selbst. Bewusster Schmerz ist definitionsgemäß Schmerz, den ein Subjekt erfährt. Fehlt die Erfahrung, dann kann der Schmerz allenfalls unbewusst sein.

Diese Erfahrung ist insofern privilegiert, als sie allen anderen verschlossen ist: Andere können meinen Schmerz nicht spüren, den spüre nur ich. Dieses Erfahrungsprivileg scheint das zentrale Merkmal zu sein, das bewusste von unbewussten Schmerzen unterscheidet. Und das ist gleichzeitig der Grund dafür, dass diese unmittelbare Erfahrung dem Subjekt des Schmerzes vorbehalten ist. Nur ich selbst habe meinen bewussten Schmerz und damit die Erfahrung, die diesen bewussten Schmerz ausmacht – eine Einsicht hart an der Grenze zur Trivialität: Wer sonst sollte schon *meine* Schmerzen haben?

Es ist – wie häufig genug angemerkt wurde – sehr schwierig, weiter zu präzisieren, was mit der Erfahrung von Schmerzen oder einem anderen qualitativen Zustand gemeint ist; diese Schwierigkeit dürfte einer der Gründe für den fortwährenden Begriffswandel sein. Dies zeigt, dass wir auch auf der Ebene der subjektiven Phänomenologie noch erhebliche Anstrengungen unternehmen müssen, um das Problem der bewussten Erfahrung in den Griff zu bekommen. Genauer geht es dabei um eine präzisere Beschreibung auf zumindest drei Ebenen: Zum einen müssen die Unterschiede zwischen bewusster Erfahrung und unbewussten mentalen Zuständen erfasst werden; zweitens die Unterschiede *zwischen* den einzelnen Qualitäten bewusster Erfahrungen wie Schmerzempfindungen, Emotionen, Wahrnehmungsempfindungen. Schließlich sollten drittens auch die Unterschiede *innerhalb* jeder einzelnen Qualität erfasst werden, also z. B. das gesamte Spektrum der Farb- oder Schmerzempfindungen. Ich werde im dritten Kapitel ein Modell für die Beschreibung von Farbempfindungen vorschlagen. Dies zeigt, dass eine Lösung des Problems nicht allein durch neurobiologische Forschung möglich ist, sondern gleichzeitig eine bessere Erfassung unterschiedlicher Formen von bewusster Erfahrung voraussetzt. Die Forschung nach den zugrundeliegenden neuronalen Mechanismen bleibt blind, wenn wir uns nicht gleichzeitig um ein besseres Verständnis der Phänomene bemühen, die durch diese Mechanismen realisiert werden.

Trotz der Kritik, die ich an der Vorstellung von Bewusstsein als Wissen geübt habe, scheint es mir sinnvoll, am Terminus »Bewusstsein« selbst festzuhalten, statt ihn z. B. komplett durch »Erfahrung« zu ersetzen. Einmal abgesehen davon, dass der Versuch einer solchen Ersetzung ohnehin wenig Aussicht auf Realisierung hätte, ist der Begriff Erfahrung für sich genommen zu wenig spezifisch. Von

Erfahrung sprechen wir schließlich auch, wenn es nicht um mentale Zustände, sondern z.B. über eine längere Praxis (»Berufserfahrung«) oder einen Lernprozess (»Wir haben die Erfahrung gemacht, dass …«) geht. Auf der anderen Seite verwenden wir den Bewusstseinsbegriff so selbstverständlich, dass der Wissenscharakter keine entscheidende Rolle mehr spielt; man kann also den Bewusstseinsbegriff weiter benutzen, ohne dabei die Engführung mit dem Wissen zu akzeptieren. Um Missverständnisse zu vermeiden, werde ich im Folgenden meist von »bewusster Erfahrung« sprechen.

Überzeugungen

In jedem Falle müssen wir von der *Erfahrung* selbst das *Wissen* bzw. *die Überzeugungen über* diese Erfahrung unterscheiden – so wie wir auch zwischen einem Blitzschlag und den Überzeugungen *über* diesen Blitzschlag differenzieren.

Ganz allgemein können Überzeugungen wahr oder falsch sein, von Blitzschlägen, Schmerzempfindungen und anderen Ereignissen kann man das nicht sagen. Selbst wenn ich reine Phantomschmerzen gespürt hätte – falsch wäre die Empfindung damit genauso wenig wie ein Lichtreflex, der nur so aussieht wie ein Blitzschlag. Überzeugungen können deshalb wahr oder falsch sein, weil sie einen Gehalt haben. Dieser Gehalt lässt sich üblicherweise in einem prädikativen Satz ausdrücken, der mit einem »dass« beginnt. So könnte man beispielsweise die Überzeugung haben, »dass am 8. September 2015 um 20.15 Uhr ein Blitz im Monbijoupark in Berlin-Mitte eingeschlagen ist« – und das kann wahr oder falsch sein.

Wer diese Überzeugung hegt, der muss über die entsprechenden Begriffe verfügen. Es ist umstritten, was dies im Einzelnen bedeutet. Doch sicher sollte man imstande sein, Blitzschläge halbwegs zuverlässig von anderen Ereignissen und den Monbijoupark von anderen Orten zu unterscheiden. Außerdem sollte man die Fähigkeit besitzen, sich auch in anderen Kontexten auf Blitzschläge und den Monbijoupark zu beziehen, also z. B. etwas über Blitzschläge in München oder das Freibad im Monbijoupark zu sagen.[1]

Neben dem Gehalt enthält eine Überzeugung aber noch eine ganz bestimmte *Einstellung zu* diesem Gehalt: Wenn man von einem Sachverhalt überzeugt ist, dann ist man sich ganz sicher, dass dieser Sachverhalt existiert. Denkbar wären auch ganz andere Einstellungen zu diesem Gehalt: Man könnte auch glauben, wünschen, hoffen, zweifeln oder verneinen, dass im Monbijoupark ein Blitz eingeschlagen ist.

All dies gilt ebenso für die Unterscheidung zwischen der Schmerzerfahrung und den Überzeugungen von dieser Erfahrung. So können auch heutige Leser zu der Überzeugung gelangen, dass Robert François Damiens, der ein fehlgeschlagenes Attentat auf den französischen König Ludwig XV. verübt hatte, bei seiner Folterung und Vierteilung höllische Schmerzen erfahren hat – eine Kurzfassung des Berichts genügt, um jeglichen Zweifel zu beseitigen. Die Schmerzen selbst müssen heutige Leser glücklicherweise nicht erleben, die hat es nur einmal gegeben: Damiens hat sie am 28. März 1757 auf der Place de Grève vor einer großen Menge von Gaffern erlebt, die für einen Platz auf dem Balkon umgerechnet bis zu 1500 Euro bezahlt hatten. Und natürlich könnte man von diesen Schmerzen auch überzeugt sein, wenn es sie nie gegeben hätte. Für die Erfahrung gilt das nicht: Ohne die Schmerzen hätte es auch die entsprechende Erfahrung niemals gegeben. Natürlich nicht, denn die (bewussten) Schmerzen *sind* ja die Schmerzerfahrung.

Konsequenzen

Angesichts dieser Differenzen scheint es zwingend, einen klaren begrifflichen Unterschied zwischen der Erfahrung und der Überzeugung von dieser Erfahrung zu machen. Dies schließt nicht aus, dass die Verbindung zwischen Erfahrung und Überzeugung so zuverlässig ist, dass die bewusste Erfahrung einen sicheren Weg zum Wissen von diesem Zustand bildet. Dafür müsste man jedoch empirische Belege vorbringen – wie schon erwähnt, sprechen die verfügbaren empirischen Daten aber eher gegen ein solches Privileg.

Die Unterscheidung zwischen Bewusstseinserfahrung und introspektiver Erkenntnis ist keineswegs neu. Wie oben bereits erwähnt, findet sie sich in Ansätzen bereits bei Leibniz, der sie in den PRINCIPES DE LA NATURE als die Differenz von Perzeption und Apperzeption beschreibt:

> »Man muß demnach unterscheiden zwischen der *Perzeption*, oder dem inneren Zustand der Monade, sofern er die äußeren Dinge darstellt, und der *Apperzeption*, die das *Selbstbewußtsein* oder die reflexive Erkenntnis dieses inneren Zustandes ist.«[2]

Auch wenn sich die Terminologie von der heute üblichen unterscheidet, so wird doch deutlich, dass Leibniz der Sache nach weitgehend die hier zur Diskussion stehende Unterscheidung im Sinn hat, zumal er die Perzeption auch Tieren zuschreibt, während die Apperzeption das Vorrecht von Menschen ist.[3] In der jüngeren Vergangenheit ist diese

Unterscheidung u. a. von William James,[4] von David Armstrong[5] und insbesondere von Hilary Kornblith gemacht worden:

»It is important not to confuse the fact that there is something it is like to be Jack with any claim about self-knowledge. There is something it is like to be a bat, but this does not give the bat self-knowledge, for the bat lacks the conceptual repertoire to understand its own experience.«[6]

Durchgesetzt hat sich diese Unterscheidung bislang allerdings nicht, ganz zu schweigen von den notwendigen systematischen Konsequenzen, die aus ihr zu ziehen wären. Ein Beispiel für eine vermutlich unabsichtliche Missachtung liefert eine oben bereits zitierte Äußerung von Thomas Nagel:

»Yet subjective aspects of the mental can be apprehended only from the point of view of the creature itself ... whereas what is physical is simply there, and can be externally apprehended from more than one point of view.«[7]

Nagel schließt hier von der subjektiven Erfahrung mentaler Zustände darauf, dass auch die Erkenntnis notwendigerweise dem Subjekt vorbehalten ist – objektive wissenschaftliche Methoden wären dann von dieser Erkenntnis ausgeschlossen.[8]

Akzeptiert man jedoch die Unterscheidung von Erfahrung und Erkenntnis, dann ergeben sich Möglichkeiten, die bei der begrifflichen Bindung von Bewusstsein an Wissen ohne weitere Begründung ausgeschlossen werden: Zum einen werden damit Erfahrungen möglich, von denen man keinerlei Überzeugungen erwirbt. Diese Option ist auch deshalb wichtig, weil andernfalls schwer zu erklären wäre, wie Tiere und kleine Kinder geistige Erfahrungen haben sollen. Tiere und kleine Kinder verfügen nämlich im Allgemeinen nicht über die Begriffe, die – wie oben gezeigt – für den Erwerb von Überzeugungen erforderlich sind. Es wäre jedoch sehr unplausibel zu bestreiten, dass Tiere und kleine Kinder Schmerzen spüren.

Zweitens schafft diese Unterscheidung Raum für die Existenz falscher introspektiver Überzeugungen. Wenn Bewusstsein Wissen von den bewussten Zuständen implizieren würde, dann wüsste jemand, der Schmerzen hat, automatisch, *dass* er Schmerzen hat. Da Wissen Wahrheit impliziert, würde das bedeuten, dass man nie im Irrtum über seine eigenen bewussten Zustände wäre. Natürlich könnte Bewusstsein eine extrem zuverlässige Grundlage introspektiver Überzeugungen bieten. Aber ob das so ist oder nicht, sollte zumindest prinzipiell Gegenstand empirischer Untersuchungen sein; eine begriffliche Festlegung, die die Untersuchung möglicher Alternativen ausschließt, wäre dagegen nicht sinnvoll. Dies gilt umso mehr, als sich unten herausstellen wird, dass es in der Tat gute empirische Belege für solche falschen erstpersonalen Überzeugungen gibt.

Mit dem begrifflichen Raum für falsche erstpersonale Überzeugungen gewinnt man schließlich drittens auch eine prinzipielle Offenheit gegenüber einer möglichen Symmetrie von intro- und extrospektiven Überzeugungen. Ob meine Überzeugungen über meine Schmerzzustände einen Primat gegenüber denen anderer Personen verdienen oder nicht, ist dann ebenfalls eine Frage weiterer Argumente und Befunde; es wird nicht schon durch die Begriffswahl festgelegt.

Introspektion

Das Privileg der ersten Person

Schauen wir uns vor diesem Hintergrund noch einmal an, was man sinnvollerweise unter einem Privileg der ersten Person verstehen kann. Wichtig sind hier zunächst zwei Punkte. Ausgehend von der obigen Gegenüberstellung muss erstens unterschieden werden, ob das Privileg für die erstpersonale *Erfahrung* oder auch für das erstpersonale *Wissen* gilt. Zum zweiten muss zwischen einem *exklusiven* bzw. *absoluten* Privileg einerseits und einem *relativen* Privileg andererseits differenziert werden. Ein exklusives bzw. absolutes Privileg für die Perspektive der ersten Person schließt die Perspektive der dritten Person aus, ein relatives Privileg dagegen beschreibt nur einen – noch genauer zu qualifizierenden – Vorrang für die Perspektive der ersten Person.

Wie oben bereits erwähnt, gibt es ein exklusives Privileg für die erstpersonale Erfahrung. Nur *ich habe* wie gesagt meine Schmerzerfahrung. Von einem exklusiven Privileg kann hier insofern die Rede sein, als mein Privileg alle anderen ausschließt: Die Erfahrung *meiner* Schmerzen ist *mir* vorbehalten.

Akzeptiert man die vorgeschlagene Trennung von Erfahrung und Erkenntnis,[9] dann sollte man zugeben, dass es für das erstpersonale Wissen *kein* exklusives Privileg gibt. Das *Wissen über* meine Schmerzen können auch andere erwerben. Möglich ist nur ein *relatives* Privileg, das erstpersonalen Überzeugungen einen epistemischen Vorrang gegenüber drittpersonalen Überzeugungen einräumen würde.

Wie William Alston[10] gezeigt hat, ist der *Infallibilismus*, der häufig Descartes zugeschrieben wird, die stärkste Form dieses Privilegs. Vertreter dieser Position sind der Ansicht, dass zumindest einige erstpersonale Überzeugungen immun gegen sämtliche denkbaren Fehler sind. Diese Auffassung wird jedoch nur selten vertreten; oben habe ich in diesem Zusammenhang Leibniz erwähnt. Weiter unten werde ich noch die Ansätze von Chalmers und Butler präsentieren, die Infallibilität allerdings nur für eine spezifische Form des phänomenalen Wissens in Anspruch nehmen.

In der Regel werden schwächere Formen des relativen Privilegs vertreten: Die *Unanzweifelbarkeit* lässt Fehler der introspektiven Erkenntnis zu, allerdings wird ausgeschlossen, dass wir aus der Perspektive der dritten Person *Gründe* finden können, introspektive Erkenntnisansprüche zu bezweifeln. Selbst wenn ich mir irrtümlich Schmerzen zuschreibe, kann niemand anders begründete Zweifel an meiner Behauptung anmelden. Die *Unkorrigierbarkeit* als wiederum schwächere Form lässt begründete drittpersonale Zweifel zu, sie schließt allerdings aus, dass die Gründe so stark werden können, dass sich daraus eine Korrektur der erstpersonalen Aussage ergeben kann. Andere können also an meiner Selbstzuschreibung mit Gründen zweifeln, aber sie können mich nicht widerlegen.

Die meisten Autoren nehmen jedoch eine noch schwächere Form des relativen Privilegs an: Sie unterstellen, dass die Perspektive der ersten Person mich einfach in eine entschieden bessere Position versetzt, gerechtfertigte und wahre Überzeugungen über meine bewussten Erfahrungen zu erwerben, als es aus der Perspektive der dritten Person möglich wäre. Zwar ist nicht auszuschließen, dass ich mich bei introspektiven Urteilen irre, und es könnte sogar sein, dass diese Irrtümer für andere erkennbar sind, so dass eine Korrektur notwendig wird. Aber all dies ist äußerst unwahrscheinlich. Introspektive Erkenntnis ist trotz ihrer Fehlbarkeit wesentlich sicherer als extrospektive Erkenntnis. Sofern nicht ausdrücklich etwas anderes vermerkt, ist im Folgenden dieses Privileg gemeint, wenn von einem *Introspektionsprivileg* die Rede ist.

Ein Spezialfall dieses Privilegs spielt in der Diskussion um das Erklärungslückenargument eine wichtige Rolle. Ich werde es als das *Privileg des phänomenalen Wissens* bezeichnen. Dieses Privileg bezieht sich auf die Erkenntnis bestimmter Sonderfälle von phänomenaler Erfahrung, die überhaupt nur aus der Perspektive der ersten Person zu erkennen bzw. auszuschließen sind. Dies gilt z. B. für Spektrumsinversionen oder Zombiezustände. In diesen Fällen kommt es zu einer substantiellen Veränderung auf der phänomenalen Ebene, für die es keinerlei äußerlich sichtbaren Indizien gibt. Folglich sind diese Veränderungen von außen nicht zu erkennen; zu erfassen sind sie allenfalls durch die Introspektion, die damit wiederum ein wichtiges, allerdings ebenfalls relatives Privileg hätte, eben das *Privileg des phänomenalen Wissens.* Relativ wäre dieses Privileg, weil phänomenales Wissen normalerweise auch von anderen Personen erworben werden kann.

Im Folgenden werde ich zu zeigen versuchen, dass weder ein Introspektionsprivileg im Allgemeinen noch ein Privileg des phänomenalen Wissens im Besonderen existiert. Hieraus werde ich eine prinzipielle Symmetrie zwischen Introspektion und Extrospektion ableiten. Im dritten, empirischen Kapitel werde ich dann empirische Belege für die Behauptung vorbringen, dass diese Symmetrie zumindest in der wissenschaftlichen Erkenntnis nicht nur prinzipiell, sondern auch *de facto* gilt.

Was heißt Introspektion?

Doch was heißt eigentlich Introspektion? Introspektion kommt von introspizieren, und das heißt in wörtlicher Übersetzung »hineinsehen«. Der Terminus basiert also auf der Vorstellung einer inneren Wahrnehmung. Ursprünglich wurde dabei angenommen, dass man die eigenen geistigen Zustände in einer prinzipiell vergleichbaren Form wahrnehmen kann wie Zustände der Außenwelt. Tatsächlich kennen viele der oben vorgestellten klassischen Theorien eine »innere Wahrnehmung«, so z. B. Aristoteles,[11] Augustinus,[12] Descartes[13] und dann vor allem Locke, der Bewusstsein definiert als »Wahrnehmung dessen, was im eigenen Geiste vorgeht«.[14] Auch die oben bereits ausführlicher erwähnte Vorstellung vom Bewusstsein als einer *Camera Obscura* basiert auf dieser Auffassung: Bewusstsein ist eine Form innerer Wahrnehmung, die im Prinzip ähnlich funktioniert wie die Wahrnehmung der Außendinge. Das Gleiche gilt für die seit der Antike gängige Vorstellung vom intuitiven Wissen, das häufig als eine direkte Schau beschrieben wird.

Im Gegensatz dazu gehen die meisten heutigen Theorien davon aus, dass man allenfalls in einem metaphorischen Sinne von innerer Wahrnehmung oder eben Introspektion sprechen kann. Völlig verschwunden ist der Vergleich allerdings nicht: So beschreibt z. B. David Armstrong die innere Wahrnehmung als einen Prozess des Selbstscannens.[15] Weitgehend erhalten hat sich aber die Vorstellung, dass die Introspektion in einem besonders engen Verhältnis zu ihren Gegenständen steht und aus diesem Grunde epistemisch privilegiert ist: Angesichts des direkten Zugangs sind Störungen oder Fehler der inneren Wahrnehmung nicht zu erwarten. In einigen Fällen wird sogar für die Infallibilität der introspektiven Erkenntnis argumentiert. So sind z. B. David Chalmers und Jesse Butler der Ansicht, dass bestimmte Formen der phänomenalen Introspektion irrtumsimmun sind.[16]

Kommen wir zuerst zur Unmittelbarkeit. Sie lässt sich leicht erklären, wenn man die Metaphorik der visuellen Wahrnehmung wörtlich nimmt: Gemeint sind damit offenbar optimale Wahrnehmungsbedingungen, weil der Erkennende einen minimalen Abstand zu den zu erkennenden Gegenständen hat, und es auch keine Hindernisse gibt, die seine Sicht versperren könnten.

Häufig wird zusätzlich darauf verwiesen, dass die Introspektion noch zuverlässiger sei als die visuelle Wahrnehmung. Weil hier ja keine echte Sinneswahrnehmung involviert ist, entfallen auch deren typische Fehler. Das ist jedoch ein zweischneidiges Argument: Wenn man die Metaphorik der visuellen Wahrnehmung nicht wörtlich nimmt, dann wird auch unklar, was Unmittelbarkeit bedeuten soll. Offensichtlich können räumliche Nähe oder Abwesenheit von sichtversperrenden Hindernissen bei anderen Formen der Erkenntnis nicht ohne weiteres vorteilhafte epistemische Bedingungen garantieren. So sind derartige Hindernisse z. B. bei der akustischen Wahrnehmung nebensächlich; hier kommt es eher auf die Existenz von Hintergrundgeräuschen und die Raumakustik an. Doch was kann dann mit Unmittelbarkeit gemeint sein?

Eine mögliche Antwort lautet, dass hier eine Konstitutionsbeziehung zwischen Bewusstsein und Introspektion besteht. Im einfachsten Fall zählt also ein bestimmter Zustand nur dann als bewusst, wenn er bereits das Wissen von diesem Zustand einschließt.[17] Diese Strategie stellt jedoch die begriffliche Unterscheidung von Wissen und Erfahrung in Frage. Sie ist auch deshalb problematisch, weil es in vielen Fällen unplausibel erscheint, die Existenz eines mentalen Zustandes abzustreiten, nur weil das Wissen über diesen Zustand fehlt: Kann man z. B. Kindern oder Tieren die bewusste Erfahrung von Schmerzen streitig machen, nur weil ihnen – vermutlich – das Wissen über diese Schmerzen fehlt?[18]

Eine andere Strategie besteht in dem Hinweis darauf, dass die bloße Existenz z. B. einer Schmerzempfindung bereits die Rechtfertigung des entsprechenden Wissens einschließt. In den üblichen Fällen des Wissenserwerbs kann es nie ausgeschlossen werden, dass man gerechtfertigt ist, einen falschen Glauben zu akzeptieren: Eine Kassiererin kann z. B. gerechtfertigterweise annehmen, dass das ihr vorgelegte Geld echt ist, obwohl es sich in Wirklichkeit um perfekt gemachtes Falschgeld handelt. Bei introspektiven Überzeugungen kann das nicht passieren: Ich glaube nur dann gerechtfertigterweise an Schmerzen, wenn ich tatsächlich Schmerzen spüre – mentale Zustände, die sich so anfühlen wie Schmerzen, *sind* ganz einfach Schmerzen.[19]

Auch diese Behauptung erscheint auf den ersten Blick plausibel – aber können wir allein auf der Basis theoretischer Überlegungen ausschließen, dass es introspektive Täuschungen gibt, die zu gerechtfertigten Fehlurteilen führen? Ist es wirklich völlig ausgeschlossen, dass sich jemand nur einbildet, keine Schmerzen oder keine Angst zu haben, und daher aufrichtig, aber eben fälschlicherweise seine Schmerzen oder seine Angst bestreitet? Ich gebe zu, dass die Vorstellung solcher Fälle nicht ganz einfach ist, aber die empirischen Wissenschaften haben schon viele Störungen zutage gefördert, die unser Vorstellungsvermögen überschreiten.

Eine der einfachsten Erklärungen für die Unmittelbarkeit der Beziehung von Introspektion und Erfahrung liefert schließlich die von Smithies vertretene Simple Theory, die eng mit der Konstitutionstheorie verwandt ist. Ihr zufolge schließen bestimmte Bewusstseinszustände einfach das entsprechende Wissen ein.[20] Wenn man in einem dieser Zustände ist, dann weiß man eben, dass man in diesem Zustand ist. Wiederum stellt sich die Frage, worauf sich diese Behauptung stützt. Natürlich erscheint dies introspektiv plausibel: Ein gesunder Erwachsener, der heftige Schmerzen hat, weiß mit Sicherheit um seine Schmerzen. Aber was ist mit Menschen, die an einer psychiatrischen Störung leiden, bei Kindern oder bei Tieren? Wie ist es bei Zuständen, die weniger leicht zu identifizieren sind als heftige Schmerzen? Müsste man hier nicht auch die empirische Forschung berücksichtigen? Und könnte sich dabei nicht herausstellen, dass uns unser introspektives Wissen nur unmittelbar *erscheint*, es aber gar nicht *ist*, da sein Erwerb auf komplexe und fehleranfällige kognitive Operationen zurückgeht?

Ich werde weiter unten im dritten Kapitel zeigen, dass es solche Befunde tatsächlich gibt. Hier möchte ich nur darauf hinweisen, dass empirische Erkenntnisse in der Diskussion über das Problem der Introspektion in einem erstaunlichen Maße ignoriert werden. Das ist vor allem deshalb bemerkenswert, weil es in dieser Diskussion keineswegs nur um normative Fragen geht, die in der Tat eine philosophische und keine empirische Antwort verlangen. Vielmehr geht es oft um Tatsachenbehauptungen wie z. B. die Unanfälligkeit introspektiver Erkenntnis für Irrtümer. Da ist es schwer zu verstehen, dass nur ein wichtiger Teilnehmer an dieser Debatte, nämlich Eric Schwitzgebel,[21] in größerem Umfang auf empirische Befunde zurückgreift; auch sonst ist die Neigung bemerkenswert gering, introspektive Wahrheitsansprüche in Frage zu stellen. Während es in anderen Bereichen der Erkenntnistheorie seit der Antike üblich ist, die normalerweise erhobenen Wahrheitsansprüche zur Diskussion zu stellen, neigen viele Theoretiker der Introspektion nach wie vor dazu, einen naiven Realismus zu verteidigen, der die subjektive Phänomenologie unbesehen akzeptiert.

Ein Vorschlag

Im Folgenden möchte ich einen Alternativvorschlag zum Verständnis von Introspektion machen. Dieser Vorschlag berücksichtigt sowohl die bereits skizzierten theoretischen Überlegungen wie auch die unten noch vorzubringenden empirischen Erkenntnisse. Er basiert auf der Trennung zwischen der bewussten Erfahrung selbst und dem Wissen von dieser Erfahrung, für die ich bereits argumentiert habe. Natürlich wird der Ausdruck »Introspektion« hier nur metaphorisch verwendet; er soll insbesondere nicht suggerieren, hier finde irgendeine Form von Wahrnehmung statt.

Ganz allgemein kommt Introspektion dann ins Spiel, wenn ein Subjekt, das eine bewusste Erfahrung hat, *Wissen* oder *Überzeugungen über* diese Erfahrung zu gewinnen sucht, etwa weil Zweifel bezüglich dieser Erfahrung aufgetaucht sind. Nehmen wir als Beispiel eine Schmerzerfahrung, die mir zwar bewusst ist, die sich zunächst aber noch nicht im Fokus meiner Aufmerksamkeit befindet: Die Zahnschmerzen sind nicht besonders stark, und ich führe gerade ein angeregtes Telefonat. Nach dem Ende des Telefonats gerät der Zahnschmerz allmählich in den Fokus meiner Aufmerksamkeit: Die Schmerzen sind noch schwach, und ich mache keinerlei Versuche, sie z. B. von einer bloßen Druckempfindung zu unterscheiden. Doch dann frage ich mich, was ich da eigentlich spüre. Nach einiger Zeit bin ich mir sicher, dass es Zahnschmerzen sind und dass diese Schmerzen bereits während des Telefonats eingesetzt haben.

In dieser Episode lassen sich drei Phasen unterscheiden: In der ersten Phase habe ich eine bewusste Schmerzerfahrung, doch sie entgeht meiner Aufmerksamkeit, weil ich durch das Telefonat abgelenkt bin. In der zweiten Phase tritt die Schmerzerfahrung ins Zentrum meiner Aufmerksamkeit, aber immer noch kann hinsichtlich der Schmerzen nicht von Introspektion die Rede sein. Dies gilt erst für die dritte Phase, in der ich die Feststellung mache, dass ich schon wieder Zahnschmerzen habe und dass diese bereits während des Telefonats begonnen haben. Offensichtlich gewinne ich damit die introspektive Überzeugung, »dass ich gerade Zahnschmerzen habe«.

Was heißt das genauer? Was passiert also, wenn ich diese Feststellung mache? Zunächst zeigt das Beispiel, warum die Wahrnehmungsmetaphorik im Zusammenhang mit Introspektion irreführend ist. Typischer Gegenstand eines Wahrnehmungsprozesses ist ein externes Objekt, z. B. ein Stein, ein Haus oder ein anderer Mensch, zu denen ich ohne den Wahrnehmungsprozess keinen Zugang hätte – erst die Wahrnehmung stellt diesen Zugang her. Bei der Introspektion besteht dieser Zugang bereits: Gegenstand der Introspektion sind mentale Zustände, die mir bereits bewusst sind. Mit anderen Worten: Bei der Introspektion fehlt genau die Funktion, durch die sich Wahrnehmung überhaupt erst definiert. Grundlage meines introspektiven Zugangs zu meinen bewussten Schmerzen ist also alleine die Schmerzerfahrung selbst, ich muss diese Schmerzerfahrung dazu nicht beobachten,[22] und natürlich muss ich mich dazu auch nicht im Spiegel betrachten, meinen Hautwiderstand untersuchen oder andere Menschen zu Rate ziehen.

Doch was macht Introspektion dann? Offenbar sind hier drei Aspekte zu unterscheiden: Zum einen muss ich meine Schmerzen *als* Schmerzen erkennen. Und das heißt in diesem Falle vor allem: Ich muss sie erstens von einer reinen Druckempfindung unterscheiden und sie zweitens als hinreichend ähnlich mit vergangenen Schmerzempfindungen klassifizieren. Offenbar ist dieser Unterscheidungs- oder Kategorisierungsprozess etwas ganz anderes als die Erfahrung der Schmerzen selbst. Die Schmerzen könnte auch ein Tier oder ein kleines Kind erfahren, doch es ist mehr als fraglich, ob Kinder und Tiere die Frage nach dem Unterschied zwischen Schmerzen und Druckempfindungen stellen und beantworten können. Dies gilt umso mehr, als spätestens bei der Ausbildung der entsprechenden Überzeugungen (»Ich habe gerade Zahnschmerzen«) der Besitz von Begriffen erforderlich ist. In jedem Falle spricht diese Beobachtung eindeutig gegen die vermeintliche Unmittelbarkeit der Introspektion: Offenbar muss ich hier meine Fähigkeit zur Unterscheidung und Klassifikation sowie damit verbundene begriffliche Fähigkeiten in Anspruch nehmen, auch wenn all dies unbewusst und völlig automatisch ablaufen mag.

Zweitens beinhaltet die obige Überzeugung eine Selbstzuschreibung. Diese Selbstzuschreibung impliziert, dass *ich* es bin, der die Schmerzen spürt. Viele Philosophen sind der Auffassung, dass solche Selbstzuschreibungen insofern immun gegen Fehler sind, als ich mich dabei nicht mit jemand anderem verwechseln kann.[23] Als Grund wird üblicherweise angegeben, dass die einzige denkbare Fehlerquelle, nämlich eine Fehlidentifikation, bei introspektiven Aussagen entfällt: Ich muss mich nicht selbst identifizieren, um zu erkennen, dass ich es bin, der die Schmerzen spürt.

Letzteres erscheint sehr plausibel. Doch es ist eine andere Frage, ob sich daraus schon eine vollständige Immunität gegenüber Fehlzuschreibungen ergibt. Ist es wirklich ausgeschlossen, dass ein kleiner Junge sich irrt, wenn er fest überzeugt ist, nicht er, sondern alle seine Kameraden hätten Angst?

Die Antwort auf diese Frage ist hier jedoch nicht essentiell, zumal die meisten Teilnehmer an dieser Debatte die Möglichkeit anderer introspektiver Irrtümer bereitwillig zugeben. Festzuhalten ist jedoch, dass derartige Selbstzuschreibungen die Existenz von Selbstbewusstsein voraussetzen – wer kein Selbstbewusstsein hat, der kann seine Schmerzen eben nicht *als seine* Schmerzen erkennen. Dies würde wiederum für kleine Kinder und die meisten Tiere gelten. Der Rückgriff auf das Selbstbewusstsein zeigt abermals, dass Introspektion nicht unmittelbar ist, sondern von anderen kognitiven Fähigkeiten abhängt. Gleichzeitig spricht dies für die Unterscheidung von introspektiver Erkenntnis und Erfahrung – andernfalls hätte man wiederum einen Grund, die Existenz von Schmerzen bei Tieren und kleinen Kindern zu bestreiten, schließlich haben diese im Allgemeinen kein Selbstbewusstsein.

Die Bedeutung der Selbstzuschreibung bei introspektiven Aussagen kann allerdings durchaus variieren. Das hängt einfach von den verfolgten Intentionen ab. Die Selbstzuschreibung ist wichtig, wenn man betonen will, dass man selbst und nicht etwa jemand anderes in dem entsprechenden mentalen Zustand ist (»Ich spüre Mitleid, nicht du«); sie ist von geringerer Bedeutung, wenn die genaue Charakterisierung des mentalen Zustands im Vordergrund steht (»Ich spüre keine Druckempfindung, sondern echte Schmerzen«).

Schließlich kann ich mir auch drittens Gedanken darüber machen, wann die Schmerzen begonnen haben und wo ich sie empfinde. Hier spielt offenbar meine Erinnerung eine wichtige Rolle. Sie kann mir möglicherweise auch im Nachhinein genauere Indizien für den Beginn der Schmerzempfindung liefern; denkbar ist aber auch, dass ich einfach nur ein mehr oder minder klares Gefühl habe, dass die Sache irgendwann vorher begonnen hat.

Dagegen scheint bei meinem Urteil über meine gegenwärtigen Schmerzempfindungen nach dem Ende des Telefonats die Erinnerung bedeutungslos zu sein. Doch das ist eine oberflächliche Sichtweise. Wie schon David Armstrong gezeigt hat, benötigt man einfach eine gewisse Zeit, um zu einem Urteil über seine »gegenwärtigen« Empfindungen zu kommen. Bei manchen Menschen dauert es Monate oder Jahre, bis sie sich sicher sind, ob die Liebe zu ihrem Partner für eine Ehe oder auch nur eine dauerhafte Beziehung reicht. Die Erinnerung spielt dabei auch insofern eine wichtige Rolle, als wir – wie eben gezeigt – für die Klassifikation eines Zustandes den Vergleich mit früheren ähnlichen Zuständen benötigen. Dies mag automatisch und unbewusst geschehen, doch ohne die Erinnerung an vergangene Zustände wäre ein solcher Vergleich einfach nicht möglich.

Auch die introspektive Erkenntnis gegenwärtiger Zustände muss also auf das Gedächtnis zurückgreifen: Ein weiteres Indiz dafür, dass Introspektion nicht unmittelbar ist, weil sie zusätzliche kognitive Fähigkeiten in Anspruch nehmen muss. Wesentlich einfacher dürfte diese Klassifikation bei bewussten, klaren Gedanken fallen. Wer bewusst denkt, dass Rom eine schöne Stadt ist, der sollte im Allgemeinen wissen, dass er dies denkt. Der Verweis auf Kinder und Tiere taugt hier nicht als Einwand, denn wem die kognitiven und begrifflichen Mittel für das Wissen über diesen Gedanken fehlen, der wird auch den Gedanken selbst nicht denken können. Doch nicht alle Gedanken sind klar und bewusst, und vor allem sie werfen Fragen auf, die wir dann durch Introspektion zu beantworten suchen. Dies kann z. B. passieren, wenn wir den Eindruck haben, dass an einem bestimmten Argument etwas nicht stimmt, oder wenn uns ein flüchtiger Gedanke durch den Kopf gegangen ist. In derartigen Fällen macht es Sinn, den Gedanken oder Eindruck durch Introspektion näher zu bestimmen.

Natürlich können solche Versuche scheitern. Insofern hat Armstrong[24] zu Recht argumentiert, dass in Zusammenhang mit der Introspektion von Unfehlbarkeit keine Rede sein könne. Doch es kommt ein weiterer Punkt hinzu, der ebenfalls bei Armstrong erwähnt wird: Offenbar können wir uns auch bei der Kategorisierung unserer Erfahrungen irren – insbesondere in Fällen, in denen es um eine nicht ganz eindeutige Unterscheidung wie der zwischen Schmerzen und Druckempfindungen geht.

Doch wie lassen sich solche Fehler feststellen? In vielen Fällen kann dies ein weiteres introspektives Urteil der Person selbst sein. Wenn jemand zwei einander widersprechende Urteile über eine Erfahrung fällt, dann muss eines dieser Urteile falsch sein: Um dies festzustellen, muss man noch nicht einmal wissen, wo der Fehler liegt. Doch wie unten noch zu zeigen sein wird, gibt es viele Fälle, in denen man die Fehler auch mit experimentellen Methoden feststellen kann. Heute sind dies noch häufig Verhaltensexperimente, doch mit zunehmendem Fortschritt neurowissenschaftlicher Methoden dürften auch diese die Möglichkeit bieten, fehlerhafte Selbstzuschreibungen zu entdecken.

Introspektion wäre diesem Modell zufolge also eine Erkenntnis eigener bewusster Erfahrungen allein mit kognitiven Mitteln, d.h. ohne den Rückgriff auf experimentelle Evidenz, eigene oder fremde Wahrnehmungen der fraglichen Erfahrung. Ziel der Introspektion ist die genauere Bestimmung der spezifischen Inhalte und Qualitäten der bewussten Erfahrung durch Vergleich und Unterscheidung sowie gegebenenfalls mit begrifflichen Mitteln. Dabei kann auch die räumliche und zeitliche Verortung von Bedeutung sein, also die Erkenntnis, wann und eventuell auch wo wir die fragliche Erfahrung gemacht haben. Schließlich beinhalten introspektive Aussagen üblicherweise die Selbstzuschreibung der fraglichen bewussten Zustände und setzen daher die Existenz von Selbstbewusstsein voraus; allerdings kann die Bedeutung der Selbstzuschreibung je nach Intention variieren.

Stimmen diese Annahmen, dann ist Introspektion sicher kein Akt der inneren Wahrnehmung, sie trägt auch nicht zum Bewusstsein des fraglichen Zustands bei, sondern setzt dieses voraus. Introspektion ist außerdem alles andere als direkt. Sie basiert auf einer ganzen Reihe von kognitiven Fähigkeiten, insbesondere setzt sie Gedächtnis, Sprache und Selbstbewusstsein voraus. Im Erfolgsfall führt sie dazu, dass wir wesentlich mehr über den fraglichen Zustand erfahren, als es ohne diesen introspektiven Akt möglich wäre. Doch dieser Erkenntnisgewinn hat seinen Preis: Da die zugrundeliegenden kognitiven Operationen prinzipiell fehlerbehaftet sind, muss man davon ausgehen, dass introspektive Überzeugungen falsch sein können. In welchem Maße dies der Fall ist, ergibt sich allerdings nur aus empirischen Erkenntnissen.

Konsequenzen

Von diesen empirischen Erkenntnissen hängt daher auch ab, ob wir zumindest noch von einem relativen Privileg der Introspektion sprechen können. Die prinzipielle Fehleranfälligkeit introspektiver Überzeugungen schließt ja nicht aus, dass diese Überzeugungen wesentlich zuverlässiger sind als vergleichbare extrospektive Überzeugungen. Zudem ist es nach wie vor möglich, dass bestimmte Aspekte z. B. der phänomenalen Erfahrung extrospektiv überhaupt nicht zu erfassen sind – in diesem Falle hätten wir das bereits erwähnte Privileg des phänomenalen Wissens, für das die Erklärungslückentheoretiker argumentieren.

In ihren Augen lässt sich der phänomenale Charakter bewusster Erfahrungen introspektiv auf eine völlig andere Weise erfassen, als es aus der Perspektive der dritten Person möglich ist. Hätten die Erklärungslückentheoretiker hiermit recht, dann gäbe es zumindest hinsichtlich der phänomenalen Zustände eine klare Asymmetrie von intro- und extrospektiver Erkenntnis.

Im Folgenden möchte ich zeigen, dass es eine solche Asymmetrie nicht gibt. Ich werde zu diesem Zweck ein Argument präsentieren, das sich gegen bestimmte Gedankenexperimente richtet, die für das Privileg des phänomenalen Wissens angeführt worden sind. Ich möchte jedoch nicht nur diese Gedankenexperimente zurückweisen, sondern zeigen, dass es ganz generell eine Symmetrie zwischen der Perspektive der ersten und der Perspektive der dritten Person gibt.

II. Das Erklärungslückenproblem

Von »der« Position »der« Erklärungslückentheoretiker zu sprechen ist eine grobe Vereinfachung – in Wirklichkeit gibt es auch zwischen Nagel,[25] Jackson,[26] Levine[27] und Chalmers[28] substantielle Unterschiede, von Entwicklungen innerhalb der Positionen einzelner Autoren einmal abgesehen.[29] Der wichtigste Unterschied betrifft die Frage, ob aus dem – von allen Autoren angenommenen – notwendigen Scheitern naturwissenschaftlicher Erklärungen phänomenaler Zustände ontologische Konsequenzen zu ziehen sind oder nicht: Wenn wir mentale Zustände nicht mit wissenschaftlichen Mitteln erklären können – heißt das dann, dass mentale Zustände auch keine physischen Zustände sind und der Dualismus doch recht hat? Chalmers ist ebenso wie Jackson in seinem klassischen Aufsatz[30] dieser Ansicht; Nagel und Levine haben dies bestritten. Da die ontologischen Konsequenzen von einer epistemologischen Prämisse, nämlich dem Scheitern naturalistischer Erklärungen phänomenaler Zustände abhängen und ich mich auf diese Prämisse konzentriere, scheint es gerechtfertigt, diese Konsequenzen und damit auch die daraus folgenden Unterschiede zwischen den Erklärungslückentheoretikern außer Acht zu lassen. Auch sonst werde ich mich auf die Punkte konzentrieren, bei denen die Autoren im Wesentlichen übereinstimmen. Sollte ich Positionen diskutieren, die primär von einem Autor vertreten werden, wie z. B. Chalmers' Ausführungen zum introspektiven Wissen, werde ich dies auch so kennzeichnen.

Funktionale Eigenschaften

Eine zentrale Rolle in der Argumentation der Erklärungslückentheoretiker spielen einige klassische Gedankenexperimente, die das Privileg des phänomenalen Wissens belegen sollen. Diesem Privileg zufolge lassen sich phänomenale Eigenschaften nur sehr unvollkommen aus der Außenperspektive erkennen.

Um diese Gedankenexperimente und die gegen sie erhobenen Einwände zu verstehen, ist es notwendig, kurz zu erklären, was funktionale Eigenschaften sind. Am einfachsten lassen sie sich am Beispiel von Computern erläutern. Die Grundidee dabei ist, dass man über Computer wenig erfährt, wenn man einfach nur ihre physische Zusammensetzung kennt. Wenn man wirklich wissen will, was ein

Computer ist, sollte man danach schauen, was er macht. Aber auch das ist kompliziert. Was Computer tun, hängt nämlich sehr stark von den Anfangsbedingungen oder den Eingaben ab. Genau das wollen wir ja: Wenn wir eine Mathematikaufgabe eingeben, wollen wir das Resultat sehen, wenn wir einen mp3-Player starten, wollen wir Musik hören. Aber nicht alle Computer sind hier gleich: Häufig muss man ganz unterschiedliche Befehle geben, um zu dem gleichen Resultat zu gelangen; gibt man zwei unterschiedlichen Computern denselben Befehl, dann reagieren sie möglicherweise ganz unterschiedlich. Um die Sache noch komplizierter zu machen, kann auch ein und derselbe Computer auf ein und denselben Befehl unterschiedlich reagieren, je nachdem, was man vorher mit ihm gemacht hat, z. B. ob man ein Schreib- oder ein Musikprogramm gestartet hat.

Mit Hilfe von funktionalen Beschreibungen lassen sich diese Besonderheiten erfassen. Und deshalb sind sie auch ganz gut geeignet für die Beschreibung menschlichen Verhaltens. Auch bei Menschen gibt es nicht nur große Unterschiede zwischen einzelnen Individuen, vielmehr reagiert auch ein und dieselbe Person ganz unterschiedlich, je nachdem was vorher passiert ist und in welchem Zustand sie ist.

Grob vereinfacht, erfasst eine funktionale Beschreibung also, wie ein »System« reagiert, wenn es bestimmte Eingaben erhält, und zwar abhängig von dem Ausgangszustand, in dem es sich befindet, wenn die Eingabe kommt. Zu den Reaktionen zählt nicht nur das äußerlich sichtbare Verhalten; auch interne Veränderungen, die man gegebenenfalls nur mit Hilfe von komplizierten Untersuchungen feststellen kann, gehen in die funktionale Beschreibung ein: Bei einem Computer kann dies z. B. die Auslösung von internen Programmroutinen oder die Aktivierung eines Lüfters sein, bei Menschen die Erhöhung von Puls und Blutdruck oder die Ausschüttung eines Neurotransmitters. In jedem Falle gelangt man auf diese Weise zu einer sehr detaillierten Beschreibung des Verhaltens komplexer Systeme. Tatsächlich sind viele Philosophen heute davon überzeugt, dass man zumindest die kognitiven Prozesse wie z. B. Lernen, Nachdenken, Problemlösen oder Wahrnehmen vollständig in solchen funktionalen Beschreibungen erfassen kann. Wenn sich also Lernprozesse oder Gedanken ändern, dann muss sich auch die funktionale Beschreibung ändern.

Auch die Qualiatheoretiker akzeptieren diese Annahme. Von den anderen Vertretern dieser Auffassungen unterscheiden sie sich allerdings durch die Behauptung, dass phänomenale Erfahrungen *nicht* in solchen funktionalen Kategorien zu beschreiben sind. Die Art und Weise, wie wir Schmerzen oder Farbempfindungen erfahren, entzieht sich funktionalen Beschreibungen, weil diese auf das (mögliche) Verhalten unseres Körpers bzw. der Neurone in unserem Gehirn beschränkt sind. Doch das Verhalten von Neuronen oder körperlichen Prozessen scheint einfach herzlich wenig mit unseren phänomenalen Erfahrungen zu tun zu haben.

Das ist zunächst einmal eine Annahme, auch wenn sie intuitiv sehr plausibel erscheint. Dabei wird gar nicht bestritten, dass es faktisch möglich ist, z. B. Schmerzen halbwegs zuverlässig anhand von funktionalen Merkmalen, also eines Verhaltensmusters zu erkennen. Genauso wenig stellen die Qualiatheoretiker in Frage, dass es stabile und spezifische Korrelationen gibt z. B. zwischen Schmerzen und einem bestimmten Typ neuronaler Aktivität. Sie halten es sogar für möglich, dass wir auf diese Weise ganz gut bestimmen können, ob jemand Schmerzen hat oder nicht. Aber eine Erklärung finden wir auf diese Weise eben nicht. Es bleibt bei solchen Korrelationen und funktionalen Beschreibungen immer noch offen, warum die Schmerzen mit genau *dieser* neuronalen Aktivität korrelieren und nicht mit irgendeiner anderen, warum sie über genau *diese* und nicht über *ganz andere* funktionalen Merkmale zu erfassen sind. Es scheint einfach keine Brücke über die Kluft zwischen der Perspektive der ersten Person und der Perspektive der dritten Person, zwischen Introspektion und Extrospektion zu führen.

Gedankenexperimente

Doch warum kann man so sicher sein, dass Schmerzen oder Farbempfindungen nicht über äußere, funktionale Merkmale zu bestimmen sind? Warum muss hier immer ein unerklärbarer Rest bleiben – so wie es die Erklärungslückentheoretiker behaupten? Um diese Fragen zu beantworten, um also die Unabhängigkeit von subjektiven Erfahrungen und äußerlich erkennbaren, funktionalen Eigenschaften zu demonstrieren, haben die Erklärungslückentheoretiker eine Reihe von Gedankenexperimenten präsentiert. Dabei wird angenommen, dass zwei Menschen sich in all ihren physischen und funktionalen Eigenschaften völlig gleich sein können, sich aber in ihren phänomenalen Eigenschaften massiv unterscheiden.

Gut illustrieren lässt sich das am Beispiel von sogenannten Zombies und invertierten Farbspektren. Ein Zombie ist Molekül für Molekül identisch mit seinem bewussten Doppelgänger, außerdem besitzt er exakt die gleichen funktionalen Merkmale. Er wird sich also unter allen Bedingungen exakt so verhalten wie sein bewusster Doppelgänger, von dem er mit wissenschaftlichen Methoden in keiner Weise zu unterscheiden ist. Der einzige Unterschied ist, dass der Zombie kein phänomenales Bewusstsein hat. Das zweite bekannte Gedankenexperiment betrifft Inversionen unseres Farbspektrums, also die Vertauschung von Rot und Grün oder Gelb und Blau. Mein spektrumsinvertierter Zwilling hat also Grünempfindungen, wenn er eine reife Tomate sieht, und Rotempfindungen, wenn er auf eine Wiese schaut. Doch er hat gelernt, die Tomaten als »rot« und die Wiese als »grün« zu bezeichnen. Auch sonst gibt es hier wiederum keinerlei von außen erkennbare Unterschiede: Mein spektrumsinvertierter Zwilling ist Molekül für Molekül mit mir identisch, und auch seine Verhaltensdispositionen entsprechen genauestens meinen eigenen. Es gibt also weder in der aktuellen Situation noch unter irgendwelchen auch nur entfernt denkbaren Umständen Unterschiede in den Reaktionen zwischen meinem spektrumsinvertierten Zwilling und mir.

Um beurteilen zu können, was das bedeutet, muss man sich klarmachen, dass zu den Reaktionen eben nicht nur das äußerlich sichtbare Verhalten zählt, sondern auch sämtliche inneren Zustände. Zumindest indirekt gehören hierzu auch die kognitiven Prozesse, denn die sorgen ja ebenfalls für äußerlich erkennbare Unterschiede: Wer etwas anderes denkt, wird sich früher oder später auch anders verhalten; er wird z. B. eine andere Antwort geben oder mit der Antwort länger warten, ein wenig mit den Augen blinzeln oder was auch immer. Es würde äußerlich erkennbare Unterschiede geben, doch die lässt die funktionale Identität nicht zu.

Dass die funktionale und physische Identität eine so wichtige Rolle in den Argumenten der Erklärungslückentheoretiker spielt, ist nicht schwer zu verstehen. Gezeigt werden soll ja, dass phänomenale Eigenschaften nicht in funktionalen und physischen Kategorien zu erfassen sind, ohne dass dabei ein unerklärbarer Rest bleibe. Und dazu beruft man sich darauf, dass die phänomenalen Eigenschaften sich ändern können, wenn die funktionalen Merkmale gleichbleiben. Täten sie dies nicht, bestünde also doch ein Unterschied zwischen einem Zombie und seinem bewussten Doppelgänger, dann könnte man immer behaupten, dass genau dieser funktionale Unterschied den phänomenalen Unterschied zwischen dem Zombie und der bewussten Person erklärt – es gäbe keinen unerklärbaren Rest.

Akzeptiert man also die obigen Gedankenexperimente, dann ergibt sich ein epistemisches Defizit für die extrospektive Erkenntnis, angesichts dessen eine Erklärung phänomenaler Zustände durch wissenschaftliche Theorien ausgeschlossen sein soll. Es gibt keinerlei Möglichkeiten, von außen zu erkennen, ob ich die bewusste Person bin oder der Zombie ohne Bewusstsein bzw. der Zwilling mit invertierten Farbempfindungen. Egal, was ich über die äußeren Merkmale einer Person herausfinde: Ich kann niemals sicher sein, dass die Person wirklich die subjektiven Erfahrungen hat, die normalerweise mit diesen Merkmalen einhergehen. Es gibt also in der Tat keine Brücke über die Kluft zwischen subjektiver Erfahrung und objektiver Erkenntnis.

Damit aber ist das zentrale Problem, nämlich der Zusammenhang zwischen der physischen Ebene und dem phänomenalen Erleben ungelöst – und die Erklärungslücke bleibt erhalten. Gleichzeitig besitzen wir damit einen Beleg für das Privileg des phänomenalen Wissens: Die Introspektion wäre der Extrospektion fundamental überlegen.

III. Phänomenales Wissen

All dies setzt natürlich eine nachvollziehbare Theorie von phänomenalem Wissen voraus. Zum einen kann von einer Erklärungslücke und dem ihr zugrundeliegenden Privileg des phänomenalen Wissens nur so lange die Rede sein, wie es phänomenales Wissen in einem robusten Sinne gibt. Außerdem wäre es unverständlich, wenn man eine wissenschaftliche Erklärung für Eigenschaften oder Zustände einfordern würde, von deren Existenz man nichts weiß. Wüssten wir nicht, dass Wasser friert, dann wäre die Forderung nach einer Erklärung dieser Eigenschaft nur schwer verständlich zu machen. Da für phänomenale Zustände aus Sicht der Erklärungslückentheoretiker nur das phänomenale Wissen in Frage kommt, muss es also derartiges Wissen geben. Es kommt hinzu, dass wir uns gar nicht über den Gegenstand des Erklärungslückenargumentes verständigen könnten, würde das entsprechende Wissen nicht existieren.

Das Privileg des phänomenalen Wissens

Wie oben schon erwähnt, behaupten die Qualiatheoretiker nicht nur die bloße Existenz des phänomenalen Wissens, vielmehr nehmen sie für dieses Wissen ein besonderes Privileg in Anspruch. Doch worauf gründet sich dieses Privileg? Der entscheidende Punkt ist bereits aus den Diskussionen des 17. Jahrhunderts bekannt: Ebenso wie Descartes, Cudworth oder Pseudo-Mayne argumentieren die Erklärungslückentheoretiker, dass wir einen unmittelbaren Zugang zu unseren eigenen mentalen, insbesondere zu unseren phänomenalen Zuständen haben.

Aus Sicht der Qualiatheoretiker heißt Unmittelbarkeit zum einen, dass die Erfahrung direkt aus der Perspektive der ersten Person erkennbar ist, und nicht nur – wie bei der extrospektiven Erkenntnis – vermittelt über Verhalten oder physische Merkmale. Zweitens darf die Erkenntnis nicht auf einer Kausalbeziehung mit der Erfahrung basieren. Würde meine Grünerfahrung eine andere Überzeugung bewirken als die Roterfahrung meines Inversionszwillings, dann gäbe es einen funktionalen Unterschied zwischen ihm und mir – und den können die Qualiafreunde nicht akzeptieren: Zum einen stünden wir dann nicht mehr in direktem Kontakt zu den phänomenalen Zuständen. Außerdem sind Kausalbeziehungen von außen zu erkennen, damit wäre also das Privileg des phänomenalen Wissens verloren.

Vorschläge

Levine

Tatsächlich gibt es zu diesem Thema eine ganze Reihe von Vorschlägen. Joseph Levine[31] z. B. glaubt, dass phänomenales Wissen aus »phänomenal konstituierten Gedanken« besteht. Diese Gedanken zeichnen sich dadurch aus, dass ihre Inhaberin selbst die Erfahrungen gemacht hat, die Gegenstand dieses Gedankens sind. Ausgehend von einer Idee, die sich auch bei Brian Loar[32] und David Papineau[33] findet, wird hier angenommen, dass der Gehalt eines phänomenal konstituierten Gedankens durch die Erfahrung selbst bestimmt wird. Was damit gemeint ist, wird wohl am besten deutlich, wenn man sich vorstellt, ein von Geburt Blinder versuchte, ein Urteil über visuelle Erfahrungen abzugeben. Offenbar ist seine Urteilsfähigkeit hier erheblich eingeschränkt, weil ihm die notwendige Bekanntschaft mit der Erfahrung selbst abgeht. Wenn man noch nie eine Farberfahrung gemacht hat, weiß man nicht wirklich, was es bedeutet, wenn man jemandem eine Farberfahrung zuspricht. Und umgekehrt: Kennt man dagegen solche Erfahrungen, dann scheint deren Vorstellung Teil des Urteils zu sein, dass man selbst oder jemand anderes eine solche Erfahrung gemacht hat.

»Phänomenal konstituierte Gedanken« kann man also nur erwerben, wenn man über die entsprechenden Erfahrungen verfügt. Dabei soll der phänomenale Charakter dieser Gedanken jedoch nicht funktional relevant sein, denn dann wäre von außen zu erkennen, ob ich phänomenal konstituierte Gedanken habe oder nicht. Dennoch sorgen solche Gedanken für einen epistemisch wichtigen Unterschied zwischen meinem Zombie-Zwilling und mir.

Da dem Zombie die phänomenal konstituierten Gedanken abgehen, ich aber offenbar über sie verfüge, kann ich also sicher sein, dass ich selbst kein Zombie bin.

Gertler

Eine ähnliche Idee verfolgt Brie Gertler, die hier von einer epistemischen »Bekanntschaftsbeziehung« (acquaintance relation) spricht, wie sie ursprünglich von Bertrand Russell als eine spezifische Form des Wissens beschrieben worden ist: Phänomenales Wissen basiert also auf einer unmittelbaren Bekanntschaft mit den subjektiven Erfahrungen, die Gegenstand der Introspektion sind.[34] Unmittelbar ist diese Bekanntschaft deshalb, weil die subjektive Erfahrung – so wie bei Levine auch – gleichzeitig Bestandteil des Gehalts des introspektiven Urteils über diese Erfahrung ist.[35]

Butler

Jesse Butler schließlich unterscheidet eine Reihe unterschiedlicher Varianten der Introspektion. Dazu gehören höherstufige Formen wie die Aufmerksamkeit auf das eigene Denken oder gar dessen begriffliche Erfassung ebenso wie das basale phänomenale Wissen. Letzteres wird von Butler *de facto* gleichgesetzt mit der phänomenalen Erfahrung selbst: »Such knowledge consists in the very experience itself.«[36]

Die Unmittelbarkeit der Beziehung zwischen phänomenaler Erfahrung und phänomenalem Wissen wird hier also auf die Spitze getrieben. Für Butler bedeutet dies auch, dass phänomenales Wissen immun gegen Irrtümer ist:

»When an agent has a phenomenally conscious experience, such as an orgasm, the agent thereby knows what the experience is like, immediately and intrinsically, in virtue of being the state. There is simply no room for error here.«[37]

Butler stützt diese Behauptung nicht nur auf die Abwesenheit jeglichen propositionalen Gehalts, vielmehr behauptet er auch, dass es in Zusammenhang mit phänomenalem Wissen sinnlos sei, von Rechtfertigung oder gar von Wahrheit zu sprechen.[38]

Damit aber erweckt er den Verdacht, Erfahrung mit Wissen zu verwechseln. Wie Martine Nida-Rümelin gezeigt hat, besitzt phänomenales Wissen zudem einen propositionalen Gehalt.[39] Ansonsten könnte man auch nicht mehr davon sprechen, dass dieses Wissen mehr oder minder immun gegen Irrtümer ist: Dazu muss es propositionale Gehalte geben, denen man einen Wahrheitswert zuordnen kann, selbst wenn die Gehalte selbst nichtbegrifflichen Charakter haben.[40] Bloßen Erfahrungen fehlt genau diese Wahrheitsfähigkeit. Sie sind damit nicht immun gegen Irrtümer, vielmehr gehören sie einfach nicht zu den Dingen, von denen man sagen kann, dass sie wahr oder falsch, dass sie immun oder eben nicht immun gegen Irrtümer sind.

Chalmers

Eine der wohl am weitesten entwickelten Theorien des phänomenalen Wissens stammt von David Chalmers, dessen Auffassung ich hier exemplarisch vorstellen möchte. Festzuhalten ist zunächst, dass Chalmers die begriffliche Unterscheidung von Erfahrung und Introspektion auch bei phänomenalen Zuständen akzeptiert. Dennoch glaubt er, dass es eine notwendige Beziehung zwischen Erfahrung und phänomenalem Wissen gibt.

Chalmers unterscheidet dabei zunächst zwischen »*relationalen*« und »*reinen* phänomenalen Überzeugungen«. Relationale phänomenale Überzeugungen erwirbt man, indem man Verbindungen zwischen phänomenalen Erfahrungen und Objekten in der Außenwelt erkennt. So kann man z. B. zu der Überzeugung kommen, dass der unbewölkte Himmel üblicherweise als blau erfahren wird. Relationale phänomenale Überzeugungen schließen allerdings nicht aus, dass einzelne Gruppenmitglieder invertierte Farberfahrungen haben und daher mit dem unbewölkten Himmel Empfindungen verbinden, die die Mehrheit als gelb bezeichnen würde. Relationale phänomenale Überzeugungen sind also nicht gegen weitreichende Abweichungen geschützt.

Neben den relationalen gibt es aber auch »*reine* phänomenale Überzeugungen«. Sie können nur auf der Basis eigener phänomenaler Erfahrungen erworben werden. Dies geschieht z. B., wenn ich eine gegenwärtige Empfindung *als* Rotempfindung erkenne. Grundlage ist dabei die epistemische Bekanntschaft (acquaintance) mit dem phänomenalen Zustand, die essentiell ist für den Begriff der Erfahrung. Wer eine phänomenale Erfahrung macht, der besitzt nach Chalmers also ein Privileg für den Erwerb der entsprechenden Überzeugung. Dieses Privileg zeigt sich in der Direktheit des Zugangs und in der Infallibilität der entsprechenden Überzeugungen – Chalmers spricht deshalb auch von »direkten« phänomenalen Begriffen und Überzeugungen. Wer also seine gegenwärtige eigene Rotempfindung *als* Rotempfindung erkennt, dessen Erkenntnis ist immun gegen Irrtümer. Dies hat u. a. mit der direkten Beziehung zwischen phänomenalen Erfahrungen und den entsprechenden Überzeugungen zu tun: Chalmers glaubt nämlich, dass die phänomenale Erfahrung die Überzeugung »determiniert« – wenn sich die Erfahrung ändert, dann ändert sich notwendigerweise auch die Überzeugung. So heißt es bei ihm mit Bezug auf Jacksons Mary:

> »There is a very strong intuition that the content of Mary's phenomenal concept and phenomenal belief is determined by the phenomenal character of her visual experience, in that it will vary directly as a function of that character in cases where that character varies while physical and other phenomenal properties are held fixed, and that it will not vary independently of that character in such cases. I will adopt this claim as a plausible working hypothesis.«[41]

Verantwortlich dafür ist allerdings keine Kausalbeziehung, vielmehr ist die phänomenale Erfahrung konstitutiver Teil des entsprechenden »direkten« Begriffs bzw. der Überzeugung – so wie dies auch Levine oder Gertler behauptet hatten.

Erworben und verwendet werden direkte phänomenale Begriffe in der Gegenwart der entsprechenden Erfahrungen. Einen direkten phänomenalen Begriff sowie die entsprechende Überzeugung z. B. von einer Roterfahrung kann ich nur in der unmittelbaren Gegenwart dieser Roterfahrung erwerben und verwenden. Meine Verfügung über den Begriff endet laut Chalmers also mit der Erfahrung selbst.

Allerdings können »direkte phänomenale Begriffe« zur Basis von »dauerhaften phänomenalen Begriffen« werden, die ebenfalls »rein« sind. Auch diese dauerhaften phänomenalen Begriffe basieren auf der unmittelbaren phänomenalen Erfahrung, sie reichen zeitlich aber über diese hinaus, so dass sie von der Person auch nach dem Ende des phänomenalen Zustands selbst weiterhin für die Klassifikation derartiger Erfahrungen verwendet werden können. Infallibel sind diese dauerhaften phänomenalen Überzeugungen allerdings nicht mehr, außerdem sind sie weniger feinkörnig als die direkten phänomenalen Begriffe. Zudem bleiben die dauerhaften phänomenalen Begriffe auf die Privatsphäre des epistemischen Subjekts beschränkt; die öffentliche Sprache muss sich mit den relationalen Begriffen begnügen. Auf eine Roterfahrung kann sie sich also nur durch den Umweg über typische rote Gegenstände beziehen, nicht aber durch Verweis auf die Erfahrung selbst.

Die Probleme

Ebenso wie Levine glaubt auch Chalmers, damit bestimmte Probleme lösen zu können, die die üblichen Dissoziationsgedankenexperimente für die Erkennbarkeit phänomenaler Zustände aufwerfen. Die Probleme sind ursprünglich bereits von Shoemaker und Searle beschrieben worden,[42] in den letzten Jahren sind diese Einwände von einigen Autoren weiterentwickelt worden.[43]

Ansatzpunkt dieser Einwände ist die bereits erwähnte Forderung der Erklärungslückentheoretiker, dass es keinerlei Differenzen in den physischen und funktionalen Eigenschaften zwischen der bewussten Person einerseits und ihrem Zombie- bzw. spektrumsinvertierten Doppelgänger geben darf. Das bedeutet, dass die phänomenalen Erfahrungen der bewusstseinsfähigen Person nicht funktional wirksam sein dürfen. Wären sie das, dann gäbe es Unterschiede z. B. zwischen den funktionalen Eigenschaften des Zombies und denen der bewusstseinsfähigen Person: Der

Zombie könnte dann z.B. disponiert sein, phänomenale Erfahrungen abzustreiten, die bewusstseinsfähige Person könnte dagegen die Disposition haben, die Existenz phänomenaler Erfahrungen zu bestätigen. Dann aber wäre der Unterschied zwischen Zombies und Nicht-Zombies mit objektiven Methoden festzustellen, und das Beweisziel der Gedankenexperimente würde verfehlt.[44]

Doch wenn die *Gegenwart* der phänomenalen Erfahrungen nicht funktional wirksam werden darf, dann kann sich auch deren *Abwesenheit* nicht auswirken. Da Gedanken auch in den Augen der Erklärungslückentheoretiker funktional relevant sind, kann somit auch der Zombie nichts anderes denken als sein bewusster Doppelgänger. Wenn ich also ein Zombie wäre, dann hätte ich keine anderen Überzeugungen, als ich sie nun tatsächlich habe. Ich wäre also – genauso wie jetzt – fest davon überzeugt, kein Zombie zu sein. Das aber ist ein Problem. Denn wie kann ich dann jetzt wissen, dass ich kein Zombie bin?

Chalmers' Antwort

Chalmers glaubt dieses Problem mit Hilfe der reinen phänomenalen Überzeugungen lösen zu können, Levine beruft sich auf die phänomenal konstituierten Gedanken. Beiden Autoren zufolge gibt es nämlich einen signifikanten Unterschied zwischen der bewusstseinsfähigen Person und ihrem Zombie-Zwilling. Nur die bewusstseinsfähige Person verfügt nämlich über reine phänomenale Überzeugungen bzw. phänomenal konstituierte Gedanken. Da eigene phänomenale Erfahrungen in beiden Fällen eine Voraussetzung des Erwerbs darstellen, kann der Zombie solche Gedanken bzw. Überzeugungen nicht ausbilden, schließlich fehlen ihm die Erfahrungen. Damit gibt es einen klaren Unterschied zwischen meinen Überzeugungen und denen des Zombies. Chalmers behauptet, dass dieser Unterschied aufgrund der von ihm postulierten konstitutiven Beziehung von phänomenalen Zuständen und entsprechenden Überzeugungen sogar noch stärker sei als bei der üblicherweise angenommenen Kausalbeziehung. Meine Überzeugungen unterscheiden sich daher gravierend von denen meines Zombie-Duplikats, und ich – so scheint es – kann sicher sein, dass ich kein Zombie bin.

Halten wir zunächst fest, dass Chalmers eine sehr enge Beziehung zwischen der Erfahrung und der Erkenntnis phänomenaler Zustände postuliert, auch wenn er an dem begrifflichen Unterschied zwischen Erfahrung und Erkenntnis festhält. Die Beziehung ist in seinen eigenen Worten »direkt«, sie basiert auf einer Determination von Begriff und Überzeugung durch die Erfahrung und soll damit zu infalliblen Überzeugungen führen. Chalmers macht sich so die beiden zentralen Merkmale der klassischen Vorstellung von intuitiver Erkenntnis zu eigen – einschließlich der problematischen Vorstellung, dass Unmittelbarkeit einen rechtfertigenden Charakter habe.

In jedem Falle ist die introspektive Erkenntnis phänomenaler Zustände aufgrund ihrer Infallibilität und ihres direkten Zugangs in einem sehr starken Sinne privilegiert. Der drittpersonalen, wissenschaftlichen Erkenntnis bleibt dagegen nur ein fallibler, indirekter Zugang, wie er durch die relationalen phänomenalen Begriffe vermittelt wird. Aus der Außensicht ist uns eben nur das Verhalten anderer zugänglich. Zudem können wir nicht mit letzter Sicherheit erkennen, welche Erfahrungen sie haben; dazu müssten wir die Perspektive der ersten Person einnehmen. Damit aber entsteht eine signifikante Lücke zwischen Introspektion und wissenschaftlicher Erkenntnis; tragfähige drittpersonale Erklärungen sind somit ausgeschlossen.

Einwände

Erweist sich diese Argumentation als akzeptabel, dann gäbe es ein substantielles Privileg des phänomenalen Wissens, und die Erklärungslückentheoretiker hätten ihr Ziel erreicht. Doch ist die Argumentation wirklich akzeptabel? Daran kann man mit guten Gründen zweifeln. Schauen wir uns vor diesem Hintergrund noch einmal den Entstehungsprozess von phänomenalen Überzeugungen nach Chalmers an. Zwar behauptet Chalmers, dass phänomenale Erfahrungen keineswegs zu den entsprechenden Überzeugungen führen *müssten*;[45] gleichzeitig betont er aber, dass die Erfahrungen die Überzeugungen »determinieren«. Es ist unklar, wie beides miteinander vereinbar sein soll: Gibt es unterschiedliche Typen von Erfahrungen, von denen einige festlegen, dass keine Überzeugungen entstehen, während andere die Existenz und den Inhalt der Überzeugungen festlegen? Oder determinieren die Erfahrungen nur den möglichen Inhalt, während das Auftreten der Überzeugungen dieses Inhalts von weiteren Faktoren abhängt? Chalmers erwähnt z. B. die Rolle der Aufmerksamkeit. Doch wenn die Aufmerksamkeit hier die entscheidende Rolle spielt, dann kommt eine weitere unabhängige Variable hinzu: Wie kann man dann noch von einer deterministischen Beziehung zwischen Erfahrung und Erkenntnis ausgehen?

Der Punkt ist wichtig für die behauptete Infallibilität der phänomenalen Überzeugungen. Auf deren Bedeutung für

Chalmers' Argumentation werde ich noch zurückkommen. Doch ganz abgesehen von dem gerade skizzierten Problem stellt sich die die Frage, wie die Determination der Überzeugung durch die Erfahrung funktionieren soll, ohne dass hier eine kausale Beziehung vorliegt. Gäbe es eine kausale Beziehung, dann hätten wir wieder einen funktionalen Unterschied zwischen dem Zombie und seinem bewussten Doppelgänger. Die Erfahrung der bewusstseinsfähigen Person würde eine direkte phänomenale Überzeugung hervorrufen, die bei dem Zombie in derselben Situation nicht entsteht. Chalmers behauptet daher, dass hier eine Konstitutionsbeziehung vorliegt. Die Erfahrung soll *Teil* der phänomenalen Überzeugung werden, die – wie oben bereits beschrieben – die Gegenwart der Erfahrung erfordert.

Doch wie sieht dann der Erkenntnisprozess, der zu diesen phänomenalen Überzeugungen führt, genau aus? Chalmers scheint davon auszugehen, dass das epistemische Subjekt die Überzeugung gewinnt, indem es einfach nur die Existenz der fraglichen Erfahrung konstatiert:

> »Mary has a phenomenally red experience, attends to it, and forms the direct phenomenal concept *R*, and forms the belief *this experience is R*, demonstrating the phenomenally red experience in question. We can call this special sort of belief a *direct phenomenal belief.*«[46]

Ich werde hier nicht weiter auf den Umstand eingehen, dass Chalmers nichts über die beteiligten kognitiven Prozesse und deren Fehleranfälligkeit verrät: Die Bildung eines Begriffs auf der Basis einer Erfahrung erfordert offenbar kognitive Operationen, und die sind bekanntlich fehleranfällig – allein das würde Chalmers' Behauptung der Infallibilität bereits in Frage stellen, solange er hier keine begriffliche Beziehung behauptet.

Doch lassen wir diesen Punkt beiseite und nehmen mit Chalmers um des Argumentes willen an, dass Marys Urteil unter diesen Umständen immun gegen Irrtümer ist, schließlich schreibt sie sich nicht nur die Erfahrung zu, die sie faktisch hat; vielmehr ist die Erfahrung Teil des Urteils, durch das diese Zuschreibung erfolgt. Mary bedient sich also nicht einer bereits bestehenden Vorstellung oder gar eines Begriffs von Rotempfindungen, um ihre gegenwärtige Erfahrung als Rotempfindung (verbal oder nicht) zu klassifizieren, vielmehr greift sie auf die Erfahrung selbst zurück, um diese selbst zu beschreiben. Wie auch immer diese Erfahrung beschaffen sein mag – Marys Selbstzuschreibung wird immer wahrheitsgemäß sein, weil eine Veränderung der Erfahrung gleichzeitig zu einer Veränderung des von der Erfahrung determinierten phänomenalen Begriffs bzw. der Vorstellung führt.[47]

Zum Vergleich kann man sich jemanden vorstellen, der mit Hilfe eines Farbmusters unter einer Vielzahl verschiedenfarbiger Stoffe nach einer ganz bestimmten Farbe suchen muss. Stellen wir uns zunächst vor, er hätte ein gedrucktes, purpurrotes Farbmuster. Offensichtlich würde bei der Benutzung dieses Farbmusters die Gefahr von Irrtümern bestehen, z. B. wenn unser Farbsucher von einem Stoff behauptet, er habe die Farbe des Musters, obwohl er nicht den purpurroten Stoff herausgesucht hat, sondern einen, der ihm sehr ähnlich ist.

Chalmers' Vorstellung von direkten phänomenalen Überzeugungen würden unserem Farbensucher das Leben allerdings wesentlich leichter machen. Man könnte sich das

z. B. so vorstellen, dass das gedruckte Farbmuster (das dem direkten phänomenalen Begriff entsprechen soll) durch ein LCD-Display ersetzt wird, und dass dieses Display automatisch die Farbe des gerade vor einem liegenden Stoffes (der der phänomenalen Erfahrung entspricht) anzeigt. Das Display ist nämlich an eine Kamera angeschlossen, die auf den Stoff gerichtet ist. Wenn ich also vor mir einen purpurroten Stoff liegen habe, dann ist auch das Display purpurrot, habe ich einen grünen Stoff ausgesucht, dann zeigt auch das Display exakt dieselbe Grünschattierung an – genau das behauptet Chalmers ja über das Verhältnis von phänomenalen Überzeugungen und phänomenalen Erfahrungen bei Mary. Mit anderen Worten: Welche Farbe auch immer unser Farbensucher heraussucht, sie stimmt stets mit dem Display überein. Er könnte dann immer sagen, dass der vor ihm liegende Stoff genau die Farbe des Musters habe, ohne befürchten zu müssen, einen Irrtum zu begehen.[48]

Doch aus dem gleichen Grund wäre seine Aussage nicht besonders informativ: Sie trifft auf jeden Stoff zu, ganz egal, welche Farbe er hat. Unterscheidungen sind mit dieser Methode ausgeschlossen; anders als bei dem ersten Verfahren besteht hier keine Möglichkeit, eine bestimmte Farbe zu erkennen und herauszusuchen. Genauso wenig würde es auffallen, wenn jemand die Farben der Stoffe über Nacht verändert hat und der ursprünglich gesuchte Farbton gar nicht mehr dabei ist: Invertierte Farben würden unserem Farbsucher also entgehen.

Das Gleiche gilt für Chalmers' Vorstellung von direkten phänomenalen Überzeugungen. Sie sind trivialerweise wahr, weil sie von einer gegebenen Erfahrung nur die Eigenschaft aussagen können, die die Erfahrung faktisch hat, schließlich ist die Erfahrung konstitutiver Teil der Überzeugung. Im Prinzip ähnelt Chalmers' Subjekt einer Person, die sich vor einen beliebigen Gegenstand stellt und mit einem doppelten Verweis auf diesen Gegenstand sagt: »Dies (der Gegenstand) ist so (wie der Gegenstand nun einmal ist).« Zweifellos eine wahre Aussage, aber eben keine sonderlich aufschlussreiche.

Auch bei der Beschreibung phänomenaler Erfahrungen hätten wir immer recht, aber wir würden dafür einen hohen Preis zahlen: Unterschiede würden uns niemals auffallen. Und das bedeutet, dass eine Spektrumsinversion damit auch introspektiv ebenso wenig erkannt würde wie ein Zombie-Zustand. In allen Fällen würde sich ja die ausgesagte Eigenschaft automatisch mit der beschriebenen Eigenschaft verändern. Die Diskrepanzen wären also auch aus der Perspektive der ersten Person niemals zu erkennen – dass sie anders ohnehin nicht festzustellen sind, gehört ja zu den grundlegenden Annahmen der Erklärungslückentheoretiker. Wenn Mary also Opfer einer Spektrumsinversion wäre und z. B. beim Anblick einer Wiese eine Rotempfindung hätte, würde sie immer noch zu dem Urteil kommen, dass »*diese* Empfindung *so*« ist, wobei beide indexikalischen Ausdrücke, also das »diese« und das »so«,[49] auf die phänomenale Erfahrung selbst verweisen. Damit aber wäre das für die Erklärungslückentheoretiker zentrale Privileg des phänomenalen Wissens verspielt. Das bestand ja gerade darin, dass Zombiezustände und Spektrumsinversionen introspektiv (aber nicht extrospektiv) erkennbar sind.

Es kommt hinzu, dass eine intersubjektive Verständigung auf Basis dieser Begriffe ausgeschlossen wäre, schließlich gibt es keinerlei gemeinsame Maßstäbe, an denen sich eine solche Verständigung orientieren könnte: Niemand wüsste, was ich im Sinne habe, wenn ich meine eigenen phänomenalen Zustände mit »Dies ist so« beschreibe. Chalmers gibt die Privatheit der direkten phänomenalen Begriffe ganz offen zu, indem er sie einer Privatsprache zuordnet. Doch dann wäre eben auch die Diskussion über das Erklärungslückenproblem selbst beeinträchtigt: Wenn wir nicht öffentlich über die phänomenalen Erfahrungen sprechen können, dann verhindert dies nicht nur eine wissenschaftliche Erklärung dieser Erfahrungen; auch eine philosophische Diskussion über das Problem, das sich aus dem Scheitern einer solchen Erklärung ergibt, wäre dann nur noch schwer möglich. Schließlich wären die Eigenschaften, die von dieser Erklärungslücke betroffen sind, in unserer alltäglichen Sprache nicht mehr erfassbar. Wir könnten allenfalls indirekte Umschreibungen bemühen und z. B. von den Erfahrungen reden, die auftreten, wenn wir uns verletzen.

Chalmers gerät hier in ein Dilemma: Entweder gibt er zu, dass man den phänomenalen Charakter von Schmerzen in einer öffentlichen Sprache erfassen kann, fehlerhaft zwar und ungenau, aber immerhin den phänomenalen Charakter selbst – dann könnte man sich über das Erklärungslückenproblem verständigen, aber die Position der Erklärungslückentheoretiker zu diesem Problem stünde in Frage, denn offenbar wären die phänomenalen Eigenschaften doch aus der Perspektive der dritten Person zu erfassen. Oder aber er hält daran fest, dass die phänomenalen Eigenschaften nicht aus der Perspektive der dritten Person zu erfassen sind. Dann bliebe die Position der Erklärungslückentheoretiker unangetastet, doch die Verständigung darüber, was denn hier nicht erklärt werden kann, wäre massiv erschwert.

Wichtiger für die Argumentation dieser Arbeit ist noch, dass Chalmers' und Levines Konzeption des phänomenalen Wissens auf der Engführung von (phänomenalem) Bewusstsein und Introspektion basieren. Die Fehlerlosigkeit der Introspektion wird in diesem Falle allerdings nicht dadurch gesichert, dass die Introspektion zum Bestandteil der Erfahrung, sondern die Erfahrung zum konstitutiven Bestandteil der Introspektion gemacht wird: Die phänomenale Erfahrung ist Teil der phänomenalen Begriffe bzw. Gedanken, auf denen die Erkenntnis dieser Erfahrung basiert. Gleichzeitig wird auch hier erkennbar, dass diese Engführung auf Kosten substantieller Erkenntnis geht: Aufgrund der Abhängigkeit der direkten phänomenalen Überzeugungen von den dazugehörigen Bewusstseinszuständen entziehen sich Unterschiede oder Abweichungen dieser Zustände der Erkenntnis. Letztlich bleibt es dabei, dass man die Erfahrung konstatiert, die man faktisch hat.

Bei Levine kommt hinzu, dass seine Lösung allenfalls für Zombies, nicht aber für Spektrumsinversionen gilt: Zombies haben wie gesagt keine phänomenal konstituierten Gedanken und unterscheiden sich damit von normalen, bewusstseinsfähigen Individuen, die über solche Gedanken verfügen. Bei Spektrumsinversionen tritt dieser Unterschied jedoch nicht auf: Selbst wenn ich rot sehe, wo andere grün sehen, und umgekehrt grün, wo andere rot sehen, so besitze ich doch phänomenales Wissen von beiden Arten von Farbempfindungen. Es wird sich zudem weiter unten zeigen, dass der Unterschied auch bei Zombies durch eine Modifikation des Gedankenexperimentes umgangen werden kann, so dass Levines Strategie auch dort nicht mehr verfangen würde.

Doch nehmen wir an, Chalmers und Levine würden alles erreichen, was sie beabsichtigen. Mary könnte zwischen invertierten und nicht invertierten Farberfahrungen unterscheiden, desgleichen zwischen normalen Bewusstseinszuständen und Zombiezuständen. Und nehmen wir weiterhin an, diese Unterscheidung selbst mache noch keinen funktionalen Unterschied – die für die Erklärungslückentheoretiker zentrale Bedingung der funktionalen Identität zwischen den normalen und den abweichenden Bewusstseinszuständen sei also erfüllt. Unter diesen – für die Erklärungslückentheoretiker optimalen – Bedingungen gibt es zwei mögliche Annahmen, was den weiteren Verlauf angeht.

Zum einen könnte man annehmen, dass Marys Erkenntnis in irgendeiner Weise wirksam wird – in ihrem Verhalten, in ihrer Sprache, in ihren weiteren Überlegungen, wo auch immer. Entscheidend ist nur, dass sie z. B. nach der Erkenntnis oder dem Verdacht, dass ihre Farbempfindungen invertiert sind, nicht mehr genau dieselben Verhaltensdispositionen haben kann, wie sie bei normalem Farbempfinden vorlägen. Veränderte Verhaltensdispositionen wären einfach zu erwarten, wenn man erkannt hat, dass man ein völlig anderes Farbempfinden als der Rest der Welt hat: Man würde darüber nachdenken, mit seinen Freunden darüber sprechen, zum Arzt gehen, seine Sehfähigkeiten überprüfen, sich ein paar Bücher zum Thema besorgen oder bei Google nach ähnlichen Fällen suchen – was man ebenso macht, wenn man befürchtet, dass etwas Gravierendes nicht stimmt. Das Problem ist: Wenn Mary nur die kleinste Disposition hätte, *irgendetwas* dergleichen zu tun, wenn es also nur den geringsten Unterschied zwischen ihren Verhaltensdispositionen unter »Normalbedingungen« und den Dispositionen unter den »abweichenden Bedingungen« geben würde, hätte sie die zentrale Voraussetzung der Erklärungslückentheoretiker verletzt, nämlich die Annahme, dass die phänomenalen Unterschiede *in der Abwesenheit* irgendwelcher funktionaler oder physischer, von außen erkennbarer Unterschiede auftreten können.

Diese Option kommt also nicht in Frage. Nehmen wir daher das Gegenteil an: Mary verhält sich so, dass die zentrale Voraussetzung der Erklärungslückentheoretiker *nicht* verletzt wird. Dann wird sie sich in beiden Fällen nach ihrer Erkenntnis nicht nur völlig gleich verhalten, sie wird auch die gleichen Verhaltensdispositionen haben – egal, ob sie gerade erkannt hat, dass ihr Farbempfinden invertiert ist oder dass es ganz normal ist. Das ist jedoch nicht nur völlig unglaubhaft, es widerspricht zudem allem, was wir – Chalmers eingeschlossen – über Erkenntnisse wissen: Offenbar müssen unterschiedliche Erkenntnisse unsere Verhaltensdispositionen beeinflussen. Mary aber darf unter diesen Bedingungen noch nicht einmal die Disposition zu anderen Gedanken haben, nachdem sie ihre invertierten Farbempfindungen erkannt hat, und sie darf sich an diese Erkenntnis auch nicht erinnern. Ich werde auf diese Option weiter unten noch einmal etwas ausführlicher eingehen, aber schon hier kann man sagen, dass sie völlig absurd ist.

Halten wir daher fest, dass vor allem die von Chalmers, aber auch die von Levine vorgelegte Konzeption introspektiver Erkenntnis aus einer ganzen Reihe von Gründen problematisch ist. Chalmers kann zum einen nicht wirklich verständlich machen, wie die von ihm postulierten »direkten phänomenalen Überzeugungen« zustande kommen.

Insbesondere die Determinationsbeziehung zwischen der Erfahrung und den dazugehörigen Überzeugungen bildet eine offensichtliche Schwachstelle. Doch auch wenn man diese Probleme ignoriert, ließe sich kein Wissen und auch kein anderes epistemisch relevantes Indiz für die abweichenden phänomenalen Zustände gewinnen, so wie sie in den typischen Gedankenexperimenten auftreten. Damit wäre das von Chalmers und Levine postulierte Privileg des phänomenalen Wissens verspielt: Zombie- und Inversionszustände wären aus der Perspektive der ersten Person genauso wenig zu erkennen wie aus der Perspektive der dritten Person.

Doch selbst wenn eine solche Erkenntnis bei Chalmers oder bei Levine möglich wäre, könnten die dabei gewonnenen Erkenntnisse nur dann wirksam werden, wenn die Bedingungen verletzt würden, die die Qualiatheoretiker an solche Gedankenexperimente, genauer an die Identität von Zombies und Spektrumsinvertierten auf der einen Seite und ihren normalen Zwillingen auf der anderen stellen. Das letzte Problem ist vor allem deshalb unangenehm, weil es nicht nur die Theorien von Chalmers und Levine betrifft, sondern die sämtlicher Qualiatheoretiker. Insgesamt also keine sonderliche angenehme Situation für deren Position und damit auch für den Versuch, eine Asymmetrie zwischen introspektiver und extrospektiver Erkenntnis von phänomenalen Zuständen zu begründen. Ich werde dieser Frage im folgenden Abschnitt weiter nachgehen.

IV. Extrospektion

Nachdem ich bislang zu zeigen versucht habe, wie die Erklärungslückentheoretiker zugunsten des introspektiven Wissens argumentiert haben, möchte ich mich jetzt auf das Gegenstück konzentrieren: auf die Gedankenexperimente, die vor allem die Unzulänglichkeit der extrospektiven Erkenntnis phänomenaler Zustände demonstrieren sollen. Die Gedankenexperimente sind bekannt, ich habe sie zudem oben mehrfach erwähnt. Zombies werden vorgestellt als physisch und funktional identische Doppelgänger bewusstseinsfähiger Personen, die über keinerlei Bewusstsein verfügen. Das Argument des invertierten Spektrums arbeitet ebenfalls mit physisch und funktional identischen Zwillingen von normalen Personen; hier besteht der Unterschied jedoch darin, dass die Inversionszwillinge rot sehen, wo wir grün sehen, und grün, wo wir rot sehen.

Die Vertreter des Erklärungslückenargumentes leiten hieraus die mittlerweile vertraute These ab, dass phänomenale Eigenschaften prinzipiell nicht mit objektiven Methoden zu erfassen sind. Und wenn es noch nicht einmal möglich ist, phänomenale Eigenschaften objektiv zu erfassen, dann ist es erst recht unmöglich, sie mit objektiven Methoden zu erklären.

Eine Modifikation

Im Folgenden möchte ich zeigen, dass diese Gedankenexperimente zu absurden Konsequenzen führen und außerdem im Widerspruch zu Voraussetzungen stehen, die die

Erklärungslückentheoretiker nicht aufgeben können. Um dies zu zeigen, werde ich eine kleine Modifikation an den beiden obigen Gedankenexperimenten vornehmen; die Modifikation basiert jedoch auf den gleichen Voraussetzungen und erlaubt dieselben Schlussfolgerungen.

Üblicherweise sind die Unterschiede zwischen normalen Personen und ihren Doppelgängern mit abweichenden phänomenalen Zuständen dauerhaft. Wenn wir Zombies mit normal bewussten Menschen vergleichen wollen, müssen wir daher einen intersubjektiven Vergleich zwischen zwei unterschiedlichen Personen anstellen. Das wirft eine Reihe von Schwierigkeiten auf, insbesondcre wenn wir versuchen, uns in die Lage eines Zombies zu versetzen.

Ich möchte daher anstelle dieser *intersubjektiven* Dissoziation von phänomenalen und funktionalen Eigenschaften eine *intrasubjektive* Dissoziation verwenden. In diesem Falle haben wir es also mit ein und derselben Person zu tun, die zwischen dem Zombie- und dem Bewusstseinsmodus oder zwischen dem Modus normaler Farbwahrnehmung und dem Inversionsmodus hin und her wechselt, ohne dass sich dies auf der physischen oder der funktionalen Ebene niederschlagen würde. Teilzeitzombies können also in zwei Situationen in exakt dem gleichen physisch-funktionalen Zustand sein, doch in der einen Situation haben sie Bewusstsein, in der anderen Situation nicht. Das Gleiche gilt für Teilzeitinversionszwillinge. Auch wenn sie in zwei Situationen in exakt dem gleichen physisch-funktionalen Zustand sind, kann ihre Farbwahrnehmung in der einen Situation völlig normal sein, während sie in der anderen Situation invertiert ist.

Einer der großen Vorteile von Teilzeitzombies und -inversionszwillingen ist, dass sie uns einen Vergleich zwischen dem phänomenalen Wissen im Zombie- und dem im Bewusstseinsmodus bzw. im Inversions- und im Normalmodus erlauben. Wir müssen uns dazu nur vorstellen, dass der Teilzeitzombie die Erfahrungen im Bewusstseinsmodus mit denen im Zombiemodus vergleicht. Vollzeitzombies und normale Menschen können solche Vergleiche nicht anstellen, weil sie jeweils nur eine Seite der Medaille kennen. Dasselbe gilt für Farbinversionen. Ich weiß nicht, wie es ist, ein invertiertes Spektrum zu haben; hätte ich ein invertiertes Farbspektrum, würde ich den Normalzustand nicht kennen. Ein Teilzeitinversionszwilling kennt beide Seiten der Medaille und kann sie daher miteinander vergleichen.

Es kommt hinzu, dass Teilzeitzombies phänomenales Wissen haben; ja, sie besitzen sogar echte phänomenal konstituierte Gedanken im Sinne von Levine und dauerhafte phänomenale Begriffe im Sinne von Chalmers – schließlich sind sie ja aus ihren Bewusstseinsepisoden mit phänomenalen Erfahrungen vertraut: Sie wissen, was es heißt, Schmerzen zu spüren und Farben zu sehen. Teilzeitzombies und Teilzeit-Inversionszwillinge basieren ansonsten auf den gleichen Voraussetzungen wie ihre Vollzeitkollegen: Unterstellt wird in beiden Fällen die logische Möglichkeit einer gravierenden Veränderung phänomenaler Eigenschaften bei gleichbleibenden physischen und funktionalen Merkmalen. Hält man Vollzeitinversionen für möglich, dann muss man Teilzeitinversionen auch akzeptieren; weist man die einen zurück, dann muss man auch auf die anderen verzichten.

Teilzeitzombies

Entscheidend ist nun, dass Teilzeitzombies und Teilzeitinversionen Konsequenzen dieser Voraussetzungen sichtbar machen, die in den klassischen Gedankenexperimenten selbst zumindest nicht so klar erkennbar sind; sie stützen damit insbesondere die oben schon skizzierten Einwände von Shoemaker und Searle. Konkret zeigen sie, dass diese Voraussetzungen praktisch jede Form von introspektivem Wissen unterminieren; sie führen damit zu Konsequenzen, die insbesondere für die Erklärungslückentheoretiker inakzeptabel sind.

Stellen wir uns zunächst einen Teilzeitzombie vor, der sich gerade im Zombiemodus befindet. Bei dem Versuch, einen Nagel in die Wand zu schlagen, verletzt er sich am linken Zeigefinger. Sein Schmerzsystem reagiert, sein Gedächtnis enkodiert diese Reaktion. Der Teilzeitzombie ruft »Aua«, aber er spürt nichts, schließlich befindet er sich im Zombiemodus.

Wenige Minuten später ist der Teilzeitzombie wieder in demselben physisch-funktionalen Zustand, doch nun befindet er sich im Bewusstseinsmodus; er kann also bewusste Schmerzen empfinden. Wieder versucht der Teilzeitzombie einen Nagel in die Wand zu schlagen, wieder trifft er versehentlich seinen linken Zeigefinger. Genauso wie eben reagiert sein Schmerzsystem, sein Gedächtnis enkodiert diese Reaktion, und der Teilzeitzombie ruft »Aua«. Nun aber hat er eine heftige Schmerzempfindung, schließlich befindet er sich im Bewusstseinsmodus.

Noch einmal ein paar Minuten später, der Teilzeitzombie befindet sich immer noch im Bewusstseinsmodus, vergleicht er beide Situationen miteinander. Den Annahmen der Erklärungslückentheoretiker zufolge müsste er imstande sein, einen phänomenalen Unterschied zwischen beiden Situationen festzustellen. Wäre er nicht fähig, zwischen der Anwesenheit und der Abwesenheit von phänomenalen Zuständen zu unterscheiden, dann wäre das Privileg des introspektiven Wissens kaum mehr zu verteidigen. Aber wie soll der Zombie zu dieser Unterscheidung kommen? Da beide Situationen in der Vergangenheit liegen, ist er auf sein Gedächtnis angewiesen. Doch sein Gedächtnis liefert ihm für beide Situationen exakt die gleichen Informationen, nämlich die, die eine bewusste Erfahrung anzeigen. Täte es dies nicht, dann hätte der Bewusstseinszustand andere Wirkungen als der Zombiezustand und die Forderung nach funktionaler Identität wäre verletzt.

Mit anderen Worten: Im Gegensatz zu den Annahmen der Erklärungslückentheoretiker *kann* der Teilzeitzombie *nicht* zwischen beiden Situationen unterscheiden. Das gilt einfach deshalb, weil solche Dissoziationen – wie oben begründet – voraussetzungsgemäß keinerlei Spuren auf der physischen und der funktionalen Ebene hinterlassen dürfen. Solche Spuren wären ja immer auch aus der Außenperspektive zu erkennen, damit würden die Gedankenexperimente ihr Beweisziel verfehlen. Hält man sich jedoch an die Vorgaben dieser Gedankenexperimente, dann sind die Dissoziationen nicht nur aus der Perspektive der dritten, sondern auch aus der Perspektive der ersten Person unerkennbar.

Der Teilzeitzombie vermag daher auch keine Aussagen darüber zu machen, wie oft er sich im Zombiemodus befindet – solche Zustände hinterlassen ja *niemals* irgendwelche

Spuren in seinem Gedächtnis. Selbst wenn er seine gesamte bisherige Vergangenheit im Zombiemodus verbracht hätte, müsste ihm dies entgehen. Schlimmer noch: Dasselbe gilt für mich selbst. Wenn solche Dissoziationen, die keinerlei Spuren hinterlassen, logisch möglich sind, dann kann ich nicht ausschließen, dass ich selbst ein Opfer dieser Dissoziationen und daher ein Teilzeitzombie bin. Wenn ich es wäre, hätten die Zombiezustände ja niemals irgendwelche Spuren hinterlassen. Ich besäße daher auch keine Möglichkeiten, dies zu erkennen! Und weil ich diese Zustände niemals erkennen würde, kann ich ihre Existenz auch nicht ausschließen.

Das Beispiel zeigt zudem, dass in solchen Szenarien die Unterscheidung zwischen logischer und nomologischer Möglichkeit zusammenbricht. Normalerweise können wir uns durch unsere Kenntnis von Naturgesetzen, durch Beobachtungen oder Experimente davon überzeugen, dass bestimmte Dinge, die logisch möglich sind, die man sich also vorstellen kann, ohne in irgendwelche Widersprüche zu geraten, nomologisch ausgeschlossen werden können: In unserer Welt mit unseren Naturgesetzen kann es sie *de facto* nicht geben. Pinkfarbene, fliegende Elefanten sind logisch oder begrifflich möglich: Nichts an unserem Begriff von Elefanten schließt aus, dass diese Tiere pinkfarben sind und fliegen können. Nomologisch ist es dagegen unmöglich: Zum Fliegen sind Elefanten einfach zu schwer; außerdem fehlen ihnen die Flügel und vermutlich noch einiges mehr: Es gibt sie nicht, und es kann sie unter den in unserer Welt herrschenden Bedingungen nicht geben.

Eigentlich existiert also eine recht klare Grenze zwischen dem, was wir uns widerspruchsfrei vorstellen können, und dem, was faktisch in unserer Welt passiert bzw. passieren kann. Doch bei Dissoziationen zwischen phänomenalen und physisch-funktionalen Eigenschaften bricht diese Grenze zusammen. Voraussetzungsgemäß sind solche Dissoziationen weder zu beobachten noch experimentell zu erfassen; es hilft nichts, die »Opfer« solcher Dissoziationen zu befragen, und auch wenn wir selbst betroffen wären, würden wir sie nicht bemerken. Es ist also einfach nicht möglich, die faktische Existenz solcher Fälle auszuschließen.

Wenn derartige Dissoziationen logisch möglich sind, dann müssen wir auch faktisch mit ihnen rechnen. Und das bedeutet: Wenn es Teilzeitzombies gibt, dann kann ich – wie schon gezeigt – nicht sicher sein, dass ich *kein* Teilzeitzombie bin. Das aber ist einfach absurd! Natürlich bin ich kein Teilzeitzombie! Aber dann müssen wir eine Theorie zurückweisen, die zu solch absurden Konsequenzen führt und jede Form von introspektivem Wissen untergräbt. Dies gilt insbesondere, wenn wir uns die Position der Erklärungslückentheoretiker zu eigen machen. Aus deren Sicht ist die Existenz von introspektivem Wissen erst recht unverzichtbar. Die Konsequenz sollte offensichtlich sein: Teilzeitzombies und damit auch Zombies sind noch nicht einmal logisch möglich![50]

Phänomenales Wissen

Doch haben wir nicht eine wichtige Annahme der Erklärungslückentheoretiker missachtet? Immerhin hatten diese ja behauptet, dass sich Zombies von Nicht-Zombies durch die Fähigkeit unterscheiden, phänomenales Wissen zu erwerben. Levine spricht von phänomenal konstituierten Überzeugungen, die eigene phänomenale Erfahrungen voraussetzen, bei Chalmers sind die direkten phänomenalen Überzeugungen sogar unmittelbar an die entsprechenden phänomenalen Zustände gebunden. Mit einem phänomenalen Zustand endet auch die entsprechende phänomenale Überzeugung. Insofern scheint sich hier für beide Autoren eine Möglichkeit zu bieten, zwischen Zombiezuständen und Bewusstseinsepisoden zu unterscheiden: Nur in den Bewusstseinsepisoden kann der Teilzeitzombie nämlich echtes phänomenales Wissen erwerben. Unter dieser Voraussetzung, so scheint es, können wir an der funktionalen Identität von Zombie- und Bewusstseinsmodus festhalten und dennoch sicher sein, dass die phänomenalen Unterschiede zu erkennen sind: Das phänomenale Wissen wäre also ebenso gerettet wie das mit ihm verbundene Privileg.

Nehmen wir also an, der Teilzeitzombie würde in der zweiten Situation, in der er sich im Bewusstseinsmodus befindet, tatsächlich phänomenales Wissen über seine bewussten Erfahrungen erwerben, das er im Zombiemodus nicht gewinnen würde. Er könnte daher zwischen beiden Situationen unterscheiden, und die Position der Erklärungslückentheoretiker scheint bestätigt. Chalmers könnte argumentieren, dass man nur im Bewusstseinsmodus, nicht aber im Zombiemodus direkte phänomenale Begriffe und die entsprechenden Überzeugungen erwerben kann; Levine könnte sich darauf berufen, dass nur im Bewusstseinsmodus phänomenal konstituierte Gedanken zustande kämen.

Ich habe oben bereits zu zeigen versucht, warum diese Argumentation nicht funktioniert: Chalmers' direkte phänomenale Überzeugungen enden mit den phänomenalen Zuständen, auf die sie sich beziehen; sie können also nicht zu einer nachträglichen Unterscheidung verwendet werden;

Levines phänomenal konstituierte Gedanken dagegen setzen nur ganz generell voraus, dass man die entsprechenden phänomenalen Erfahrungen einmal gemacht hat; das ist aber bei Teilzeitzombies allgemein der Fall. Zur Unterscheidung zwischen Zombie- und Bewusstseinsepisoden sind die phänomenal konstituierten Gedanken nicht geeignet.

Doch lassen wir diese Einwände um des Argumentes willen einmal beiseite und nehmen an, Levine und Chalmers hätten mit ihren Strategien Erfolg, und der Teilzeitzombie könnte in der Tat phänomenales Wissen über den Unterschied zwischen den beiden Situationen erwerben. Selbst dies würde nichts an dem grundlegenden Dilemma ändern. Würde das phänomenale Wissen bzw. Chalmers' »direkte phänomenale Überzeugung« den Teilzeitzombie nämlich zu einer Unterscheidung zwischen beiden Situationen befähigen, dann wäre die Forderung nach funktionaler Identität verletzt: Der Zustand des Zombies in der Zombieepisode hätte andere Verhaltensdispositionen zur Folge als der in der Bewusstseinsepisode. Im ersten Fall könnte er auf Nachfrage etwa sagen: »Ich war im Zombiemodus«, im zweiten »Ich war im Bewusstseinsmodus«. Die absurden Konsequenzen wären zwar vermieden, aber nur um den Preis, dass die funktionale Identität aufgegeben und damit das Beweisziel der Erklärungslückentheoretiker verfehlt wird. Das ist vor allem daran zu sehen, dass der Unterschied nun auch aus der Perspektive der dritten Person zu erkennen ist: Man muss ja nur zuhören, was der Teilzeitzombie sagt.

Nehmen wir dagegen an, die Zustände des Zombies in beiden Situationen wären wirklich funktional identisch, dann kann sein Zustand in der ersten Situation keine anderen Folgen haben als der in der zweiten Situation. Wenn er sich also in der zweiten Situation auf Nachfrage als bewusste Person bezeichnet, muss er dies auch in der ersten tun. Wenn das phänomenale Wissen – so wie von Chalmers und Levine angenommen – funktional irrelevant ist, vermag es die Unterscheidung zwischen Zombie- und Bewusstseinszustand nicht zu gewährleisten; erlaubt es dagegen die Unterscheidung, dann macht es einen funktionalen Unterschied, und die Bedingungen für einen Zombiezustand wären verletzt.

Das gilt im Übrigen völlig unabhängig von den jeweiligen metaphysischen Voraussetzungen. Selbst wenn man annimmt, dem Erwerb des zur Unterscheidung notwendigen phänomenalen Wissens lägen die Fähigkeiten einer immateriellen Seele zugrunde, hätten wir es bei gelingender Unterscheidung weiterhin mit einer funktionalen Differenz und daher mit einer Verletzung der Voraussetzungen zu tun.

Teilzeitinversionen

Immerhin könnte man argumentieren, dass das Privileg des phänomenalen Wissens und mit ihm die Position der Erklärungslückentheoretiker damit nicht völlig unterminiert seien. Zur Vermeidung der oben illustrierten absurden Konsequenzen müssten die Qualiatheoretiker nur einen sehr groben funktionalen Unterschied zwischen der Abwesenheit und der Anwesenheit phänomenaler Eigenschaften akzeptieren. Das aber hieße noch lange nicht, dass es zu *jeder* phänomenalen Eigenschaft auch eine *spezifische* funktionale Entsprechung geben müsse. Doch genau das sei für ein ausreichend differenziertes drittpersonales Wissen über phänomenale Zustände und damit für eine angemessene naturalistische Erklärung subjektiver Erfahrung unabdingbar. Solange wir nicht jeden spezifischen phänomenalen Zustand anhand seiner funktionalen Eigenschaften identifizieren können, müsse das Erklärungslückenproblem ungelöst bleiben. Es sei dann eben nicht verständlich zu machen, warum eine *bestimmte* Erfahrung so und nicht anders ist, warum sich also Schmerzen ganz anders anfühlen als eine angenehme Empfindung. Man könne dann bestenfalls eine Erklärung dafür liefern, dass jemand *überhaupt* Bewusstsein hat und kein Zombie ist. Völlig offen bleibe dagegen, warum man in einer *bestimmten* Situation eine Rot- und keine Grünempfindung hat oder warum man Schmerzen spürt, statt eine angenehme Empfindung zu haben.

Diese Antwort ist nachvollziehbar, aber man kann ihr leicht mit einer modifizierten Version des Gedankenexperimentes zum invertierten Spektrum entgegentreten. Die Modifikation entspricht dem obigen Muster: An die Stelle der üblichen Vollzeitinversionszwillinge treten hier Teilzeitinversionszwillinge, die manchmal Farben ganz normal, manchmal aber auch invertiert wahrnehmen, so dass sie bei reifen Tomaten eine Grünempfindung und bei Wiesen eine Rotempfindung haben.

Nehmen wir also an, unser Teilzeitinversionszwilling sei zunächst im Normalmodus und betrachte dabei eine reife Tomate. Er hat also Rotempfindung und nennt die Tomate auch »rot«; schließlich wird die Empfindung in seinem Gedächtnis gespeichert.

Wenige Minuten später befindet sich unsere Gedankenversuchsperson im Inversionsmodus, ist aber ansonsten im selben funktionalen und auch physischen Zustand. Wieder betrachtet sie eine reife Tomate, doch nun hat sie eine Grünempfindung. Da sie es nicht anders gelernt hat, bezeichnet sie die Tomate aber weiterhin als rot. Auch bei der Enkodierung im Gedächtnis ändert sich nichts: Abgesehen davon, dass jede abweichende Aktivität des Gedächtnisses die Forderung nach physisch-funktionaler Identität verletzen würde, sind ja auch die Informationen, die das Gedächtnissystem aus anderen Teilen des Gehirns erhält, völlig identisch.

Wiederum einige Minuten später ist die Person wieder im Normalmodus und erinnert sich an die beiden vergangenen Episoden. Damit wir ihr phänomenales Wissen zubilligen können, müsste sie den Unterschied in ihren Empfindungen bemerken. Doch angesichts der exakt identischen Enkodierungen in ihrem Gedächtnis kann die Person keine Unterschiede feststellen. Läge eine solche Identität nicht vor, dann wäre wieder die Forderung nach physisch-funktionaler Identität verletzt.

Da die Dissoziationen also voraussetzungsgemäß keinerlei Spuren hinterlassen, kann die Person auch keine Aussagen über deren Ausmaß machen. Sie kann weder ausschließen, dass sie ihr gesamtes vergangenes Leben im Inversionszustand verbracht hat, noch dass sie sich in einem ständigen Hin und Her zwischen invertiertem und nicht invertiertem Zustand befindet. Solange die phänomenalen Unterschiede funktional irrelevant sind, werden sie also nicht bemerkt, egal wie groß sie sind.

Man kann die Absurdität problemlos noch weitertreiben

und annehmen, dass an die Stelle unterschiedlicher Farben ganz andere Empfindungen treten: Die Person könnte also beim Anblick roter Tomaten statt einer Rotempfindung eine intensive Geruchsempfindung haben. Solange phänomenale Unterschiede funktional irrelevant sein sollen, haben sie keinen Einfluss auf das Unterscheidungsvermögen der Person. Sind sie funktional relevant, dann verletzen sie die Annahmen der Qualiatheoretiker. Noch einmal: Ich möchte niemanden davon überzeugen, dass es solche absurden Situationen gibt. Natürlich gibt es sie nicht. Aber dann müssen wir auch die Annahme aufgeben, die zu derart absurden Konsequenzen führt, nämlich dass Spektrumsinversionen und Zombies zumindest logisch möglich sind.

Was folgt hieraus?

Aus diesen Überlegungen ergibt sich eine Reihe von Konsequenzen. Die wohl wichtigste kann man als das »Prinzip der funktionalen Abbildung« bezeichnen: Die gerade illustrierten absurden Konsequenzen gehen auf die Annahme zurück, dass phänomenale Eigenschaften unabhängig von funktionalen Eigenschaften variieren können und es daher keine notwendige Beziehung zwischen der phänomenalen und der funktionalen Ebene gibt. Will man diese absurden Konsequenzen vermeiden, dann muss man diese Annahme zurückweisen. Das würde bedeuten, dass jeder phänomenale Unterschied, der halbwegs zuverlässig aus der Perspektive der ersten Person erkennbar ist, notwendigerweise einen funktionalen Unterschied machen und daher im Prinzip auch extrospektiv feststellbar sein muss. Wenn wir also den phänomenalen Unterschied zwischen einem scharfen und einem stumpfen Schmerz introspektiv zuverlässig erkennen können, dann muss es notwendigerweise eine funktionale Differenz zwischen scharfen und stumpfen Schmerzen geben. Und wenn wir den phänomenalen Unterschied zwischen zwei Rottönen zuverlässig bestimmen können, dann muss es auch eine funktionale Differenz zwischen diesen beiden Farbempfindungen geben. Da funktionale Differenzen im Prinzip immer auch extrospektiv erkennbar sind, heißt dies, dass alle phänomenalen Unterschiede, die aus der Perspektive der ersten Person erkennbar sind, aufgrund ihrer funktionalen Merkmale auch aus der Perspektive der dritten Person erkennbar sein müssen.

Das aber bedeutet nichts anderes, als dass es eine sehr weitreichende Symmetrie des Wissens zwischen der Perspektive der ersten Person und der Perspektive der dritten Person gibt. Aufgrund der notwendigen funktionalen Differenzen müssen wir nämlich in der Lage sein, Unterschiede, die aus der Perspektive der ersten Person erkennbar sind, auch aus der Perspektive der dritten Person zu erkennen. Es gibt also eine Brücke zwischen subjektiver Erfahrung und extrospektiver Erkenntnis.

Das ist längst nicht so abwegig, wie es scheinen mag, solange man einfach nur die etwas tendenziösen Standardbeispiele anschaut – auf die auch ich mich zu Zwecken der Illustration bislang beschränkt habe. Wie schon mehrfach erwähnt, wissen wir im Alltag in der Regel selbst besser als jeder andere, was wir denken und fühlen. Natürlich weiß ich als gesunder Erwachsener besser über meine Schmerzen Bescheid als ein beliebiger externer Beobachter, der auf die Beobachtung meines Verhaltens angewiesen ist. Aber nicht jeder, der Schmerz empfindet, ist ein gesunder Erwachsener, der eine eindeutige Schmerzempfindung hat, und nicht immer befinden wir uns in gewöhnlichen Alltagssituationen. Es gibt viele Gelegenheiten, in denen wir ratlos sind, weil uns unsere Gedanken und Empfindungen einfach unklar sind. Häufig suchen wir dann das Gespräch mit anderen. Eindeutiger noch ist die Lage, wenn psychische Erkrankungen ins Spiel kommen. Hier geschieht es häufig, dass Patienten bestimmte Empfindungen bestreiten und eine Psychotherapeutin oder ein Psychologe besser als der Patient selbst über dessen Erfahrungen Bescheid weiß.

Entscheidend ist aber die Möglichkeit einer Bestimmung phänomenaler Eigenschaften mit wissenschaftlichen Methoden. Tatsächlich müssen sich meine Mitmenschen nicht auf Zufallsbeobachtungen meines Verhaltens beschränken, wenn sie etwas über meine subjektiven Erfahrungen wissen wollen. Sie können die Beobachtungen systematisieren, sie können meine Aussagen miteinander oder mit den Aussagen anderer vergleichen, schließlich können sie kontrollierte Experimente mit einer größeren Zahl von Versuchspersonen anstellen und dabei eine Vielzahl wissenschaftlicher Instrumente und Methoden benutzen, um meinen Empfindungen auf die Spur zu kommen. Im Prinzip gibt es hier keine Grenzen, was die Methoden und die damit erreichbare Präzision bei der Bestimmung phänomenaler Eigenschaften angeht.

Praktiziert werden solche Methoden heute schon z. B. in der wissenschaftlichen Psychologie. Gäbe es wirklich ein starkes Introspektionsprivileg, dann sollte die Introspektion die Methode der Wahl für viele psychologische

Untersuchungen darstellen; Verhaltensexperimente würden dagegen aufgrund ihres indirekten Zugangs zu den eigentlich interessierenden kognitiven Prozessen nur in Ausnahmefällen zum Zuge kommen. Tatsächlich ist es jedoch umgekehrt: In den meisten Fällen verlässt man sich auf Verhaltensexperimente, nur relativ selten werden dagegen introspektive Methoden benutzt. Keineswegs folgt die Psychologie damit einfach blind ihrem behavioristischen Erbe, vielmehr liefern Verhaltensexperimente häufig genug die besseren Daten, z. B. weil wir oft unzuverlässige oder ungenaue Angaben über unsere Erfahrungen machen. Das hängt nicht zuletzt damit zusammen, dass wir in unseren Urteilen über uns selbst dazu neigen, uns von unseren Wünschen und Illusionen leiten zu lassen – eine direkte Korrektur durch andere gibt es ja zunächst nicht. Außerdem sind unsere Selbstbeobachtungsmöglichkeiten im Vergleich zu wissenschaftlichen Verfahren oft sehr eingeschränkt. Wir können keine Instrumente zur Hilfe nehmen, und wenn wir uns auf den Vergleich mit anderen stützen wollen, dann haben wir bereits die Perspektive der ersten Person verlassen. Im nächsten Abschnitt werde ich eine Reihe von Untersuchungen präsentieren, die helfen werden, diese These weiter zu stützen und zu konkretisieren.

Doch selbst wenn man all dies akzeptiert und die prinzipielle Symmetrie von erst- und drittpersonaler Erkenntnis anerkennt, so ergibt sich daraus keinesfalls automatisch eine Lösung des Erklärungslückenproblems. Nur die zentrale Argumentation der Erklärungslückentheoretiker kann damit zurückgewiesen werden: Phänomenale Eigenschaften lassen sich eben nicht von funktionalen Eigenschaften lösen; damit entfällt die Voraussetzung, auf die sich die Erklärungslückentheoretiker berufen, um die Notwendigkeit des Scheiterns einer wissenschaftlichen Erklärung phänomenaler Eigenschaften zu beweisen. Gleichzeitig sind damit zentrale Voraussetzungen für eine solche wissenschaftliche Theorie phänomenaler Zustände gegeben: Wir können davon ausgehen, dass es objektiv fassbare Merkmale geben muss, an denen phänomenale Zustände erkennbar sind. Doch gelöst ist das Problem damit noch lange nicht. Wie die Lösung aussehen wird, wie genau die Beschreibungen phänomenaler Zustände einmal sein werden und wie weit die Erklärungen reichen werden, ist damit natürlich noch völlig offen.

Ein Einwand

Vertreter des Erklärungslückenargumentes könnten jedoch behaupten, die hier geführte Diskussion über die Erkenntnis mentaler Zustände gehe am eigentlichen Problem vorbei. Zwar sei es richtig, dass es bei der oben diskutierten Form der Introspektion eine Symmetrie zwischen der Perspektive der ersten und der Perspektive der dritten Person gibt. Doch sei dies eben nicht *die* Form der Erkenntnis mentaler Zustände, um die es in der Erklärungslückendebatte eigentlich gehe: Die Symmetrie betreffe allenfalls ein abstraktes »Wissen, *dass*« bestimmte mentale Zustände vorliegen. Die Erklärungslückendebatte ziele dagegen auf ein qualitatives »Wissen, *wie*« es ist, in diesen Zuständen zu sein. Und dieses qualitative »Wissen wie« sei eben grundsätzlich nur aus der Perspektive der ersten Person zu erlangen. Genauso wenig wie ein Geburtsblinder jemals das

Wissen erwerben könne, wie es ist, eine Blauempfindung zu haben, genauso wenig können wir wissen, wie es ist, eine Fledermaus zu sein. Und nur auf *dieses* Wissen komme es in der Erklärungslückendebatte an, nur dieses phänomenale Wissen gebe Auskunft über das Wesen phänomenaler Zustände, und es seien nur die Inhalte *dieses* Wissens, die nicht auf neuronale Prozesse zu reduzieren seien.

Tatsächlich könnten wir schon die Forderung nach einer Erklärung eines bestimmten Typs mentaler Zustände nicht sinnvoll erheben, solange wir nicht wissen, wie es ist, in einem Zustand dieses Typs zu sein. Wer nicht weiß, wie es ist, eine Rotempfindung zu haben, der weiß eben nicht, worum es geht, wenn von einer Erklärung für Rotempfindungen die Rede ist. Und zweifellos ist es richtig, dass man dieses »*Wissen wie*« nur durch eigene Erfahrung erwerben kann.

Wer nicht weiß, wie es ist, Schmerzen zu haben, wird daher nichts mit der Aussage anfangen können, dass eine bestimmte Person derzeit gerade heftige Schmerzen spürt. Dasselbe gilt, wie oben bereits bemerkt, für die zentrale These der Erklärungslückentheoretiker selbst: Wie sollten wir die Behauptung verstehen, dass die Erklärung der phänomenalen Aspekte von Schmerzen unmöglich ist – wenn wir nicht wissen, was diese phänomenalen Aspekte sind? Wenn wir also – mit anderen Worten – nicht wissen, wie es ist, Schmerzen zu haben?

Tatsächlich erfordert jede angemessene theoretische Auseinandersetzung mit bewussten Zuständen eine Vorstellung von diesen Phänomenen – wie sonst sollten wir verstehen, wovon hier die Rede ist? Das aber bedeutet, dass wir eine solche Vorstellung, d. h. das entsprechende »Wissen wie«, immer schon bei jedem Teilnehmer an der Debatte über Bewusstsein und die Probleme seiner Erklärung voraussetzen müssen. Offenbar ist das Problem nicht auf naturwissenschaftliche Theorien phänomenaler Bewusstseinszustände beschränkt: Auch wer »nur« nach einer Erklärung bestimmter Eigenschaften von Wasser sucht, sollte diese Eigenschaften kennen: Andernfalls kann er nicht beurteilen, ob eine gegebene Theorie das Phänomen erfasst oder nicht.

Es sieht jedoch so aus, als wäre das Problem für einen bewusstseinsfähigen, gesunden Erwachsenen durchaus lösbar. Da ich oft genug Schmerzen gespürt habe, besitze ich einen hinreichend konkreten phänomenalen Begriff von Schmerzen. Nur *weil* ich die phänomenale Erfahrung aus der Perspektive der ersten Person kenne und somit »weiß, wie« es ist, Schmerzen oder andere phänomenale Zustände zu haben, erfülle ich auch die Voraussetzungen für den Erwerb eines (phänomenal angemessenen) »Wissens, dass« jemand gerade Schmerzen empfindet: Wenn mir jemand erklärt, dass Peter gerade höllische Schmerzen spürt, dann weiß ich, wovon die Rede ist.

Möglicherweise könnte der Erklärungslückentheoretiker hier darauf verweisen, dass genau dies das eigentliche Problem sei. Es gebe eben letztlich immer nur einen erstpersonalen, subjektiven Zugang zu den eigenen mentalen Zuständen; eine Erklärung müsse scheitern, weil das notwendige objektive Wissen nicht zu gewinnen sei. Ich habe eben jedoch gezeigt, dass diese Antwort an der Symmetrie zwischen intro- und extrospektivem Wissen scheitert. Doch selbst wenn man sie akzeptieren wollte, würde dies den Qualiatheoretikern nichts nützen. Die Antwort untergräbt nämlich die Vergleichbarkeit zwischen dem Erklärungslückenproblem und anderen naturwissenschaftlichen Problemen, denn dort haben wir ja objektives Wissen von den zu erklärenden Phänomenen. Wenn man die obige Behauptung akzeptiert, dann stellt man den Anspruch auf eine Erklärung mentaler Zustände in Frage.

Fazit

Im vorliegenden Kapitel habe ich zunächst für die Unterscheidung zwischen bewusster Erfahrung und dem *Wissen über* diese Erfahrung argumentiert: Bewusste und insbesondere *phänomenal* bewusste Erfahrung sind in der Tat subjektive Phänomene. Meine Schmerzerfahrung ist mir vorbehalten, andere Menschen erfahren *ihre* Schmerzen, nicht meine. Insofern existiert bezüglich der *Erfahrung* ein *exklusives Privileg*. Die *Erkenntnis* dieser Schmerzerfahrungen ist dagegen im Prinzip jedem möglich – auf der Ebene des Wissens kann daher allenfalls ein *relatives* Privileg insofern bestehen, als die Introspektion erheblich bessere Möglichkeiten bieten könnte, wahre Überzeugungen über die eigenen Erfahrungen, insbesondere über die phänomenalen Erfahrungen zu erwerben, als es die extrospektive Erkenntnis tut. Dies ist in der Tat eine weitverbreitete Auffassung. Sie stützt sich u. a. auf die Feststellung, dass unser introspektiver Zugang zu unseren bewussten Erfahrungen direkt ist, während die extrospektive Erkenntnis auf indirekte Schlussfolgerungen aus unserem Verhalten angewiesen ist.

Abgesehen davon, dass der epistemische Wert einer unmittelbaren Beziehung zu den Erkenntnisgegenständen anfechtbar ist, hatten die eigenen Überlegungen zur Funktion introspektiver Erkenntnis zu Zweifeln an der Unmittelbarkeit der Introspektion geführt. Chalmers' Theorie des phänomenalen Wissens, die der bekannten Engführung von Wissen und Bewusstsein folgte, konnte ebenfalls keine überzeugenden Argumente für die behauptete Unmittelbarkeit des introspektiven Wissens vorlegen.

Entscheidend geschwächt wird die Position der Erklärungslückentheoretiker allerdings erst durch die Zurückweisung der zentralen Gedankenexperimente und der ihnen zugrundeliegenden Annahme, dass phänomenale Eigenschaften nicht durch funktionale Merkmale zu erfassen sind und sich damit der extrospektiven Erkenntnis entziehen. Eine genaue Untersuchung der relevanten Gedankenexperimente zeigte demgegenüber, dass diese Annahme zu absurden Konsequenzen und inneren Widersprüchen führt. Um diese Konsequenzen zu vermeiden, müssen wir eine prinzipielle Symmetrie zwischen Introspektion und Extrospektion annehmen. Dies bedeutet auch, dass es im Prinzip möglich sein müsste, phänomenale Unterschiede, die introspektiv erfassbar sind, auch mit extrospektiven Mitteln zu erkennen.

Hieraus ergibt sich die wohl wichtigste Konsequenz dieser Beobachtungen: Weder die phänomenale Erfahrung noch die phänomenale Erkenntnis besitzen einen epistemischen Sonderstatus. Phänomenale Erfahrungen und Erkenntnisse sind Prozesse, die von bestimmten Ursachen hervorgebracht werden und selbst bestimmte Wirkungen haben. Stellt man dies in Frage, dann handelt man sich –

völlig unabhängig von den jeweiligen metaphysischen Voraussetzungen – absurde und schwer lösbare Probleme ein. Im Umkehrschluss heißt dies letztlich nichts anderes, als dass eine solide Basis für die empirische Erforschung und die Erklärung der Beziehung von Geist und Gehirn existiert. Entscheidend ist dabei die Symmetrie zwischen erst- und drittpersonalem Wissen. Erfahrung ist subjektiv, doch wir können sie mit objektiven Methoden beschreiben und erklären.

All dies sind jedoch nur theoretische Argumente: Dies gilt sowohl für die Symmetrie zwischen Introspektion und Extrospektion wie auch für die Möglichkeiten einer objektiven Erfassung phänomenaler Zustände. Was Letztere betrifft, so bedeutet dies vor allem, dass die vorgelegten Argumente lediglich zeigen, *dass* das Erklärungslückenproblem lösbar ist, sie präsentieren nicht selbst die Lösung. Diese Lösung ist offensichtlich Sache der empirischen Forschung; wie sie aussehen soll, ist im Moment völlig unklar, ja, wir haben große Schwierigkeiten, uns überhaupt eine solche Lösung vorzustellen.

Auch die Behauptung, dass eine prinzipielle Symmetrie zwischen Introspektion und Extrospektion besteht, sollte nach Möglichkeit weiter konkretisiert werden. Möglich ist dies nur mit Hilfe empirischer Studien. Im Folgenden werde ich eine Reihe solcher Untersuchungen vorstellen. Dabei möchte ich zum einen zeigen, dass wir uns mit extrospektiven Methoden in der Tat ein systematisches Bild von subjektiven Erfahrungen machen können. Andere Befunde zeigen, dass die introspektive Erkenntnis in der Tat unter bestimmten Bedingungen fehlerhaft ist und dass diese Fehler durch experimentelle, wissenschaftliche

Untersuchungen aufgedeckt werden können. Außerdem werde ich Studien präsentieren, die Aufschluss geben über die neuronalen Mechanismen, die der introspektiven Erkenntnis zugrunde liegen. Diese Studien liefern nicht nur eine weitere Bestätigung der Unterscheidung von Erfahrung und Erkenntnis, vielmehr zeigen sie auch, dass die introspektive Erkenntnis alles andere als »direkt« ist.

Kapitel III: Empirische Erkenntnisse zum Erste-Person-Privileg

Einleitung: Die vermeintliche Unmittelbarkeit des introspektiven Wissens

Aus der im letzten Kapitel festgestellten Symmetrie von Introspektion und Extrospektion ergeben sich zwei wesentliche Konsequenzen: Zum einen ist damit eine empirische Untersuchung bewusster Zustände prinzipiell möglich. Es gibt eine Brücke, die es erlaubt, subjektive Erfahrung zum Gegenstand objektiver Erkenntnisse zu machen. Dies betrifft ausdrücklich auch den Bereich der phänomenalen Erfahrungen; auch diese sind – wie eben gezeigt – extrospektiv im Prinzip nicht schlechter zu erfassen als mit Mitteln der Introspektion.

Was dies genau heißt, kann jedoch nur mit Hilfe empirischer Untersuchungen bestimmt werden, die Auskunft über Reichweite und Grenzen dieser beiden Erkenntnisformen zu geben vermögen. Unklar sind außerdem die konkreten neuronalen und kognitiven Mechanismen, die zu introspektiver Erkenntnis führen. Sie sind auch deshalb von besonderem Interesse, weil sie zu einem besseren Verständnis des Verhältnisses von bewusster Erfahrung und Introspektion führen können.

Aus diesem Grund sollen im folgenden dritten Kapitel empirische Erkenntnisse und Theorien präsentiert werden, die einschlägig für die Symmetrie von introspektiver und extrospektiver Erkenntnis sind. Im ersten Abschnitt werde ich mich mit der extrospektiven Erkenntnis befassen, zunächst im Alltag und dann in den Wissenschaften. Dabei werde ich anhand des sogenannten Quality-Space-Modells zeigen, wie man sich die systematische Erforschung qualitativer Erfahrungen vorstellen kann. Auch wenn es sich hier nur um erste Ansätze handelt: Sie zeigen, dass unsere extrospektiven Erkenntnisse insbesondere in den Wissenschaften überraschend weit reichen. Der zweite Abschnitt wird sich dann primär mit Problemen der introspektiven Erkenntnis beschäftigen. Die Belege stammen aus unterschiedlichen Bereichen der Psychologie, aber auch aus der Psychiatrie. Sie zeigen, dass introspektive Überzeugungen fehleranfällig sind und dass diese Fehler mit wissenschaftlichen Methoden entdeckt werden können. Zudem findet sich hier eine ganze Reihe von Hinweisen darauf, dass introspektive Erkenntnis alles andere als unmittelbar ist und daher auch von Umweltfaktoren beeinflusst werden kann.

Im dritten Abschnitt werde ich dann einige neurowissenschaftliche Studien präsentieren, die Rückschlüsse auf die Mechanismen zulassen, die der introspektiven Erkenntnis zugrunde liegen. Sie bestätigen die Vermutung, dass Introspektion alles andere als direkt ist, sondern auf komplizierten, indirekten und – natürlich – fehleranfälligen Verarbeitungsprozessen basiert.

Doch wenn es so viele Belege gibt, die gegen ein Introspektionsprivileg sprechen – warum erscheint uns diese Annahme dennoch so plausibel? Im vierten Abschnitt werde ich kurz eine psychologische Theorie vorstellen, die einen wichtigen Beitrag zur Antwort auf diese Frage leisten kann.

All dies zeigt, dass die Symmetrie von introspektiver und extrospektiver Erkenntnis nicht nur ein abstraktes theoretisches Postulat darstellt, sondern eine konkret nachweisbare empirische Tatsache. Dies ist umso wichtiger, als wir davon ausgehen müssen, dass sich die empirischen Verfahren auch in Zukunft noch dramatisch verbessern können.

I. Extrospektive Erkenntnis

Alltägliche Extrospektion

Betrachten wir also zunächst einmal die generellen Perspektiven extrospektiver Erkenntnis im Alltag und in den Wissenschaften. Im Alltag spielt Extrospektion durchweg eine wichtige Rolle, es sei denn, wir würden uns alleine auf irgendeine einsame Insel zurückziehen. Tatsächlich ist es unerlässlich, ständig über die Gedanken, Absichten, Emotionen und auch die Wahrnehmungen unserer Mitmenschen Bescheid zu wissen. Insbesondere für unser Sozialverhalten spielt die Erkenntnis der mentalen Zustände anderer eine zentrale Rolle. Menschen verfügen daher über ein großes Spektrum an Fähigkeiten und Verhaltensweisen, um zu erkennen, was andere denken, bzw. um sie an unseren Gedanken teilhaben zu lassen.

Am offensichtlichsten ist dies in einem Gespräch. Tatsächlich dient die sprachliche Verständigung nicht zuletzt dazu, sich – direkt oder indirekt – gegenseitig den jeweils eigenen Standpunkt mitzuteilen: Wer seinem Gesprächspartner von einem roten Objekt in seiner Nähe berichtet, der gibt damit gleichzeitig zu verstehen, dass er eine Rotempfindung hat. Und wer darauf hinweist, dass ein bestimmter Sachverhalt ärgerlich sei, der zeigt damit meistens auch, dass er selbst Ärger empfindet. Das ist wenig spektakulär und wird nur äußerst selten bestritten.

Das Gleiche gilt für die Erkenntnis, dass explizite sprachliche Äußerungen oft unvollständig sind und einen eindeutigen Sinn erst dann ergeben, wenn man den Kontext der Äußerung berücksichtigt. Und ein zentraler Bestandteil des Kontextes sind eben die Absichten, Überzeugungen und Emotionen des Sprechers. Erst sie verraten uns, ob eine Äußerung wie »Prima!« oder »Das hast du ja toll gemacht!« positiv und ernsthaft oder negativ und ironisch gemeint ist. Wichtiger noch ist unsere Fähigkeit, die Wünsche und Absichten anderer zu erkennen, in der nichtverbalen Kommunikation, also z. B. dann, wenn wir ihr Verhalten interpretieren, erklären oder gar voraussagen wollen.

Viele dieser Fähigkeiten sind angeboren und schon in der frühen Kindheit verfügbar. So können bereits Neugeborene einfache Bewegungen wie z. B. das Herausstrecken der Zunge nicht nur erkennen, sondern sie auch kopieren.[1] Wenig später, zwischen vierter Woche und viertem Monat, erwerben Babys dann die Fähigkeit, einen fröhlichen Gesichtsausdruck von einem neutralen oder ärgerlichen zu unterscheiden. Ebenfalls mit vier Monaten sind sie in der Lage, den emotionalen Ausdruck zu nutzen, um Stimme und Mimik von Schauspielern in einem Film einander zuzuordnen.[2] Mit sechs Monaten vermögen sie dann zu erkennen, dass Menschen in ihrem Handeln Absichten verfolgen – Maschinen schreiben sie solche Absichten dagegen nicht zu.[3] Schließlich erwerben Kinder mit etwa neun Monaten die Fähigkeit, die Emotionen anderer nicht nur zu erkennen, sondern sie auch in ihrem Handeln zu berücksichtigen: Kinder, deren Bezugsperson z. B. in einer kritischen Situation ein ängstliches Gesicht macht, verhalten sich viel zurückhaltender als solche, deren Bezugsperson gelassen oder optimistisch reagiert. Ganz generell erwerben Kinder mit neun Monaten die sogenannte »sekundäre Intersubjektivität.« Zu diesem Thema heißt es bei Michael Tomasello:

> »At 9 months of age infants begin to understand that other people perceive the world and have intentions and feelings toward it.«[4]

Insgesamt sind Kinder also vergleichsweise früh in der Lage, mentale Zustände anderer zu berücksichtigen. Nach allem, was man heute sagen kann, basiert diese Fähigkeit allerdings nicht auf komplexen, theoretischen Überlegungen, vielmehr geht sie auf vergleichsweise einfache, automatische Prozesse zurück – nur deshalb kann diese Fähigkeit schon so früh in der Kindheit auftreten. Umgekehrt benötigen Kinder wesentlich länger, wenn es darum geht, die Überzeugungen anderer explizit zu erkennen. Das gilt insbesondere dann, wenn die Kinder selbst diese Überzeugungen für falsch halten. Zwar treten implizite Vorformen dieser Fähigkeit schon vergleichsweise früh auf, doch die explizite, sprachliche Zuschreibung von falschen Überzeugungen meistern Kinder im Allgemeinen erst mit drei bis vier Jahren.[5]

Dennoch scheint die Erkenntnis geistiger Zustände anderer aus der Alltagsperspektive keine unlösbare Aufgabe zu sein, und tatsächlich bewältigen wir diese Schwierigkeit praktisch permanent, meist ohne es überhaupt richtig zu bemerken. Generell kann man daher davon sprechen, dass Menschen neben der Perspektive der ersten Person, die ihnen Zugang zu ihren eigenen mentalen Zuständen verschafft, und der Perspektive der dritten Person, die ihnen Zugang zur äußeren Wirklichkeit bietet, auch eine Perspektive der *zweiten* Person einnehmen können, um Zugang zu den mentalen Zuständen anderer zu gewinnen.[6] Die Perspektive der zweiten Person spielt eine zentrale Rolle in unserem alltäglichen Umgang miteinander, und wir sind durch unsere natürlichen Fähigkeiten offenbar bestens auf sie vorbereitet. Tatsächlich fällt es uns sehr leicht, uns ein halbwegs zutreffendes Bild von den Empfindungen, Wünschen, Absichten und Überzeugungen anderer zu machen – ein erster Beleg dafür, dass die Symmetrie von Introspektion und Extrospektion eben nicht nur ein theoretisches Postulat, sondern auch im Alltag eine konkrete empirische Tatsache ist.

Wissenschaftliche Extrospektion und das Quality-Space-Modell

Die Vertreter des Erklärungslückenargumentes müssen sich von diesen Befunden jedoch nicht notwendigerweise tief beeindruckt zeigen: Die gerade aufgeführten Belege betreffen nur unsere alltägliche Fähigkeit, die mentalen Zustände anderer zu erkennen; sie sagen nichts darüber aus, dass extrospektive Erkenntnis unter bestimmten Bedingungen der introspektiven überlegen ist, und auch über die Reichweite der wissenschaftlichen Erkenntnis insbesondere für das phänomenale Bewusstsein erfahren wir auf diese Weise herzlich wenig. Im Folgenden möchte ich mich daher auf wissenschaftliche Methoden konzentrieren, außerdem werde ich die Zuschreibung phänomenaler Zustände, insbesondere von Farbempfindungen in den Vordergrund stellen – schließlich handelt es sich hier um das Standardbeispiel, mit dem die Erklärungslückentheoretiker die Überlegenheit des phänomenalen Wissens zu demonstrieren suchen. Im Folgenden wird es zunächst um unsere Möglichkeiten gehen, die phänomenalen Erfahrungen mit Hilfe objektiver Methoden, genauer mit Hilfe des sogenannten Quality-Space-Modells zu erfassen. Es wird sich herausstellen, dass vor allem Farbempfindungen auf diese Weise recht genau und systematisch beschrieben werden können, und zwar genauer und systematischer, als es allein mit introspektiven Mitteln möglich ist.

Das Quality-Space-Modell

Das Quality-Space-Modell des Farbensehens, das heute unter anderem von David Rosenthal[7] vertreten und weiterentwickelt wird, hat bereits eine längere Geschichte; sein wichtigster Vorläufer dürfte der dreidimensionale Munsellsche Farbraum sein, der 1915 erstmals von dem amerikanischen Maler und Kunstlehrer Albert Henry Munsell veröffentlicht wurde. Das System arbeitet mit drei Dimensionen, die für den Farbton, die Sättigung und die Helligkeit eines gegebenen Farbmusters stehen. Munsell ging aus von zehn basalen Farbtönen, deren Unterschiede voneinander als ungefähr gleich groß empfunden werden sollten. Obwohl das System somit *subjektive* Empfindungen berücksichtigt, ist das eigentliche Ziel ein *objektives* Modell der unterschiedlichen Farbtöne, so wie sie ein idealer Beobachter empfindet.

Das hier vorzustellende Quality-Space-Modell des Farbensehens zielt demgegenüber stärker darauf, das subjektive menschliche Farbempfinden abzubilden. Es stellt damit in der Tat zumindest im Ansatz eine Brücke zwischen subjektiver Erfahrung und objektiven Methoden dar, so wie sie die Erklärungslückentheoretiker immer bestritten hatten. Dazu greift es auf Methoden der Psychophysik zurück, die sich vor allem das menschliche Unterscheidungsvermögen zunutze machen. Ausgangspunkt ist die Bestimmung der sogenannten Unterschiedsschwelle, das ist der Unterschied, der mindestens zwischen zwei Stimuli bestehen muss, damit wir sie voneinander unterscheiden können. Liegt die Differenz zwischen zwei Farbtönen unterhalb der Unterschiedsschwelle, dann sind sie für uns ununterscheidbar, liegt die Differenz darüber, dann sind wir zu einer Unterscheidung in der Lage. Auf diese Weise lässt sich z. B. feststellen, dass unser Unterscheidungsvermögen innerhalb des Farbspektrums variiert. Bereiche, in denen unser farbliches Unterscheidungsvermögen besonders gut ist, erhalten daher in einem Quality-Space-Modell mehr Raum als solche, in denen wir nur schlecht differenzieren können.

Der Anspruch dieses Ansatzes beschränkt sich also nicht einfach darauf, unser Unterscheidungsvermögen von Farben zu bestimmen; vielmehr wird dieses Unterscheidungsvermögen genutzt, um zu einer systematischen Erfassung unserer *phänomenalen Erfahrungen* zu gelangen. Lässt man für einen Moment die Möglichkeit von Farbinversionen außer Acht, dann müsste dies mit der vorliegenden Methode in der Tat zu machen sein. Wenn man nämlich die plausible Annahme macht, dass Unterschiede in unserer Erfahrung die Grundlage für unser Unterscheidungsverhalten darstellen, dann müsste man die phänomenalen Qualitäten indirekt über unsere Unterscheidungsfähigkeiten erfassen können. Wenn ich also imstande bin, zwei unterschiedliche rote Farbmuster halbwegs zuverlässig voneinander zu unterscheiden, dann spricht dies dafür, dass auch die entsprechenden Erfahrungen unterschiedlich sind. Sind die Erfahrungen nicht unterschiedlich, sollte ich auch nicht zu einer zuverlässigen Unterscheidung fähig sein.

Die letzte Prämisse dürfte nicht zuletzt den Erklärungslückentheoretikern einleuchten: Auch sie gehen davon aus, dass Unterschiede in unseren phänomenalen Erfahrungen die Grundlage unseres Unterscheidungsvermögens auf diesem Gebiet bilden. Andernfalls müssten wir uns hin und wieder in Situationen befinden, in denen wir uns dabei beobachten, dass wir zwei Farbmuster als unterschiedlich bezeichnen, obwohl sie uns gleich erscheinen. Genauso wenig ist anzunehmen, dass wir Farben als gleich bezeichnen würden, obwohl unsere Erfahrung unterschiedlich ist.

Sollte es daher systematische Beziehungen zwischen unseren Urteilen über Farbmuster entlang bestimmter Dimensionen geben (wie Helligkeit, Farbton und Sättigung), dann ist anzunehmen, dass diese Beziehungen auch zwischen den entsprechenden Erfahrungen bestehen. Systematisch sind diese Beziehungen insofern, als jeder Farbempfindung ein recht genauer Ort innerhalb des dreidimensionalen Farbraums zugeordnet werden kann, ohne dass es dabei zu Ambiguitäten oder Widersprüchen käme. Damit liefern Quality-Space-Modelle sehr detailreiche Beschreibungen phänomenaler Erfahrungen innerhalb einer Modalität. Diese Beschreibungen sind offenbar wesentlich genauer und systematisch kohärenter als Beschreibungen, die sich alleine auf introspektive Erfahrungen stützen: Würde ich mich allein auf meinen jeweiligen subjektiven

Eindruck verlassen, wenn ich eine größere Zahl von Farbmustern unterschiedlicher Farbtöne und Sättigungen klassifizieren soll, dann wären Ungenauigkeiten und Widersprüche kaum zu vermeiden. Quality-Space-Modelle und die ihnen zugrundeliegenden psychophysischen Verfahren scheinen hier einen grundlegenden Vorteil zu besitzen. Sie liefern damit ein weiteres Beispiel für die prinzipielle Symmetrie zwischen introspektiven und extrospektiven Ansätzen.

Festzuhalten ist außerdem, dass die systematischen Beziehungen eindeutig gegen die Annahme sprechen, dass phänomenale Erfahrungen einen intrinsischen Charakter haben. Wäre dies so, dann wäre der systematische Charakter der Urteile einfach überraschend. Zu erwarten wäre vielmehr, dass unterschiedliche Farbempfindungen so unverbunden nebeneinanderstünden wie phänomenale Erfahrungen, bei denen die Annahme intrinsischer Differenzen wesentlich plausibler ist, z. B. im Verhältnis zwischen Farbempfindungen und Furchtzuständen.[8] In dieselbe Richtung deutet die Tatsache, dass unser Unterscheidungsvermögen im direkten Vergleich von zwei Farbmustern wesentlich besser ist als bei der unabhängigen Präsentation dieser Farbmuster z. B. nacheinander. Ein Quality-Space-Ansatz kann dies einfach damit erklären, dass die Qualität jedes einzelnen Farbmusters von seiner Beziehung zu anderen Farbmustern abhängig ist. Diese Beziehung ist im direkten Vergleich gut zu erkennen, in einer unabhängigen Präsentation ist man dagegen auf die Erinnerung angewiesen. Wären die Qualitäten intrinsisch, dann lägen die Dinge ganz anders: Intrinsische Eigenschaften sind definitionsgemäß unabhängig von ihren Beziehungen zu anderen Eigenschaften; sie müssten daher unabhängig von jedem Vergleich beliebig genau zu erkennen sein – so wie dies auch bei einem Vergleich von einer Rotempfindung und einem Furchtzustand der Fall ist. Die – begrifflich schwer fassbaren – Unterschiede zwischen diesen beiden Typen von Erfahrung lassen sich nicht genauer bestimmen, wenn man gleichzeitig eine Rotempfindung und einen Furchtzustand erlebt. Zu erwarten ist eher, dass der Furchtzustand uns von der Rotempfindung ablenkt oder umgekehrt.

Das Beispiel zeigt außerdem, dass Unterschiede zwischen intrinsisch verschiedenen Eigenschaften nur schwer systematisch quantifizierbar sein dürften. Wie sollte man entscheiden, ob eine Rotempfindung sich stärker von einem bestimmten Furchtzustand unterscheidet als eine Blauempfindung? Nicht zu reden von feinkörnigeren Unterschieden entlang bestimmter Dimensionen, wie es sie bei Helligkeit, Farbton und Sättigung gibt.

Doch was ist erreicht, wenn man Farbempfindungen in einem Farbraum lokalisieren kann? David Rosenthal geht davon aus, dass damit kein Platz mehr für das Erklärungslückenproblem bleibe. Zum einen scheiterten die üblichen Argumente der Erklärungslückentheoretiker an diesem Modell. Diese Gedankenexperimente setzen nämlich – wie oben mehrfach betont – ein starkes epistemisches Privileg für die Perspektive der ersten Person voraus. Doch genau dieses Privileg bestreitet der Quality-Space-Ansatz, indem er mentale Qualitäten auf ein objektiv messbares Unterscheidungsverhalten zurückführt. Damit scheitert das Inverted-Spectrum-Argument. Wenn sich jede Farbempfindung durch das Unterscheidungsverhalten bestimmen lässt, dann besitzen zwei Personen, die das gleiche Unterscheidungsverhalten zeigen, definitionsgemäß auch die gleichen Farbempfindungen. Aus denselben Gründen lässt sich auch das Zombie-Gedankenexperiment zurückweisen. Wenn man die obige Prämisse akzeptiert, dann bleibt auch hier kein Platz mehr für phänomenale Unterschiede, solange es keine Unterschiede im Urteilsverhalten gibt. Und da Zombies sich genauso verhalten und genauso urteilen wie bewusste Menschen, müssen sie auch die gleichen Erfahrungen haben. Für abwesende Qualia bleibt da nach Ansicht Rosenthals kein Raum mehr.

Wie sind diese Argumente einzuschätzen? Ich glaube in der Tat, dass der Quality-Space-Ansatz eine hervorragende systematische Beschreibung des phänomenalen Farbraums liefert. Angesichts der Tatsache, dass rein introspektive Beschreibungen diesen Grad an Genauigkeit und Systematik kaum jemals erreichen werden, ist damit gleichzeitig ein weiterer Beleg dafür erbracht, dass extrospektives Wissen dem introspektiven überlegen sein kann.

Ich glaube jedoch nicht, dass daraus auch schon eine Widerlegung des Erklärungslückenargumentes abgeleitet werden kann. Die entscheidende Schwierigkeit scheint mir darin zu bestehen, dass Rosenthal auf eine ausführliche inhaltliche Auseinandersetzung mit dem Argument verzichtet und ihm stattdessen lediglich seinen eigenen Ansatz entgegenstellt, da dieser einfach besser sei. Das ist ein mögliches Verfahren, allerdings bürdet es die gesamte Beweislast der Erklärungskraft des Quality-Space-Modells auf. Nur wenn dieses alle zentralen Fragen besser als die Erklärungslückentheoretiker beantworten kann, wäre die Zurückweisung dieser Theorie gerechtfertigt.

Doch ist der Quality-Space-Ansatz wirklich so viel besser? Vermag er eine plausible Antwort auf alle wichtigen Fragen nach dem qualitativen Charakter unserer Erfahrungen vorzuweisen? Nehmen wir um des Argumentes willen an, dass dies für Farbempfindungen gilt. Doch was ist mit anderen mentalen Qualitäten? Rosenthal greift für die konkrete Bestimmung dieser Qualitäten wie gesagt auf psychophysische Methoden zur Bestimmung von Wahrnehmungsunterscheidungen zurück. Das funktioniert bei visueller Wahrnehmung sehr gut, Ähnliches mag für taktile Empfindungen, auditive, Geschmacks- und Schmerzwahrnehmung gelten.

Doch wie ist es mit Emotionen, die ebenfalls eine paradigmatische Form phänomenaler Erfahrung darstellen? Zwar kann man auch hier zwischen der Intensität und dem positiven oder negativen Charakter der Erfahrung unterscheiden. Doch es erscheint ausgeschlossen, dass auf diese Weise der gesamte phänomenale Charakter von Emotionen zu erfassen ist: Es wäre z. B. gut denkbar, dass eine Empfindung von Ärger und eine Empfindung von Furcht sich hinsichtlich dieser beiden Dimensionen nicht voneinander unterscheiden, also gleich unangenehm und intensiv sind, obwohl sie sich ansonsten massiv unterscheiden, ohne dass wir gleich ein Bezugssystem für die verbleibenden Unterschiede angeben könnten. Das aber würde bedeuten, dass ein zentraler Aspekt von Emotionen nicht durch den Quality-Space abbildbar ist.

Dafür spricht auch Rosenthals Eingeständnis, dass das Verhältnis unterschiedlicher Modalitäten, also z. B. von Schmerzen und Farbempfindungen, nicht in einem solchen Quality-Space erfasst werden kann. Damit bliebe eine ganz zentrale Frage jeder Theorie des Bewusstseins offen: Wie kann der Unterschied zwischen den einzelnen Typen phänomenaler Erfahrung erklärt oder zumindest beschrieben werden? Das Modell kann daher die hohe Beweislast gegenüber der Erklärungslückentheorie nicht tragen.

Dies ist allerdings auch nicht nötig, denn wie oben gezeigt, haben wir sehr gute unabhängige Gründe, diese Theorie zurückzuweisen. Reduziert man die Beweislast auf diese Weise, dann vermag das Modell einen wichtigen Beitrag zum Verständnis und zur Beschreibung phänomenaler Erfahrungen zu leisten: Es zeigt nämlich, dass auch die Qualität subjektiver Erfahrungen in objektiven Kategorien erfasst werden kann – so wie dies Nagel mit seiner »Objektiven Phänomenologie« gefordert hatte. Dies ist ein erster konkreter Schritt, der im Prinzip zeigt, dass die Kluft zwischen subjektiver Erfahrung und objektiven Methoden überwindbar ist. Es versteht sich von selbst, dass hier noch sehr viel zu tun bleibt; doch es sieht so aus, als *könnte* es auch getan werden.

II. Introspektive Erkenntnis

Unmittelbarkeit der Introspektion

Die bislang präsentierten Ansätze liefern erste Belege für das Potential extrospektiver Erkenntnis. Verständlicherweise ändert dies nichts an den zahlreichen Mängeln dieser Form des Erkennens. Natürlich können wir uns täuschen, wenn wir versuchen, uns ein Bild von den Erfahrungen anderer Menschen zu machen – selbst wenn wir dazu wissenschaftliche Methoden einsetzen. Doch das Gleiche gilt, wie ich im Folgenden zeigen möchte, eben auch für die Introspektion. Sie weist nämlich ebenfalls eine ganze Reihe von Unzulänglichkeiten auf, und interessanterweise sind diese Unzulänglichkeiten extrospektiv zu erkennen.

Dabei wird gleichzeitig eine zentrale Voraussetzung des klassischen Introspektionsprivilegs in Frage gestellt. Wie oben mehrfach gezeigt, stützt sich das Privileg auf die Annahme, dass erstpersonale Erkenntnis in einem unmittelbaren Verhältnis zu ihren Gegenständen steht. Sie soll daher frei von den Fehlern sein, welche durch den umständlichen Vermittlungsprozess entstehen, den die drittpersonale Erkenntnis zu durchlaufen hat. Ich habe jedoch bereits gezeigt, dass eine solche Unmittelbarkeit, selbst *wenn* sie denn existierte, keine besonders guten Belege für ein erstpersonales Privileg liefern würde. Im Folgenden möchte ich der Frage nachgehen, *ob* eine solche Unmittelbarkeit der erstpersonalen Erkenntnis existiert.

Im Einklang mit den obigen theoretischen Überlegungen wird sich herausstellen, dass dies *nicht* der Fall ist: Erstpersonale Überzeugungen erwirbt man nicht einfach dadurch, dass man irgendwelche unmittelbar zugänglichen Tatsachen erkennt oder akzeptiert, so als würde jemand, der sich in einem bestimmten Bewusstseinszustand befindet, quasi automatisch auch die entsprechende Überzeugung gewinnen. Dies mag in der subjektiven Erfahrung häufig so aussehen, doch das heißt nicht viel. Auch die visuelle Wahrnehmung erscheint uns völlig automatisch und unmittelbar zu funktionieren; in Wirklichkeit basiert sie auf äußerst komplizierten kognitiven bzw. neuronalen Verarbeitungsprozessen.

Die Belege, die ich im Folgenden präsentieren werde, zeigen, dass dasselbe auch für introspektive Überzeugungen gilt: Auch sie sind Produkte komplexer Verarbeitungsprozesse. In diese Prozesse geht eine Vielzahl von Vorannahmen, Theorien und Interpretationen ein. Unter normalen Bedingungen erleichtern und stützen diese Vorannahmen den Erkenntnisprozess. Doch unter außergewöhnlichen Umständen können sie auch auf Abwege führen – so wie dies in der äußeren Wahrnehmung bei den bekannten Wahrnehmungsillusionen geschieht.

Hierdurch können nicht nur Widersprüche und Verzerrungen auftreten, vielmehr kann der Erwerb introspektiver Überzeugungen zuweilen auch vollständig scheitern: Wir können uns also irren, wenn wir ernsthaft und aufrichtig von unseren bewussten Erfahrungen berichten. Das wird sehr selten passieren, wenn gesunde Erwachsene von starken und eindeutigen Schmerzen sprechen. Doch wie bereits erwähnt, sind eben nicht alle Menschen gesunde Erwachsene und nicht alle Empfindungen eindeutig; es gibt daher eine Vielzahl von Fällen, in denen wir Gründe für Zweifel an den Berichten haben, die Menschen von ihren eigenen Erfahrungen liefern. Hieraus ergeben sich weitere konkrete Belege für die zuvor nur theoretisch begründete Symmetrie von erster und dritter Person. Konstitutiv für diese Symmetrie ist, dass nicht nur extrospektive Erkenntnisse zuweilen besseren Aufschluss über mentale Zustände liefern können als die Introspektion. Vielmehr gibt es auch Belege für introspektive Irrtümer oder Verzerrungen, die aus der Perspektive der dritten Person zu erkennen sind.

Ein Einwand

Bevor ich hierfür einige Beispiele bringe, möchte ich noch einen möglichen grundsätzlichen Einwand erörtern. Wenn man objektive Belege für verfehlte introspektive Überzeugungen vorbringen will, unterstellt man damit nicht von vornherein, was man eigentlich erst beweisen will, nämlich dass drittpersonale Erkenntnis erstpersonale Irrtümer aufdecken kann? Anders ausgedrückt: Um empirische Belege gegen das Introspektionsprivileg vorbringen zu können, müssen wir scheinbar bereits voraussetzen, dass das Privileg gar nicht existiert. Warum sollte sich ein Vertreter dieses Privilegs also überhaupt mit unseren Belegen auseinandersetzen? Wenn die erstpersonale Erkenntnis der drittpersonalen vorzuziehen ist, dann können objektive Befunde prinzipiell keine Belege für vermeintliche erstpersonale Irrtümer liefern!

Bei näherer Betrachtung sieht die Sache allerdings etwas anders aus. Wer unterstellt, dass erstpersonale Überzeugungen grundsätzlich den Vorzug gegenüber objektiven Erkenntnissen über Bewusstseinszustände verdienen, der handelt genauso voreingenommen wie ein dogmatischer Behaviorist, der erstpersonale Befunde aus Prinzip ignoriert. Sinnvoll kann daher nur ein halbwegs unvoreingenommener Umgang mit den empirischen Daten sein, ohne dass man sich zuvor schon entscheidet, die Perspektive der ersten oder die der dritten Person vorzuziehen. Das entscheidende Kriterium muss sein, wie die beste Erklärung der vorliegenden Befunde zu gewinnen ist. Dies gilt umso mehr, als ja die obigen theoretischen Überlegungen schon Argumente für eine prinzipielle Symmetrie beider Perspektiven geliefert hatten.

Tatsächlich führt kein Weg an der Erkenntnis vorbei, dass drittpersonale Erkenntnisse erstpersonale Behauptungen in Frage stellen können. Darüber hinaus vermögen wissenschaftliche Theorien auch Aufschlüsse über das Zustandekommen erstpersonaler Überzeugungen zu geben. Abgesehen davon können sich Einwände gegen eine bestimmte erstpersonale Aussage zuweilen auch auf andere erstpersonale Aussagen stützen: Wenn eine Versuchsperson widersprüchliche Aussagen über ein und dieselbe Erfahrung macht, dann können nicht alle diese Aussagen richtig sein. Extrospektive Erkenntnisse können dann auch Hinweise dafür liefern, welche erstpersonale Aussage am besten begründet ist.

Einige Indizien

Das Kaninchen auf der Haut

Ein erster Beleg für die Irrtumsanfälligkeit introspektiver Erkenntnis ergibt sich aus Untersuchungen zum sogenannten »Kaninchen auf der Haut« (Cutaneous Rabbit), einer Wahrnehmungsillusion, die bereits in den siebziger Jahren von Geldard und Sherrick beschrieben wurde.[9] Die Illusion entsteht, wenn man den Arm einer Versuchsperson innerhalb einer knappen Sekunde an mindestens zwei Stellen nacheinander stimuliert, z. B. mit fünf Impulsen in der Nähe des Handgelenks und anschließend mit fünf weiteren Impulsen am Ellbogen. Die Versuchsperson wird dann berichten, dass sie die Impulse nicht nur an den zwei Stellen gespürt hat, an denen diese sich tatsächlich befanden, vielmehr wird sie das Gefühl haben, der Impuls hätte sich schrittweise vom einen Ort zum anderen bewegt – so als wäre ein Kaninchen über ihre Haut gelaufen.

Die Illusion an sich ist vielfach bestätigt, mittlerweile gibt es auch Untersuchungen zu ihren neuronalen Grundlagen. Dabei hat sich herausgestellt, dass die sensorischen Areale des Gehirns bei der illusorischen Wahrnehmung der Stimuli zwischen Handgelenk und Ellbogen genauso reagieren wie bei einer echten Stimulation dieser Stellen.[10] Zusätzlich werden bei der illusorischen Wahrnehmung noch Netzwerke im Präfrontalen Kortex aktiv. Sie sind möglicherweise für die gerade beschriebene Reaktion der sensorischen Areale *zwischen* Handgelenk und Ellbogen verantwortlich, die ja aktiv werden, obwohl sie keinerlei Signale aus den dazugehörigen Körperregionen erhalten. Die Vermutung liegt nahe, dass das Wahrnehmungssystem hier eine Art »Schluss auf die beste Erklärung« zieht, immerhin treten solche Empfindungen normalerweise dann auf, wenn wir tatsächlich Kontakt mit einem sich bewegenden Objekt haben. Doch wie auch immer die Details der Erklärung aussehen mögen, offenbar stehen auch vergleichsweise simple Formen der taktilen Wahrnehmung unter dem Einfluss höherer kognitiver Prozesse.

Wie schon Dennett[11] bemerkt hat, werfen die Experimente auch Fragen nach der Introspektion auf. Immerhin dauert es in der gerade skizzierten Variante des Experimentes nach dem ersten Reiz am Handgelenk fast eine halbe Sekunde, bis ein Reiz an einer anderen Stelle auftritt – vorher kann das Gehirn also keinerlei »Schlüsse« ziehen. Daher müsste man die ersten fünf Reize anfänglich zunächst einmal an ihrer ursprünglichen Stelle am Handgelenk spüren, bevor sie dann anfangen, sich zu »bewegen«. Die

Versuchspersonen berichten aber nicht von einer solchen anfänglichen Wahrnehmung, sondern nur von den sich bewegenden Reizen. Da kaum zu erwarten ist, dass die Verarbeitung der Reize so lange angehalten wird, bis feststeht, ob sie sich bewegen oder nicht, muss es also am Beginn der Verarbeitung entweder einen Moment der Unsicherheit geben, oder die Reize werden zunächst am Handgelenk empfunden, doch diese Empfindung wird dann einfach von der späteren Version »überschrieben«. Wie auch immer der Ablauf wirklich aussieht: Offenbar besteht eine beträchtliche Spannung zwischen den realen Abläufen und dem Bild, das uns die Introspektion bietet.

Telling More Than We Can Know

Das Cutaneous-Rabbit-Experiment ist nicht die einzige Untersuchung, die Grenzen des introspektiven Erkennens deutlich macht. Eine ganze Reihe weiterer Beispiele findet sich in einem der mittlerweile berühmtesten Aufsätze der Sozialpsychologie, der in den siebziger Jahren von Richard Nisbett und Timothy Wilson veröffentlicht wurde: TELLING MORE THAN WE CAN KNOW.[12] Nisbett und Wilson zeigen u. a., dass wir häufig genug nicht über die wahren Motive unseres Tuns im Bilde sind und daher Erklärungen vorbringen, die mit unseren tatsächlichen Beweggründen wenig zu tun haben. Besonders aufschlussreich für die Grenzen introspektiver Erkenntnis ist eine Untersuchung von Goethals und Reckman,[13] in der die Probanden an einer Diskussion über ein gesellschaftlich hoch umstrittenes Thema teilnehmen mussten. Dabei vertrat ein anderer Diskutant – in Wirklichkeit ein Mitarbeiter des Versuchsleiters – eine Auffassung, die der Meinung der Probanden geradewegs widersprach. Obwohl es sich hier um eine Frage handelte, bei der man seine Meinung nicht so ohne weiteres ändert, waren die Mitarbeiter sehr erfolgreich bei der »Bekehrung« der Versuchspersonen. Der eigentlich überraschende Befund war jedoch, dass die Versuchspersonen ihren eigenen radikalen Meinungswechsel nicht realisierten. Nach dem Experiment waren sie vielmehr überzeugt, immer schon ihre gegenwärtige (geänderte) Meinung vertreten zu haben. Doch damit zeigten sie, dass ihrer Introspektion der zwischenzeitlich vollzogene Meinungswechsel offenbar entgangen war.

Ähnliche Ergebnisse hatte vorher schon ein Experiment von Bem und McConnell[14] erbracht: In diesem Fall sollten die Versuchspersonen, allesamt männliche Studenten, in einem Aufsatz eine Meinung vertreten, die ihren eigenen Auffassungen entgegengesetzt war – es ging um den Einfluss von Studierenden auf die Universitätspolitik. Es zeigte sich, dass die Versuchspersonen in einem bemerkenswerten Maße ihre ursprüngliche Meinung aufgaben und stattdessen die in dem Aufsatz vertretene Auffassung übernahmen. Ähnlich wie bei Goethals und Reckman waren sich jedoch auch die Probanden von Bem und McConnell ihrer Meinungsänderung nicht bewusst: Die große Mehrheit der Versuchspersonen behauptete vielmehr auch hier, schon immer ihre aktuelle Auffassung vertreten zu haben. Während 51 der 62 Probanden ihre Meinung geändert hatten, berichteten nur 14 von einem Meinungswandel, wobei 5 dieser Probanden ihre Meinung gar nicht oder jedenfalls nicht in der behaupteten Richtung geändert hatten.

Ein weiteres Beispiel für die Schwäche introspektiver Erkenntnis ergibt sich aus einer Untersuchung an heterosexuellen Männern, die eine feindliche Haltung gegenüber Homosexuellen einnahmen. Interessanterweise wurden diese Männer nicht nur von heterosexuellen, sondern auch von homosexuellen Pornos erregt – anders als eine Vergleichsgruppe von Männern, die keine negativen Voreinstellungen gegenüber der Homosexualität hatten: Diese reagierten nur auf heterosexuelle Pornos. Geht man davon aus, dass die homophoben Männer nicht einfach wissentlich falsche Angaben über ihre Einstellungen zur Homosexualität gemacht hatten, dann spricht dies dafür, dass sie im Irrtum nicht nur über ihre sexuellen Präferenzen, sondern auch über ihre eigenen sexuellen Erfahrungen gewesen sein müssen – schließlich kann man unterstellen, dass sie während des Experimentes nicht zum ersten Mal durch homosexuelle Darstellungen erregt wurden.[15] Als Erklärung bietet sich die Annahme an, dass die Versuchspersonen sich ihre eigenen homosexuellen Neigung nicht eingestehen wollten; die vermeintlich unmittelbare Introspektion stünde also unter dem Einfluss der eigenen Präferenzen.

Alexithymie

Diese Beispiele liefern aber bestenfalls erste Hinweise darauf, dass wir uns bezüglich unserer eigenen Erfahrungen täuschen können. Doch es gibt eine ganze Reihe von weiteren Indizien, die z. T. noch wesentlich stärker sind. Sie ergeben sich u. a. aus Erkenntnissen über eine psychiatrische Erkrankung, die Alexithymie. Die in den 1970er Jahren durch Peter Sifneos[16] eingeführte Bezeichnung steht für die Unfähigkeit, eigene emotionale Erfahrungen zu erkennen bzw. darüber zu sprechen. Patienten, die an dieser

Erkrankung leiden, machen also emotionale Erfahrungen, doch es fällt ihnen schwer, diese zu beschreiben und somit die entsprechenden Bewusstseinszustände zu erkennen. Zwar werden die Gefühle von Alexithymiepatienten von einigen Autoren als abgeschwächt beschrieben.[17] Es ist jedoch unstrittig, dass die Patienten besonders häufig an Depressionen und Angststörungen leiden. Positive Erfahrungen scheinen sie dagegen seltener zu machen.[18] Die Krankheit ist derzeit noch unzureichend erforscht. Es gibt daher noch eine Reihe von Unklarheiten bei der Beschreibung der Symptome, außerdem existieren sehr unterschiedliche Vorschläge hinsichtlich der Ursachen und der neuronalen Grundlagen der Erkrankung.[19]

Dennoch gibt es eine Reihe von äußerst aufschlussreichen Fallstudien. So berichtet Warnes[20] von einer Patientin, die sich in den Schlaf weint, nachdem sie einen Film über eine Mutter von acht Kindern gesehen hatte, die sich im finalen Stadium einer Krebserkrankung befindet. Den Hinweis ihres Psychiaters, dass ihre Reaktion etwas mit dem bevorstehenden Krebstod ihrer eigenen Mutter zu tun haben könnte, nimmt die Patientin völlig reaktions- und verständnislos entgegen. Sie berichtet zudem davon, dass sie zuweilen weinen muss, ohne zu wissen warum. Ganz offensichtlich macht sie intensive Erfahrungen von Angst und Trauer, doch sie vermag diese nicht als solche zu erkennen.

Ganz ähnlich geht es einem Waffeningenieur, der behauptet, sich vorbehaltlos mit seiner Arbeit zu identifizieren. Gleichzeitig berichtet er von einem Albtraum, in dem er bei der Arbeit an einem elektronischen Schaltkreis plötzlich in eine Maschine eingesperrt und verfolgt wird. Offenbar bietet der Traum ihm ein Ventil für Ängste in Zusammenhang mit seiner Arbeit – Ängste, die der Ingenieur introspektiv nicht zu erkennen vermag.[21]

Neben solchen Fallstudien gibt es etablierte Untersuchungsverfahren wie z. B. die *Toronto Alexithymia Scale* (TAS20) oder die *Levels of Emotional Awareness Scale* (LEAS),[22] die objektive Kriterien für diese Krankheit liefern. In jedem Falle stellt die Alexithymie einen empirischen Beleg für Probleme der Introspektion insbesondere bei phänomenalen Erfahrungen dar.

Solche Dissoziationen von Erkenntnis und Erfahrung zeigen zudem, dass hier auch unterschiedliche psychologische Funktionen im Spiel sind. Nur deshalb können Erkenntnis und Erfahrung auch *de facto* unabhängig voneinander auftreten. Selbst wenn man an der theoretischen Unterscheidung festhält, wäre es ja immer noch denkbar, dass jemand, der Schmerzen hat, *de facto* immer auch weiß, *dass* er Schmerzen hat, so wie dies u. a. von Descartes unterstellt wird. Es könnte sich nämlich einfach um ein und dieselbe psychologische Funktion handeln, so dass man das eine nicht ohne das andere haben kann. Das scheint aber nicht der Fall zu sein. Die Alexithymie zeigt, dass man sehr wohl Angst oder Trauer empfinden kann, ohne dies wirklich als einen eigenen Gefühlszustand zu erkennen.

Gleichzeitig sprechen diese Befunde gegen die Existenz eines prinzipiellen Introspektionsprivilegs. Es mag sein, dass wir im Alltag meist besser als andere über unsere mentalen Zustände Bescheid wissen. Doch für Alexithymiepatienten gilt diese Regel offenbar nicht. Sie erkennen ihre eigenen Gefühle schlechter als ihre Therapeuten. Es wird sich zeigen, dass sie nicht die Einzigen sind, für die das gilt.

Die Zwei-Faktoren-Theorie der Emotion von Schachter und Singer

Unklar sind bislang auch noch die konkreten Mechanismen, die der introspektiven Erkenntnis zugrunde liegen. Ich hatte oben bereits theoretische Überlegungen gegen einen direkten introspektiven Zugang zur eigenen Erfahrung vorgebracht. Im Folgenden werde ich weitere empirische Belege gegen diese Annahme präsentieren.

Doch wenn es hier keinen unmittelbaren Zugang gibt, wie sehen dann die Vermittlungsschritte aus? Ersten Aufschluss hierüber versprechen die Untersuchungen zur emotionalen Erfahrung, die Stanley Schachter und seine Kollegen schon in den sechziger Jahren gemacht haben.[23] Schachters Ausgangspunkt ist die berühmte Emotionstheorie von William James, der zufolge Emotionen nicht etwa die *Ursachen* der üblicherweise damit einhergehenden Verhaltensreaktionen sind, sondern deren *Wirkungen*. Während wir also normalerweise unterstellen, dass wir weinen, weil wir traurig sind, glaubt James umgekehrt, dass wir traurig sind, weil wir weinen. Emotionen werden hier also als eine Art Wahrnehmungen körperlicher Erregungszustände betrachtet.

James' Theorie wurde in der Zwischenkriegszeit durch Walter Cannon experimentell überprüft – und die Ergebnisse waren niederschmetternd. Zum einen war die Zahl der auch nur einigermaßen differenzierbaren körperlichen Erregungszustände einfach zu gering, als dass man damit die Vielfalt unserer Emotionen hätte erklären können. Zum zweiten berichteten Versuchspersonen, die man künstlich in den für eine bestimmte Emotion charakteristischen körperlichen Erregungszustand versetzt hatte, dass sie keineswegs die zu erwartende Emotion spürten, sondern allenfalls eine »Als-ob«-Emotion.

Für den amerikanischen Sozialpsychologen Stanley Schachter zeigte dies nicht, dass die Theorie von James falsch, sondern nur, dass sie unvollständig war: Neben der körperlichen Erregung, die in Schachters Augen völlig unspezifisch war, müsse es noch einen zweiten Faktor geben. Dieser sollte zum einen die Vielfalt der Emotionen erklären, zum zweiten verständlich machen, dass Emotionen uns normalerweise als real und eben nicht nur wie bloße »Als-ob«-Zustände erscheinen. Schachter zufolge handelt es sich bei diesem zweiten Faktor um einen Prozess der Interpretation, der jeweils von dem Kontext abhängig ist, in dem man sich befindet. Erst diese Interpretation sorgt also dafür, dass die ursprünglich unspezifische körperliche Erregung als konkreter emotionaler Zustand erkannt wird.

Eine körperliche Erregung, die man z. B. auf einer Beerdigung erfährt, interpretiert man Schachter zufolge als Trauer, spürt man dieselbe Erregung dagegen auf einer Geburtstagsparty, dann wird man sie als Freude interpretieren. Findet man sich schließlich mit dieser Erregung in einer unangenehmen Situation wieder, dann interpretiert man sie eben als Ärger.

Zur Bestätigung seiner Theorie stellte Schachter eine Reihe von Experimenten an. Dabei versetzte er einen Teil seiner Versuchspersonen durch Adrenalin in einen Erregungszustand, während die Kontrollgruppe ein Placebo erhielt. Anschließend versuchte man die Versuchspersonen zu einer bestimmten Interpretation zu veranlassen. Dazu stellte man den dazu nötigen Kontext her, indem man die Probanden z. B. mit einem Schauspieler zusammenbrachte, der vorgab, besonders ärgerlich oder besonders fröhlich zu sein. In einem anderen Experiment mussten die Versuchspersonen sich eine Filmkomödie anschauen. Schachter konnte zeigen, dass die Probanden sich in der Tat stark durch den Kontext beeinflussen ließen, und zwar insbesondere dann, wenn sie zuvor das Adrenalin erhalten hatten. Wie von Schachters Theorie vorausgesagt, hatten die Versuchspersonen ihre – völlig neutrale – Erregung durch das Adrenalin offenbar abhängig vom Kontext als Ärger oder Freude interpretiert.[24]

In einem ähnlichen Experiment von Dutton und Aron[25] wurden die – ausschließlich männlichen – Versuchspersonen von einer attraktiven Interviewerin in zwei unterschiedlichen Kontexten befragt: zum einen in einer gefährlichen Situation, nämlich auf einer schwankenden Hängebrücke mit einem niedrigen Geländer, die über einen tiefen Canyon führte; zum anderen in einer ungefährlichen Situation auf einer ganz normalen, völlig sicheren Brücke. Anschließend mussten die Probanden u. a. die Attraktivität der Interviewerin bewerten. Es stellte sich heraus, dass die Interviewerin in der gefährlichen Situation auf der schwankenden Brücke als wesentlich attraktiver beurteilt wurde als auf der ungefährlichen, festen Brücke. Außerdem zeigten die Versuchspersonen im ersteren Fall stärkere sexuelle Phantasien und versuchten nach dem Experiment häufiger, Kontakt mit der Interviewerin aufzunehmen. Offensichtlich hatten sie die ängstliche Erregung, in die sie die schwankende Brücke versetzt hatte, als Indiz für die Attraktivität der Interviewerin interpretiert.

So beeindruckend diese Experimente auch sein mögen – es ist zweifelhaft, ob sie wirklich den endgültigen Beweis für Schachters Theorie liefern. Anders als von Schachter unterstellt, zeigen die Experimente nämlich nur, dass die situative Interpretation einen mehr oder minder weitreichenden *Einfluss* auf die Selbstwahrnehmung nimmt. Doch Schachters Theorie behauptet mehr: Sie unterstellt nämlich, dass die Interpretation die Selbstwahrnehmung vollständig *bestimmt*, während die physiologischen Faktoren nur eine unspezifische Erregung hervorrufen, die beliebig interpretiert werden kann.

Das kann man aber aus den Experimenten nicht ableiten. Zwar kann die emotionale Färbung in Schachters eigenen Experimenten nur auf den Kontext zurückgeführt werden – aber das lag daran, dass es sich um eine künstliche Erregung durch Adrenalin handelte. Ob das bei einer »natürlichen« Erregung auch so ist, geht aus den Experimenten nicht hervor. Und die Experimente von Dutton und Aron schließen eben nicht aus, dass die Versuchspersonen auf der schwankenden Brücke auch mehr Angst gefühlt haben als die auf der festen Brücke.

Allerdings geht es im Rahmen dieses Buches aber auch nicht primär darum, ob die Theorie von Schachter zutrifft. Entscheidend ist vielmehr der Unterschied zwischen der *Erfahrung* und der introspektiven *Erkenntnis* von mentalen Zuständen, in diesem Falle von Emotionen. Und in dieser Hinsicht sind die Experimente beider Autoren sehr aufschlussreich. Sie sprechen nämlich dafür, dass hier zunächst eine *Erfahrung* vorliegt, die maßgeblich durch das Adrenalin bzw. die schwankende Brücke bestimmt wird. Zum zweiten gibt es eine *Erkenntnis bzw. Interpretation* dieser Erfahrung. Hier spielt der Kontext herein, aber – im Gegensatz zur Auffassung von Schachter – wohl auch die direkten Qualitäten der primären Erfahrung selbst.

Aufgrund dieser Interpretation ihrer Situation beschrieben die Versuchspersonen ihren Zustand dann als Ärger, Furcht oder sexuelle Erregung. Dabei soll hier gar nicht ausgeschlossen werden, dass diese Interpretation ihrerseits auf die Erfahrung zurückwirkt: Es kann also durchaus sein, dass die Versuchspersonen auf der schwankenden Brücke irgendwann tatsächlich sexuell stärker erregt waren als die auf der sicheren Brücke. Entscheidend ist hier nur, dass diese Veränderung das Produkt ihrer Interpretation war: Die Versuchspersonen machen also nicht einfach eine bestimmte Erfahrung und erkennen diese dann in der Introspektion, so wie sie nun einmal ist. Vielmehr sprechen die Experimente dafür, dass die Versuchspersonen ihre eigenen Erfahrungen in der Introspektion interpretieren und sich dabei durch den Kontext leiten lassen.

Es versteht sich von selbst, dass auch diese Versuche einen beträchtlichen Interpretationsspielraum lassen; in keinem Falle berechtigen sie zu endgültigen Aussagen über das Verhältnis von Introspektion und Erfahrung. Sie liefern aber einen klaren Beleg für die Beeinflussung unserer Selbstwahrnehmung – und möglicherweise sogar unserer emotionalen Erfahrungen selbst – durch Interpretationsprozesse. Wenn man seine Angst auch als sexuelle Erregung interpretieren kann, dann wird man kaum von einer direkten oder gar fehlerfreien Selbstwahrnehmung sprechen können.

Farbige Träume

Einen weiteren interessanten Beleg liefern Untersuchungen zur Farbigkeit von Träumen. Für das hier diskutierte Problem sind sie vor allem deshalb einschlägig, weil sie auf introspektiven Berichten über phänomenale Erfahrung basieren, eben auf Berichten über Farbempfindungen in bewussten Träumen. In der philosophischen und psychologischen Literatur wurde bis zum Beginn des 20. Jahrhunderts in der Regel angenommen, dass Träume farbig seien. Anders wären z. B. die schon bei Platon[26] zu findenden skeptischen Szenarien, in denen die Unterscheidbarkeit von Traum und Realität in Frage gestellt wurde, kaum glaubhaft gewesen. Könnte man nicht farbig träumen, dann wäre der Skeptiker schnell widerlegt: Traum und Realität würden sich dann einfach dadurch unterscheiden, dass die Realität farbig ist, der Traum dagegen nicht. Die Traumberichte bei Freud erwähnen häufig Farben,[27] und auch die empirischen Psychologen sind zunächst mehrheitlich der Auffassung, dass Träume farbig seien.

Eine Veränderung dieser Auffassung tritt offenbar parallel zur Entwicklung schwarzweißer Medien seit dem Beginn des 20. Jahrhunderts zunächst im Druck, im Kino, und später auch im Fernsehen ein. In der Mitte des Jahrhunderts wird dann mehrheitlich angenommen, dass wir in Schwarzweiß träumen.[28] So berichteten bei Tapia, Werboff und Winokur in den 1950er Jahren nur 9 % der psychisch gesunden Probanden von farbigen Träumen.[29] Gleichermaßen hatten wenige Jahre vorher nur 10 % der von Middleton untersuchten Collegestudenten angegeben, dass sie häufig farbig träumen würden. Doch mit dem Siegeszug der Farbe in den visuellen Medien seit der zweiten Hälfte des 20. Jahrhunderts ändern sich die Zahlen wieder. Schon in den 1980er Jahren berichten Versuchspersonen mehrheitlich, sie hätten farbig geträumt. Eric Schwitzgebel wiederholt dann die Studie von Middleton und kommt zu einem ganz ähnlichen Ergebnis: Während in den 1940er Jahren 71 % der Versuchspersonen angegeben hatten, sie würden nie oder fast nie in Farbe träumen, sind es kurz nach der Jahrtausendwende nur noch 18 %.[30]

Natürlich ist es denkbar, dass Träume parallel zu der Entwicklung in den Medien ihre Farbe verändert haben. Doch es ist wenig wahrscheinlich, dass der Einfluss der Medien so weit reicht – schließlich gab es ja immer das Gegengewicht der realen Wahrnehmung, die anders als die visuellen Medien konstant blieb. Wesentlich plausibler ist die Annahme, dass sich die *introspektiven Berichte* über Träume unter dem Einfluss der dominanten visuellen Medien verändert haben. Besondere Bedeutung dürfte dabei Film und Fernsehen, also den beweglichen visuellen Medien zugekommen sein, die auch aufgrund ihres Illusionscharakters eine gewisse Affinität zur Traumerfahrung besitzen. Wiederum zeigt sich, dass die Erfahrung keineswegs die Introspektion determiniert, vielmehr scheint die Introspektion umgekehrt zuweilen ein verzerrtes oder – im wörtlichen Sinne – gefärbtes Bild der Erfahrung zu liefern, das auch durch den Kontext beeinflusst wird.

Introspektion und visuelle Wahrnehmung

Das visuelle Wahrnehmungssystem ist einer der komplexesten, aber auch der am besten untersuchten Teile des Gehirns. Aus der Alltagsperspektive betrachtet, scheint uns die visuelle Wahrnehmung unter normalen Bedingungen ein gleichermaßen klares und zutreffendes Bild der äußeren Realität zu bieten. Natürlich gibt es Situationen, in denen unser Sehvermögen z. B. aufgrund unzulänglicher Beleuchtungsbedingungen oder einer Störung des Wahrnehmungssystems selbst beeinträchtigt ist – Dunkelheit vermag unser Bild von der Außenwelt ebenso in Mitleidenschaft zu ziehen, wie es eine Netzhautablösung tut. Das ist allgemein bekannt und nicht weiter verwunderlich.

Nicht ganz so bekannt ist, dass das visuelle System schon unter »optimalen« Bedingungen eine Vielzahl von Unzulänglichkeiten aufweist.[31] So können wir nur in einem sehr kleinen Teil des visuellen Feldes wirklich scharf und detailliert sehen; zudem wird unsere Sicht zu den Rändern immer schlechter, sie wird unscharf und farblos; außerdem können wir in einem vergleichsweise großen Teil des Blickfeldes, dem sogenannten »blinden Fleck«, gar nichts sehen. Die Netzhaut, also die rückwärtige Innenseite des Augapfels, auf der sich die Sehzellen befinden, ist zudem ein recht merkwürdiges Gebilde. So verlaufen die Nervenstränge, die die Zellen der Retina mit dem Rest des Gehirns verbinden, ebenso wie die Blutgefäße *oberhalb* dieser Zellen: Das Licht muss also zunächst diese Schichten passieren, bevor es auf die Sehzellen trifft. Auch wenn Nerven und Blutgefäße durchsichtig sind, so beeinträchtigen sie doch den Lichteinfall auf der Retina und sorgen damit für Verzerrungen. Weitere Verzerrungen kommen dadurch zustande, dass die Dichte der Zellen je nach Lage unterschiedlich ist. Dies hat zur Folge, dass das Abbild z. B. eines Quadrats auf der Retina je nach Einfallsstelle eine ganz unterschiedliche Form aufweist – in vielen Fällen wie ein Ausschnitt aus der Oberfläche einer Kugel (siehe Abb.). Ungenauigkeiten treten schließlich auch dadurch auf, dass das Auge ständig Bewegungen, sogenannte Sakkaden, ausführt und dabei nach dem Abschluss einer solchen Sakkade keineswegs immer genau zum Ausgangspunkt zurückkehrt.

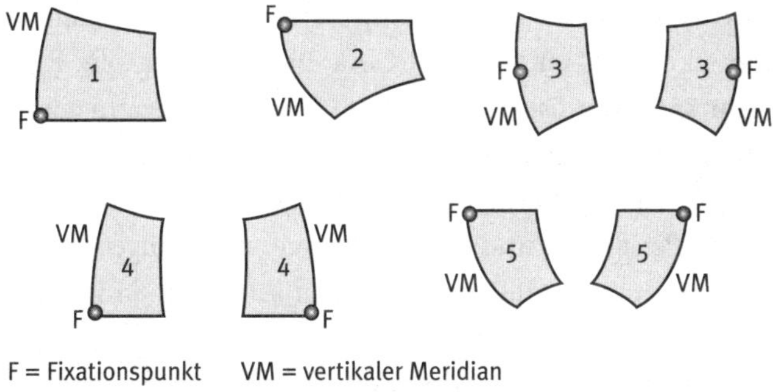

Projektionen eines Quadrates, das an unterschiedlichen Stellen auf die Retina trifft. (Nach O'Regan 1992.)

All dies wirft nicht nur die Frage auf, warum unsere visuelle Wahrnehmung angesichts all dieser Unzulänglichkeiten so gut funktioniert. Noch viel erstaunlicher ist es, dass uns diese Unzulänglichkeiten im Alltag fast völlig verborgen bleiben. Kevin O'Regan hat in diesem Zusammenhang von dem »wirklichen Mysterium der visuellen Wahrnehmung« gesprochen:

»The ›real‹ mystery of visual perception: how can it be

that we see so well with what an engineer would consider a very badly constructed visual system? Why do we not notice optical aberrations, differences in resolution, defects in retinal structure, and the smear- and displacement caused by eye movements? Why does the visual world seem so rich and so perfect to us?«[32]

Tatsächlich müssten einige der oben genannten Unzulänglichkeiten in der Introspektion auftauchen, sollte diese auch nur ein halbwegs zutreffendes Bild unserer Erfahrung liefern: Bei dem blinden Fleck kann man noch darauf verweisen, dass die Lücken in der Wahrnehmung des einen Auges durch das jeweils andere kompensiert werden können, so dass der Fleck im visuellen Gesamtbild keine große Rolle mehr spielen muss. Doch warum fallen uns die gravierenden geometrischen Verzerrungen und Verfärbungen nicht auf? Warum bemerken wir nicht, dass unser Farbensehen in der Peripherie und bei Dunkelheit stark eingeschränkt ist? Und warum fällt Farbenblinden sehr häufig nicht auf, dass sie farbenblind sind?[33]

Man könnte meinen, dass es sich hier nur um Unzulänglichkeiten der äußeren Wahrnehmung handle. Zweifellos nehmen wir nicht alle Details der Außenwelt wahr, doch die Erfahrung selbst – so könnte man argumentieren – sei genauso reich und präzise, wie sie uns erscheint. Doch was passiert dann mit den Unzulänglichkeiten der Retina? Tauchen sie in der visuellen Erfahrung auf, dann ist diese doch nicht so vollkommen, wie sie unserer Introspektion erscheint. Soll das nicht der Fall sein, dann müssten die Unzulänglichkeiten der Retina irgendwo im visuellen System kompensiert werden. Wenn wir nicht bemerken, dass der Rand des visuellen Feldes nicht farbig ist, obwohl es in der Peripherie der Retina kaum noch farbempfindliche Zapfen gibt, dann muss unser Wahrnehmungsapparat die fehlenden Farben eben »ergänzen«. Doch wie soll das visuelle System »wissen«, welche Farben die Objekte in meiner Umgebung haben, wenn sie nicht von den farbsensitiven Teilen der Retina erfasst werden? Selbst wenn das System dabei die Erfahrung mit ähnlichen, zuvor gesehenen Objekten zur Hilfe nehmen würde, müsste es Fehler geben. Ein Gegenstand würde dann seine Farbe wechseln, sobald er ins Zentrum der Aufmerksamkeit tritt. Doch von solchen Farbwechseln ist nichts bekannt.

Auch die geometrischen Verzerrungen sind schwer auszugleichen. Funktionieren könnte eine solche Kompensation allenfalls bei sehr einfachen Objekten wie Kreisen oder Quadraten, bei denen wir auf eine umfassendere Erfahrung zurückgreifen können. Experimente von Nazir und O'Regan sprechen dafür, dass es zumindest bei komplexeren Formen keine Kompensation gibt. Unbekannte Formen, die Versuchspersonen zunächst in einem bestimmten Teil des visuellen Feldes gesehen haben, wurden nur noch schlecht wiedererkannt, sobald sie in einem anderen Teil des visuellen Feldes auftauchten.[34]

Auch hier ist es natürlich zu früh für endgültige Schlüsse. Doch die vorliegenden Daten sprechen sehr deutlich dafür, dass die Unzulänglichkeiten der Retina auf höheren Stufen nicht kompensiert werden. Die Verzerrungen und auch die fehlenden Farbinformationen in der Peripherie müssen also auch in unserer Erfahrung auftauchen. Wenn uns das normalerweise nicht auffällt, dann liefert dies einen weiteren Beleg für die Unzulänglichkeiten der Introspektion. Gut möglich, dass sich die Introspektion auf solche Merkmale konzentriert, die besonders wichtig oder auffällig sind oder von unseren Erwartungen abweichen. Auf das Fehlen von Farbe in der Peripherie, die geometrischen Verzerrungen oder den blinden Fleck trifft all dies nicht zu. Sie entgehen daher normalerweise unserer Aufmerksamkeit – so wie es auch mit unwichtigen Veränderungen in der Außenwelt passiert. Doch das heißt eben auch, dass in diesen Fällen von einer direkten Abbildung keine Rede sein kann.

Die Experimente von Sperling

Die bisher genannten Untersuchungen lassen die Grenzen der Introspektion erkennen. Die Untersuchungen leisten jedoch nur einen begrenzten Beitrag zu unserem Verständnis der Mechanismen, die bei Introspektion und Erfahrung wirksam sind. Erste wichtige Indizien liefern hier Experimente zum ikonischen Gedächtnis, die u. a. George Sperling[35] und später Rogier Landman[36] durchgeführt haben. In diesen Untersuchungen ging es um Unterschiede zwischen visueller Erfahrung einerseits und den *Berichten über* diese Erfahrung auf der anderen Seite. Weiteren Aufschluss liefern Studien zum Thema Veränderungs- bzw. Unaufmerksamkeitsblindheit.

Sperling präsentierte seinen Versuchspersonen 50 Millisekunden lang Displays mit Zahlen und Buchstaben, z. B. in einer Tabelle mit drei Reihen und vier Spalten, die anschließend von einer weißen Fläche abgedeckt wurden. Die Probanden konnten sich danach typischerweise an etwas mehr als vier Zeichen erinnern, also an etwa ein Drittel der ursprünglich gezeigten Zeichen – obwohl sie angaben, zunächst sämtliche Zeichen gesehen zu haben. Offenbar hatten sie die restlichen Zeichen vergessen. Das Ergebnis änderte sich auch nicht, als man den Versuchspersonen mehr Zeit für die Einprägung des Zeichenmusters gab.

Ganz anders fielen die Ergebnisse aus, als man die Probanden in einer zweiten Bedingung bat, nur eine bestimmte der drei Zeilen des Displays wiederzugeben – und das, obwohl die Zeile erst *nach* dem Abdecken des Displays ausgewählt wurde. Da die Zeichen zu diesem Zeitpunkt schon nicht mehr zu sehen waren, sollte man eigentlich keine entscheidende Veränderung erwarten. Tatsächlich konnten die Probanden sich unter diesen Bedingungen jedoch an mehr als drei Viertel der Zeichen in der betreffenden Zeile erinnern. Hochgerechnet auf die Gesamtzahl wären dies mehr als neun der zwölf Zeichen des Displays. Die Erfolgsrate war somit mehr als doppelt so hoch wie in der ursprünglichen Bedingung.

Dieses Ergebnis ist mittlerweile in einer Vielzahl von anderen Studien bestätigt worden. Doch wie ist es möglich, dass ein Hinweis, der erst *nach* der Präsentation des Displays gezeigt wird, die Erinnerungsleistung so dramatisch verbessert? Vermutlich spielt hier das sogenannte »ikonische Gedächtnis«, ein visuelles, vorsprachliches Kurzzeitgedächtnis, eine zentrale Rolle. Das ikonische Gedächtnis hat eine sehr große Kapazität, so dass es praktisch sämtliche visuellen Informationen speichern kann.[37] Es hält jedoch nur maximal etwa eine Sekunde an und wird auch schon vorher überschrieben, sobald sich der visuelle Input ändert.

In Sperlings zweiter Versuchsbedingung war das ikonische Gedächtnis aber zum Zeitpunkt der Auswahl der relevanten Zeile offenbar noch intakt. Seine Inhalte konnten von den Versuchspersonen daher in das Arbeitsgedächtnis übernommen werden. Letzteres ist stabiler; es bildet die

Basis der dauerhaften Erinnerung und auch der verbalen Angaben, die die Versuchspersonen machen. Da das Arbeitsgedächtnis nur eine begrenzte Kapazität von ca. vier einzelnen Objekten besitzt, kann es nicht alle zwölf Zeichen des ursprünglichen Displays aufnehmen – daher die vergleichsweise schlechte Leistung bei der Erinnerung des gesamten Displays. Für die vier Zeichen der ausgewählten Zeile reicht die Kapazität des Arbeitsgedächtnisses jedoch aus.

Veränderungsblindheit

In eine ganz ähnliche Richtung wie die Untersuchungen Sperlings gehen die mittlerweile zahlreichen und zum Teil recht spektakulären Studien zur sogenannten Veränderungsblindheit (change blindness).[38]

Veränderungsblindheit ist keine krankhafte Störung. Bezeichnet wird damit vielmehr die Unfähigkeit vollständig gesunder Beobachter, deutliche Veränderungen zwischen zwei Versionen eines Bildes oder einer Filmszene zu bemerken, sofern die beiden Versionen durch eine kurze Unterbrechung voneinander getrennt sind. In den typischen Experimenten sehen Versuchspersonen nacheinander zwei Fassungen eines Bildes oder einer Szene, die sich in einem wichtigen Punkt unterscheiden. Gibt es zwischen den beiden Fassungen eine kurze Unterbrechung durch eine leere Fläche, dann erkennen die Versuchspersonen den Unterschied üblicherweise erst nach einer relativ großen Zahl von Versuchen. In Filmen tritt dieses Phänomen schon nach einem einfachen Schnitt auf. So präsentiert der Psychologe Richard Wiseman in einem mittlerweile sehr bekannten Video zusammen mit einer Assistentin einen Kartentrick.[39]

Dabei verändern sich zwischen den einzelnen Szenen Schritt für Schritt die Farben sämtlicher Objekte in dem Video, d. h. die der Tischdecke, des Hintergrunds und auch der T-Shirts der beiden Protagonisten. Die Unterschiede sind dramatisch, doch normalerweise fällt dies praktisch keinem der Beobachter des Films auf, es sei denn, er wird von vornherein darauf hingewiesen.

Die Studie von Rogier Landman

Hierfür sprechen auch die Experimente von Rogier Landman und Kollegen, die das Paradigma der Veränderungsblindheit mit der Methode von Sperling kombinierten.[40] In diesem Falle wurden den Versuchspersonen acht in einem Kreis angeordnete Rechtecke präsentiert, die sich sowohl in ihrer Größe wie in ihrer Orientierung unterschieden (stehend vs. liegend, siehe die Abbildung der Stimuli). Nach der Präsentation des ursprünglichen Bildes wurde auf einer ansonsten leeren Fläche ein Uhrzeiger gezeigt. Er konnte die Position identifizieren, auf der in der nachfolgenden Präsentation eine Veränderung zu erwarten war.

Wie in den Experimenten von Sperling führte der Hinweisreiz auch hier zu einer deutlichen Verbesserung der Leistung beim Erkennen von Veränderungen. Während die Versuchspersonen ohne einen vorherigen Hinweisreiz nur 60 % der Veränderungen richtig erkannten (Säule a in der Graphik unten), stieg der Wert auf 90 %, wenn sie einen Hinweisreiz in der Phase zwischen den beiden Präsentationen erhielten (Säule c). Dies war kaum weniger als in der zweiten Bedingung (b), in der den Probanden *vorher* mitgeteilt wurde, auf welche Säule sie achten sollten.

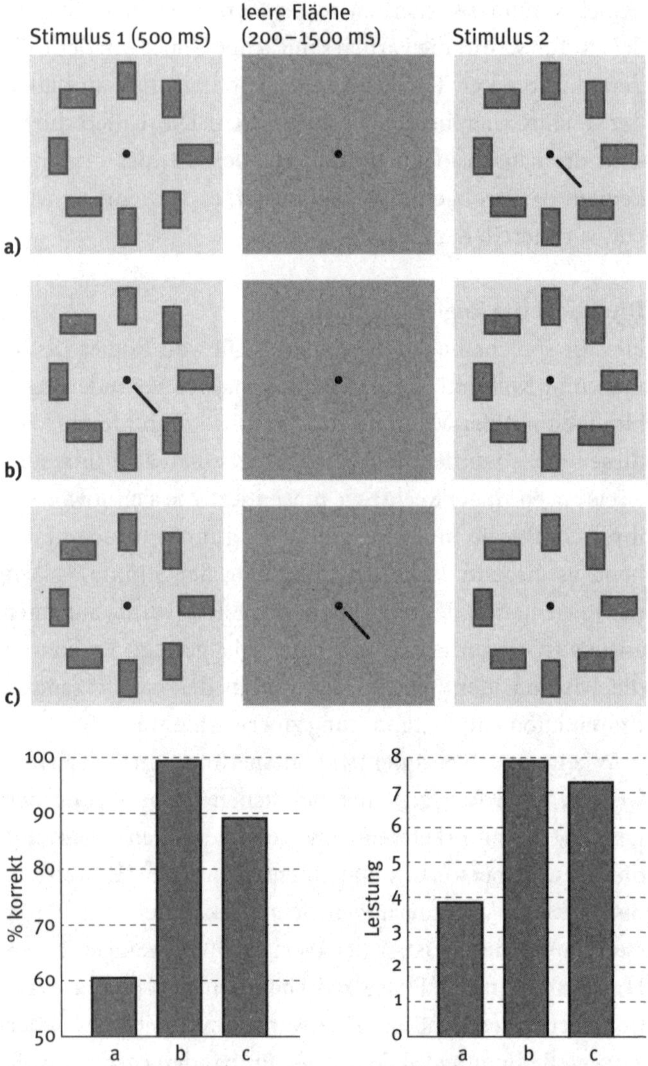

Stimuli und Ergebnisse von Landman nach Lamme 2003.

Dies stützt die Annahme, dass kurz nach der Präsentation noch nahezu die komplette visuelle Information des ersten Bildes im ikonischen Gedächtnis vorhanden ist. Daher dürfte auch die komplette Szene zunächst bewusst gewesen sein, bevor dann die Überschreibung ins Arbeitsgedächtnis zu einem Verlust größerer Teile dieser Information führte.

Zwischenbilanz

Zweifellos handelt es sich hier zum Teil um spektakuläre Experimente, und sie zeigen, dass unser Verhältnis zur Außenwelt komplizierter ist, als wir das üblicherweise annehmen: Wir tragen eben nicht ein mehr oder minder vollständiges Abbild der Wirklichkeit mit uns herum, in dem jede Veränderung gleich registriert und jede Wissenslücke schnellstens aufgefüllt wird. Vieles spricht dafür, dass wir häufig nur eine sehr unvollständige Vorstellung der Außenwelt haben; wir wissen, was wir wissen müssen – aber eben nicht sehr viel mehr.

Entscheidend im Zusammenhang dieses Buches ist indessen etwas anderes, nämlich dass die Unzulänglichkeiten unserer Vorstellung von der Außenwelt unserer Introspektion entgehen. Es gibt eine Vielzahl von Lücken und Verzerrungen, doch die fallen uns offensichtlich nicht auf. Dies dürfte u. a. daran liegen, dass es nirgendwo eine Karte oder ein Bild gibt, in dem Leerstellen wie der blinde Fleck, die Unschärfe außerhalb des fokalen Sehens oder die fehlenden Farben der Peripherie auffallen könnten. Brauchen wir zusätzliche Informationen, dann beschaffen wir sie uns sofort durch einen hochautomatisierten Wahrnehmungsprozess.

Diese von O'Regan[41] betonte Selbstverständlichkeit beim Zugriff auf fehlende Informationen dürfte einen weiteren wichtigen Grund dafür bilden, dass wir die Unvollständigkeit unseres »Bildes« der Außenwelt nicht bemerken. Wenn wir wissen wollen, was sich rechts von unserem gegenwärtigen Blickfeld befindet, konsultieren wir nicht eine imaginäre mentale Karte, die sich irgendwo in unserem Innern befindet, vielmehr schauen wir automatisch nach rechts. Die Außenwelt fungiert als unser Gedächtnis, und sie spielt diese Rolle ziemlich gut.

Besonders gravierende Konsequenzen für die Introspektion und das Bild, das wir uns von uns selbst machen, ergeben sich aus den Experimenten von Landman, Sperling sowie aus den Untersuchungen zur Veränderungsblindheit. Immerhin müssen wir davon ausgehen, dass die Versuchspersonen die einzelnen Szenen jeweils bewusst erfahren haben – so wie wir eben große, auffällige Symbole oder Farbflächen im Zentrum unseres Gesichtsfeldes bewusst wahrnehmen. Genauso nimmt man in dem Video von Wiseman die Farben von Hintergrund, Tischdecke und T-Shirts vor und nach der Veränderung zweifellos bewusst wahr. Nach allem, was man heute sagen kann, ist in all diesen Fällen also nicht die unmittelbare *Erfahrung* beeinträchtigt, sondern die *introspektive Erkenntnis* dieser Erfahrung. Wie die Experimente von Becker[42] gezeigt haben, dürfte dies vor allem daran gelegen haben, dass nur ein Teil der vorhandenen visuellen Information aus dem ikonischen Gedächtnis in das Arbeitsgedächtnis überschrieben werden kann und damit zur Verfügung steht für einen Vergleich, der die fraglichen Veränderungen aufdecken würde.

Anders als die Introspektion ist das ikonische Gedächtnis offenbar ein direkter Spiegel dieser Erfahrung und möglicherweise sogar mehr als das. Mittlerweile gibt es nämlich experimentelle Befunde, die dafür sprechen, dass das ikonische Gedächtnis eng verwandt, möglicherweise sogar identisch ist mit der primären Wahrnehmungserfahrung. Ruff und Mitarbeiter konnten jedenfalls zeigen, dass der Wahrnehmung und dem ikonischen Gedächtnis die Aktivität praktisch der gleichen neuronalen Areale zugrunde liegt. Da auch die funktionalen Eigenschaften sehr ähnlich sind, liegt der Gedanke nahe, dass es sich hier um ein und denselben Prozess handelt.[43]

Zu erklären wäre dies recht einfach durch die Annahme, dass die Aktivität der neuronalen Netze, die der Wahrnehmungserfahrung zugrunde liegt, auch nach dem Abblenden des Reizes für einen gewissen Zeitraum erhalten bleibt,[44] sofern keine neue visuelle Information verarbeitet werden muss. Dies würde neben der vergleichsweise kurzen Dauer des ikonischen Gedächtnisses auch verständlich machen, dass dieses Gedächtnis bei einer Veränderung des visuellen Inputs sofort überschrieben wird.[45]

Die Experimente von Sperling und seinen Nachfolgern haben jedoch auch gezeigt, was der unmittelbaren Erfahrung fehlt. Zwar ist sie umfassend, doch sie ist nicht dauerhaft, zudem fehlt ihr der direkte Bezug zur Sprache und zum Langzeitgedächtnis. Um all dies zu erreichen und somit die Erfahrung zur Erkenntnis zu machen, muss sie zunächst einmal ins Arbeitsgedächtnis überschrieben werden. Das dauert eine gewisse Zeit, die u. a. von der Komplexität des Reizes abhängt. Erst danach können die Versuchspersonen umfassend über ihre Erfahrungen berichten und sich auch dauerhaft an sie erinnern. Überschreibt man das ikonische Gedächtnis durch einen neuen Reiz, bevor dieser Transfer abgeschlossen ist, dann sinken die Gedächtnisleistungen der Versuchspersonen wieder ab.[46]

Es gibt also eine Reihe gut nachvollziehbarer Gründe dafür, dass die *introspektive Erkenntnis* eigener mentaler Zustände unter Einschränkungen steht, die für die *Erfahrung* dieser Zustände nicht gelten. Ihren Ursprung haben diese Einschränkungen in den Begrenzungen des Arbeitsgedächtnisses, das hier den entscheidenden Flaschenhals für den introspektiven Bericht, für die Selbstzuschreibung und für den Transfer ins Langzeitgedächtnis bildet. Vor allem deshalb fällt es den Versuchspersonen so schwer, ihre komplette Erfahrung zu erkennen und dann in verbalen Berichten zu erfassen. Hieraus ergibt sich im Übrigen nicht nur ein weiterer Beleg für die bereits mehrfach begründete Annahme, dass die Introspektion alles andere als direkt ist, vielmehr lassen sie auch einige der Mechanismen erkennen, die bei der introspektiven Erkenntnis involviert sind.

Im Alltag fallen die skizzierten Unzulänglichkeiten nicht auf: Zum einen sind Verzerrungen oder gar Fehler der Introspektion generell schwer zu erkennen. Zum zweiten kommen diese Abweichungen im Alltag vermutlich auch nicht so häufig vor – immerhin müssen dazu in den psychologischen Experimenten recht artifizielle Bedingungen geschaffen werden, die im Alltag nicht so häufig anzutreffen sein dürften. Das mag auch damit zusammenhängen, dass wir Situationen, in denen es auf fehlerfreie Wahrnehmung ankommt, so auszugestalten versuchen, dass Fehler minimiert werden. Ein Beispiel hierfür ist die Gestaltung von

Schildern und Signalen im Verkehr, die den Schwächen unseres Wahrnehmungssystems Rechnung trägt.

Doch unter bestimmten Bedingungen werden solche Fehler dann doch sichtbar, z. B. bei sogenannten Anschlussfehlern im Film. Solche Fehler entstehen, wenn sich mehr oder minder große Details einer Szene vor und nach einem Schnitt unterscheiden, z. B. weil sich die Kleidung eines Schauspielers von einer Einstellung zur nächsten ändert oder in der einen Einstellung eine Person auftaucht, die in der anderen fehlt, obwohl es sich um dieselbe Szene handelt. Dabei trägt unsere Schwäche bei der Entdeckung solcher Veränderungen einerseits dazu bei, dass derartige Fehler überhaupt erst entstehen, obwohl es in Filmteams eine eigene Person gibt (Script/Continuity), die für die Vermeidung solcher Anschlussfehler verantwortlich ist. Andererseits profitieren Filme in einer gewissen Weise von unserer Veränderungsblindheit, denn den meisten Zuschauern fallen solche Fehler überhaupt nicht auf.

Außerhalb von Kinos dürfte uns die Lückenhaftigkeit unseres phänomenalen Wissens vor allem deshalb verborgen bleiben, weil wir ja fast immer noch einmal nachschauen können. Wenn ich nicht weiß, ob ich wirklich an einer bestimmten Stelle in meinem Zimmer einen Stuhl gesehen habe, dann muss ich keine großen Erinnerungskunststücke vollbringen – ich kann einfach nachschauen, ob der Stuhl dort noch steht. Die äußere Wahrnehmung vermag also die angeblich überlegene Introspektion zu stützen.

Alles eine große Illusion?

Es ist wichtig, darauf hinzuweisen, dass die skizzierten Unzulänglichkeiten keineswegs zu einer generellen Skepsis gegenüber unseren introspektiven Erkenntnissen berechtigen – so wie sie etwa Daniel Dennett aus ähnlichen Befunden abgeleitet hat.[47] Dennett lehnt nicht nur den Begriff der Qualia ab,[48] vielmehr meint er, dass es eigentlich gar keine Fakten hinsichtlich unserer Erfahrung gibt. Vielmehr jonglieren wir stets mit einer Vielzahl von möglichen Interpretationen unserer Erfahrung (multiple drafts), von denen sich letztlich eine mehr oder minder zufällig in unserem Gedächtnis festsetzt und damit unsere Erinnerung bestimmt. Die Introspektion ist damit der Extrospektion unterlegen, schließlich kann Letztere – wie Dennett[49] immer wieder zu demonstrieren versucht – die vielfältigen Unzulänglichkeiten der Introspektion aufdecken.

Demgegenüber lautet die These der vorliegenden Arbeit, dass eine prinzipielle Symmetrie zwischen Introspektion und Extrospektion besteht.[50] Introspektion und Extrospektion weisen eine Vielzahl von Unzulänglichkeiten auf. Unsere Fähigkeit, halbwegs angemessen über unsere bewussten Erfahrungen Auskunft zu geben, wird damit aber genauso wenig untergraben, wie die vielen optischen Illusionen die visuelle Wahrnehmung unmöglich machen. In den meisten Fällen sind diese Illusionen die Folge von »Kunstgriffen«, die es dem Wahrnehmungssystem unter normalen Umständen erlauben, mit beschränkten Mitteln eine bemerkenswerte Ausbeute an Informationen zu liefern. Der Preis dafür ist, dass es unter sehr spezifischen, außergewöhnlichen Umständen zu Fehlern kommen kann. Ähnliches gilt nach allem, was man heute sagen kann, für die Introspektion. Sie gibt uns unter normalen Umständen verlässlich Auskunft über unser Innenleben, doch es gibt eben auch Situationen, in denen sie uns in die Irre führt.

Generelle Skepsis ist daher genauso verfehlt wie das Vertrauen in absolute Irrtumsimmunität.

III. Neuronale Grundlagen

Die Experimente von Sperling und seinen Nachfolgern stützen nicht nur die Unterscheidung von Erfahrung und Introspektion, sondern geben zudem Hinweise auf die kognitiven Prozesse, die dieser Unterscheidung zugrunde liegen. Doch wie ist es mit den neuronalen Mechanismen? Ned Block, der eine ganze Reihe von Befunden für eine zumindest im Prinzip ähnliche Unterscheidung zusammengetragen hat, postuliert, dass der phänomenalen Erfahrung Aktivitäten in den sensorischen Arealen, also im hinteren Bereich des Kortex, zugrunde liegen, während der erkennende Zugang zu diesen Zuständen eher auf Aktivitäten in den frontalen Arealen basiert.[51] Dies würde bedeuten, dass dem begrifflichen und funktionalen Unterschied von Erkenntnis und Erfahrung auch ein Unterschied auf der neuronalen Ebene entspricht. Wie im Folgenden zu zeigen sein wird, gibt es eine ganze Reihe von Studien insbesondere zur bewussten visuellen Erfahrung, die diese Annahme untermauern.

Victor Lamme – Recurrent Processing

Hierzu gehören insbesondere die Untersuchungen von Victor Lamme,[52] dessen Theorie des Bewusstseins ich oben schon kurz vorgestellt habe.[53] Dabei habe ich auch seine Annahme kritisiert, dass Bewusstsein sich durch die Existenz von Rückkopplungsschleifen definieren lasse. Im Folgenden werde ich mich nur mit Lammes empirischen Befunden zur Entstehung von Bewusstsein im visuellen System befassen. Lamme zufolge spielen dabei rückgekoppelte Aktivitätsschleifen (feedback loops) eine zentrale Rolle. Lamme unterscheidet drei Typen neuronaler Aktivität, die jeweils eigene Formen bewusster Erfahrung realisieren.

Einfache, vorwärtsgerichtete Aktivitätsschübe (feedforward sweeps) treten im visuellen System sehr kurz nach der Präsentation eines Stimulus auf. Sie breiten sich in 100–150 Millisekunden vom primären visuellen Kortex bis in dessen höhere Areale aus. Dabei sorgen sie für eine sehr schnelle Analyse der wichtigsten Eigenschaften des Stimulus und bereiten Reaktionen vor. All dies geschieht zunächst unbewusst. Bewusstsein kann erst auf einer zweiten Stufe entstehen, wenn es zu einer Rückkopplungsschleife kommt, die die Aktivität der höheren visuellen Zentren wieder an die primären Areale zurückleitet. Da all dies nur innerhalb des visuellen Kortex geschieht, spricht Lamme von einer »Lokalen Rückkopplungsschleife« (localized recurrent processing). Auf einer dritten Stufe breitet sich die rückgekoppelte Aktivität dann über den visuellen Kortex hinaus auch auf die frontalen Bereiche der Hirnrinde aus, die für Aufmerksamkeit, Handlungs- und Sprachsteuerung zuständig sind. Lamme spricht daher von einer »globalen Rückkopplungsschleife« (widespread recurrent processing). Sie ermöglicht es uns nicht nur, mit unserem Verhalten auf einen visuellen Reiz zu reagieren, vielmehr können wir diesen Reiz nun auch sprachlich erfassen.

Es liegt nahe, Lammes Theorie als weitere Bestätigung der hier vertretenen Unterscheidung zwischen Erfahrung und Introspektion zu verstehen. Tatsächlich scheinen die lokalen Rückkopplungsschleifen in den sensorischen Arealen der primären Erfahrung zu liegen. Die höheren kognitiven Prozesse dagegen, die für die Introspektion erforderlich sind, sind offenbar den globalen Rückkopplungsschleifen vorbehalten, schließen diese doch auch frontale Areale ein, die für die Sprach- und Handlungssteuerung zuständig sind.

Die Beweiskraft dieser Parallele ist jedoch begrenzt; zudem wirft Lammes Theorie zwei Fragen auf: Zum einen verfügt sie – wie Lamme selbst zugibt – über keine wirklich stichfesten Belege dafür, dass Bewusstsein bereits in lokalen Rückkopplungsschleifen, also ohne die Beteiligung frontaler Areale und damit auch ohne die Beteiligung unserer sprachlichen Fähigkeiten entsteht. Lamme kann zeigen, dass solche lokalen Schleifen eine *notwendige* Bedingung für die Entstehung von Bewusstsein bilden, es ist jedoch nicht völlig klar, dass es sich hierbei auch um *hinreichende* Bedingungen handelt, dass also vorsprachliches Bewusstsein in der Tat möglich ist.

Doch warum sollten ausgerechnet Rückkopplungsschleifen innerhalb der sensorischen Areale zur Grundlage von bewussten Erfahrungen werden? Lamme stützt sich bei seiner Antwort auf die allgemein akzeptierte Annahme, dass Bewusstsein eine wichtige Voraussetzung für Lernprozesse darstellt. Lernprozesse müssen ihrerseits der sogenannten »Hebb-Regel« entsprechen. Die Regel geht auf den kanadischen Neurowissenschaftler Donald Hebb zurück. Ausgangspunkt ist dabei die Annahme, dass Lernprozesse neue neuronale Verbindungen erfordern. Der Hebb-Regel zufolge können solche Verbindungen nur entstehen, wenn die miteinander zu verbindenden Neurone gleichzeitig aktiviert werden. Grob vereinfacht muss ich zum Erlernen von englischen Vokabeln die neuronalen Netze für das jeweilige englische Wort (»water«) und für das entsprechende deutsche Wort (»Wasser«) gleichzeitig aktivieren. Dann stellt sich eine neuronale Verbindung zwischen diesen beiden Netzen her, und die Bezeichnung »water« wird künftig mit dem Begriff »Wasser« assoziiert. Lamme glaubt zeigen zu können, dass Rückkopplungsschleifen unverzichtbar sind für die hier notwendige gleichzeitige Aktivierung neuronaler Netze. Für die Annahme, dass Rückkopplungsschleifen eine grundlegende Bedingung von Bewusstsein bilden, spricht also, dass nur so eine zentrale Funktion von Bewusstsein, nämlich Lernen, zu erklären ist.[54]

Von einem tragfähigen Beweis wird man aber dabei kaum sprechen können: Dazu ist die Beweisführung zu indirekt und angreifbar. Immerhin könnten Rückkopplungsschleifen aber notwendige Bedingungen für das Auftreten von Lernen und Bewusstsein darstellen. In jedem Falle würde man für einen wirklich umfassenden und überzeugenden wissenschaftlichen Nachweis zunächst einmal eine detaillierte funktionale Analyse von Bewusstsein benötigen: Andernfalls könnten wir niemals sicher sein, dass Versuchspersonen, bei denen wir die fraglichen Rückkopplungsschleifen entdecken, wirklich bei Bewusstsein sind. Doch von einer solchen umfassenden Analyse sind wir noch sehr weit entfernt.

Haynes – Mental State Decoding

Immerhin gibt es jedoch weitere Indizien für die Annahme, dass primäre Bewusstseinserfahrungen zunächst nur durch

Aktivitäten in den sensorischen Arealen realisiert werden, frontale Areale dagegen nur dann aktiv sind, wenn es um verbale Berichte oder Entscheidungen geht. Die Belege stammen aus Untersuchungen der Arbeitsgruppe von John-Dylan Haynes und basieren auf sogenannten multivariaten Analysen von neuronaler Aktivität. Solche Analysen erlauben nicht nur globale Aussagen über die Stärke der neuronalen Aktivität in einem bestimmten Areal. Vielmehr können mit dieser Methode wesentlich detailliertere Feststellungen über die *Verteilung* der Aktivität in der entsprechenden Region gemacht werden. Unterschiede in der Aktivitätsverteilung erlauben dann genauere Rückschlüsse auf die konkreten Inhalte, die in den fraglichen Arealen verarbeitet werden.[55]

Zu diesem Zweck werden Mustererkennungsprogramme auf die neuronalen Aktivitätsmuster trainiert, die bei zwei unterschiedlichen Klassen von Reizen auftreten, z. B. bei den Bildern von Hunden und Katzen. Nach dem Abschluss des Trainings kann das Programm dann die neuronalen Aktivitätsmuster auch bei neuen Abbildungen von Hunden und Katzen voneinander unterscheiden. Für die Frage nach der Realisierung von Bewusstsein sind diese Methoden insofern aufschlussreich, als sie Auskunft darüber geben, in welchen Arealen eine bestimmte Information verarbeitet wird, und zwar auch abhängig davon, ob der Reiz bewusst war oder nicht. Wenn ich z. B. gerade bewusst eine Katze sehe oder sie mir vorstelle, dann können multivariate Analysen Auskunft darüber geben, ob die Katze nur in den sensorischen, visuellen Arealen, nur in den präfrontalen Bereichen oder in beiden Regionen gleichzeitig repräsentiert wird. Festgestellt werden kann auch, wo Änderungen stattfinden, wenn ein ursprünglich unbewusster Reiz bewusst wird oder, umgekehrt, ein ursprünglich bewusster Reiz aus dem Bewusstsein verschwindet.

Dabei geht es natürlich nicht darum, in guter phrenologischer Tradition ein Katzenzentrum irgendwo im Gehirn ausfindig zu machen. Wenn wir eine bestimmte Funktion einem Areal zuordnen, dann kann uns vielmehr das bereits bestehende Wissen über dieses Areal Hinweise darauf liefern, wie die fragliche Funktion zustande kommt und welche anderen Aufgaben sie vielleicht erfüllen mag: Wenn z. B. bei Katzen andere Emotionszentren aktiv werden als bei Schlangen, dann spricht dies dafür, dass wir auf Katzen mit anderen Emotionen reagieren als auf Schlangen. Das mag für sich genommen wenig spektakulär klingen, doch es lässt eine Strategie erkennen, die auf die Dauer zu sehr aufschlussreichen Erkenntnissen führen kann: Je mehr wir über die fraglichen emotionalen Zentren wissen, desto genauer können wir die Unterschiede in den emotionalen Reaktionen auf Katzen und Schlangen beschreiben. Gleichzeitig erweitern dergleichen Befunde unser Wissen über das Areal selbst, so dass wir bei der nächsten Gelegenheit noch bessere Erklärungen liefern können, wenn eines dieser Zentren wieder involviert ist.

Im gegenwärtigen Fall bestätigen die Untersuchungen die Annahme, dass die primäre Bewusstseinserfahrung wohl eher in den sensorischen Arealen entsteht, während weiterreichende Erkenntnisse über diese Erfahrung vermutlich auf Aktivitäten in den frontalen Arealen basiert. Insgesamt liefern die Untersuchungen von Haynes und Mitarbeitern daher weitere wichtige Belege für die Unterscheidung von Erfahrung und Introspektion. Gleichzeitig zeigen sie, wie extrospektive Erkenntnis unser Wissen über die Grundlagen geistiger Erfahrung ausweiten kann. In diesem Falle geht es um die Rolle, die präfrontale Areale und bestimmte Bereiche des visuellen Kortex bei der Entstehung von Erfahrung und introspektiver Erkenntnis spielen.

Die »Global / Neural-Workspace-Theory«

Die Erkenntnisse stehen im Gegensatz zu einer weitverbreiteten Auffassung, der zufolge schon die bewusste Erfahrung selbst auf Aktivitäten in frontalen Arealen zurückgeführt werden kann. Diese – oben bereits kurz vorgestellte[56] – Auffassung ist in der letzten Zeit vor allem von den Verfechtern der Global / Neural-Workspace-Theory um Bernard Baars und Stan Dehaene[57] vertreten worden. Dieser Theorie zufolge erfordert Bewusstsein nicht nur eine Beteiligung der sensorischen Areale z. B. im visuellen Kortex, vielmehr müssen auch zentrale Regionen involviert sein, um die Aktivität in den sensorischen Arealen zu verstärken und damit die fraglichen Inhalte länger präsent zu halten. Außerdem sollen diese Inhalte damit für andere Bereiche des Gehirns verfügbar gemacht werden, z. B. um dadurch verbale Berichte, dauerhafte Erinnerungen oder neue Problemlösungen zu ermöglichen.[58] Weil die involvierten frontalen Areale eng mit sprachlichen Funktionen verbunden sind, würde damit die hier vertretene Unterscheidung von Erfahrung und Introspektion zumindest in Frage gestellt: Hätten Baars und Dehaene recht, dann wäre diese Unterscheidung eine rein theoretische Angelegenheit.

Faktisch würde bewusste Erfahrung immer auch das Wissen um diese Erfahrung einschließen – die traditionelle Engführung von Wissen und Bewusstsein wäre also empirisch belegt. Umgekehrt schließt die Theorie aus, dass Aktivitäten in den hinteren, sensorischen Arealen des Kortex Bewusstsein hervorbringen, solange dabei keine frontalen Aktivitäten festzustellen wären. Tatsächlich sehen Dehaene und Changeux Bewusstsein eng an die Möglichkeit verbaler Berichte gebunden; außerdem bestreiten sie, dass es phänomenale Erfahrung geben kann, die nicht Gegenstand verbaler Berichte ist. In diesem Zusammenhang wenden sie sich ausdrücklich gegen Blocks Unterscheidung von phänomenalem Bewusstsein und Zugangsbewusstsein, die der hier vertretenen Unterscheidung von Erfahrung und introspektiver Erkenntnis zumindest nahesteht.[59] Die für den vorliegenden Ansatz ebenso wie für Block zentrale Annahme, dass phänomenale Erfahrung über den Bereich der introspektiven Erkenntnis – und damit auch den des verbalen Berichts – hinausgehen kann, beruhe auf einer Illusion.[60]

Dehaene und Changeux geraten damit jedoch schon bei den Sperling-Experimenten[61] in große Schwierigkeiten. Ausdrücklich betonen sie, dass die Versuchspersonen in diesen Experimenten nur die Reihe oder Spalte bewusst wahrnehmen, von der sie nachher auch berichten können. Die Probanden verfielen einer Illusion, wenn sie meinten, dass sie auch die übrigen Zeichen bewusst wahrgenommen hätten. Doch abgesehen davon, dass wir es auch damit wieder mit einem Gegensatz von Erfahrung und Introspektion zu tun hätten: Wie oben gezeigt, stehen die Experimente von Sperling nicht alleine, vielmehr gibt es eine Vielzahl von Belegen dafür, dass introspektives Wissen und Bewusstsein auseinanderfallen können. Am offensichtlichsten dürfte dies bei Experimenten zur Veränderungsblindheit wie denen von Wiseman sein, bei denen auffällige farbliche Veränderungen an praktisch sämtlichen Gegenständen unbemerkt bleiben, obwohl diese offensichtlich im Zentrum der Aufmerksamkeit stehen.

Die Sperling-Interpretation von Dehaene und Changeux steht zusätzlich vor dem Problem, dass unbewusst erfahrene Wahrnehmungsinhalte keinen Zugang zu den Sprachzentren haben – dieser ist dem Bewusstsein vorbehalten. Doch wie sollen die Versuchspersonen bei Sperling dann nachträglich von unbewussten Erfahrungen berichten, die voraussetzungsgemäß vom Zugang zum Sprachzentrum abgeschnitten waren? Denkbar wäre allenfalls die Annahme, dass die fragliche Spalte oder Reihe nachträglich zu Bewusstsein kommt, doch das ist ebenfalls unplausibel, schließlich können sie die Versuchspersonen zu diesem Zeitpunkt gar nicht mehr sehen.

Im Einklang mit einer Studie von Leopold und Logothetis[62] konnten Haynes und Mitarbeiter zudem zeigen, dass die für Bewusstsein relevante Aktivität tatsächlich in den sensorischen Arealen, genauer in den höheren Bereichen des visuellen Kortex zu finden ist. Doch was ist mit den frontalen Arealen, die der Global-Workspace-Theory zufolge eine so wichtige Rolle für die Entstehung von Bewusstsein spielen? Diese Areale sollen ja die bewusste Information global zugänglich machen. Daher wäre zu erwarten, dass sensorische Informationen über die betroffenen Objekte hier vorhanden sind – wie sonst sollten sie von hieraus verteilt werden? Tatsächlich können diese Informationen aber nicht aus diesen Arealen ausgelesen werden. Aktivitätsmuster in frontalen Arealen liefern keine sensorischen Informationen über Objekte, deren sich die Versuchspersonen gerade bewusst sind.[63] Es ist daher sehr fraglich, ob diese Informationen wirklich hier verarbeitet werden. Vermutlich sind sie nur in den äußeren sensorischen Regionen repräsentiert – auch dies spricht also gegen die Position von Changeux und Dehaene.

Das bedeutet allerdings nicht, dass frontale Areale keinerlei Bedeutung für Bewusstsein hätten. Sie kommen vielmehr dann ins Spiel, wenn die Versuchspersonen ihre Erfahrungen verbalisieren sollen, wenn es um Entscheidungen geht,[64] aber auch, wenn sie lernen, ihre Erfahrungen differenzierter zu betrachten, also genauere Unterscheidungen vorzunehmen. Wenn Versuchspersonen beispielsweise gelernt hatten, sensorische Reize besser voneinander zu unterscheiden, dann spiegelten sich diese Verbesserungen nur in den frontalen Arealen wider, genauer in den mittleren Bereichen des Präfrontalen Kortex. In den sensorischen Regionen dagegen blieb alles gleich. Offenbar erfasst also jemand, der es schafft, visuelle Reize besser voneinander zu unterscheiden, nicht plötzlich Details, die vorher nicht in seinem visuellen System zu finden gewesen wären. Vielmehr lernt er, die auch zuvor schon vorhandenen Details besser auszuwerten und dadurch Unterschiede zu erkennen, die ihm vorher entgangen waren, z. B. indem er seine Aufmerksamkeit den wichtigen Differenzen zuwendet.[65]

Konsequenzen

Natürlich handelt es sich auch hier nicht um unumstößliche Beweise. Die kann man angesichts der oben festgestellten Grenzen des empirischen Wissens auch gar nicht erwarten. Wenn man also in frontalen Arealen keine Veränderungen findet, obwohl sich die Inhalte der bewussten Wahrnehmung ändern, so kann das natürlich auch an den Unzulänglichkeiten der verwendeten Untersuchungsmethoden liegen: Vielleicht existieren solche Unterschiede, doch es bedarf besserer Methoden, um sie festzustellen. Das ist jedoch reine Spekulation, immerhin erlauben die verfügbaren Methoden ja in anderen Arealen die Feststellung derartiger Unterschiede.

In jedem Falle sprechen die bislang vorliegenden Erkenntnisse recht deutlich dafür, dass es tatsächlich Bewusstseinszustände gibt, die allein auf der Aktivität in den hinteren, sensorischen Arealen des Kortex basieren. Aktivitäten in den frontalen Bereichen, die eher für Sprache, abstrakte Erkenntnis und Entscheidungen verantwortlich sind, scheinen dazu nicht notwendig. Diese Annahme erklärt zudem eine Vielzahl von Befunden, denen zufolge nicht nur Erfahrung und Erkenntnis auseinanderfallen können, sondern auch die primäre visuelle Erfahrung ebenso wie das ikonische Gedächtnis durch Aktivitäten in den sensorischen Arealen realisiert ist.

Zusammen liefern die psychologischen und neurobiologischen Erkenntnisse einen weiteren Beleg für die hier vertretene Unterscheidung zwischen bewusster Erfahrung und Introspektion. Dieser Unterschied stellt offenbar nicht nur eine begriffliche Haarspalterei dar, vielmehr liegen ihm – wie wir anlässlich der Experimente von Sperling sehen konnten – analoge Unterschiede in den psychologischen Funktionen und – wie sich jetzt gezeigt hat – auch in den neuronalen Aktivitäten zugrunde.

Dies hat wichtige Konsequenzen für die Erforschung von mentalen Prozessen im Allgemeinen und von Bewusstsein im Besonderen: Zum einen können wir uns nicht mehr einfach und unbesehen auf erstpersonale Berichte von Versuchspersonen verlassen, zum zweiten sind objektive wissenschaftliche Methoden bei Bewusstseinszuständen nicht notwendigerweise im Nachteil gegenüber erstpersonaler Erkenntnis. Wie wir gesehen haben, gibt es manchmal sehr gute Gründe, der extrospektiven wissenschaftlichen Erkenntnis den Vorzug vor introspektiven Berichten zu geben. Letztere können Verzerrungen oder gar Irrtümer beinhalten, die mit objektiven Methoden zu entdecken sind. Darüber hinaus haben wir erste Hinweise darauf, dass Erfahrung eher die Aktivität sensorischer Areale voraussetzt, während die Introspektion auf der Aktivität zentraler Areale beruht, wobei insbesondere das Arbeitsgedächtnis und die Sprache eine wichtige Rolle spielen.

IV. Die Introspektionsillusion

Ich hatte bislang zwei Gründe dafür genannt, dass sich das Introspektionsprivileg auf Dauer etablieren konnte. Zum einen gibt es eine starke historische Tradition, die vor allem aus metaphysischen und epistemologischen Gründen für einen Primat der Introspektion argumentiert. Diese Tradition geht zurück auf die Vorstellung einer privilegierten inneren Schau in der griechischen Antike und führt im 17. Jahrhundert zu einer Engführung von Wissen und Bewusstsein, deren Konsequenzen bis heute u. a. in der Diskussion über das Erklärungslückenproblem zu spüren sind. Zum anderen scheint dieses Privileg aber auch unseren alltäglichen Erfahrungen zu entsprechen, schließlich sind wir meist in einer besseren Position als andere, wenn es um die Erkenntnis unserer eigenen bewussten Zustände geht. Außerdem gibt es auch im Falle von Fehlern im Allgemeinen niemanden, der uns korrigieren könnte. Man kann hinzufügen, dass auch die wissenschaftlichen Erfolge der extrospektiven Erkenntnis bei allen Fortschritten im Einzelnen bislang recht überschaubar sind. Ein Zwang zur Revision eingefahrener Auffassungen ging von diesen Befunden sicher nicht aus.

Es gibt jedoch noch einen weiteren, psychologischen Grund für die Hartnäckigkeit des Introspektionsprivilegs. Dieser Grund ist erst in den letzten Jahren zutage getreten, es handelt sich um die sogenannte Introspektionsillusion. Diese offenbar sehr weit verbreitete Illusion führt zur Überbewertung der Introspektion gegenüber extrospektiven Erkenntnissen. Emily Pronin[66] hat hierfür eine ganze Reihe von eindrucksvollen Belegen zusammengetragen. Sie zeigen, dass wir die Bedeutung der Introspektion stark überschätzen, wenn wir über uns selbst urteilen. Demgegenüber neigen wir dazu, unser tatsächliches Verhalten zu ignorieren. Urteilen wir aber über andere, dann stützen wir uns vor allem auf deren Verhalten und ignorieren, was wir über ihre Wünsche, Absichten und Überzeugungen wissen.

Die Introspektionsillusion erklärt eine Reihe von wohlbekannten Verzerrungen und Widersprüchen, die auftreten, wenn man unsere Urteile über uns selbst mit denen über andere vergleicht. So haben wir im Allgemeinen eine sehr geringe Neigung, uns selbst Vorurteile zuzuschreiben; Vorurteile anderer erkennen wir dagegen sehr bereitwillig. Pronin zufolge erklärt sich diese Diskrepanz daraus, dass wir uns bei anderen auf Verhaltensbeobachtungen stützen, mit denen Vorurteile im Allgemeinen leicht erkennbar sind. In unserem eigenen Fall dagegen steht die Introspektion im Vordergrund. Introspektiv sind unsere Vorurteile aber nicht zugänglich, weil sie in der Regel unbewusst wirken. Daher neigen wir dazu, eigene Vorteile abzustreiten.[67] Wir tun dies also nicht etwa, um sozialen Standards in Bezug auf Objektivität und Vorurteilslosigkeit zu entsprechen. Entscheidend ist vielmehr der fehlende introspektive Zugang. Ist dieser ausnahmsweise vorhanden, dann geben wir die Existenz von Vorurteilen auch in unserem eigenen Fall zu.

Erklären kann die Introspektionsillusion auch unsere Neigung, die Zeit zu unterschätzen, die wir zur Erfüllung bestimmter Aufgaben benötigen. Das passiert uns selbst dann, wenn wir häufig genug Gelegenheit hatten, den hoffnungslos unrealistischen Charakter unserer Zeitplanungen zu erkennen. Das kann uns aber nicht davon abhalten, von vornherein unsere Absicht einzukalkulieren, die Aufgabe nunmehr schneller zu erledigen, schließlich ist diese Absicht introspektiv zugänglich: Damit gelangen wir wieder zu einer viel zu optimistischen Schätzung. Bei anderen passiert uns dies nicht, dort legen wir unserer Erwartung ganz realistisch das bisherige Verhalten zugrunde.[68]

Angesichts einer solchen Introspektionsillusion ist es nicht schwer zu verstehen, dass wir kein großes Vertrauen in wissenschaftliche Ansätze bei der Erklärung unseres Bewusstseins haben. Bewusste Erfahrung, so hatte sich im Verlauf dieser Untersuchung immer wieder gezeigt, ist ein erstpersonales Phänomen, das wir nur verstehen können, wenn wir unser eigenes Erleben im Blick behalten. Doch mit unseren eigenen Erfahrungen kommt die Introspektionsillusion ins Spiel. Sie zeigt, dass wir in unserem eigenen Fall zu genau der Überschätzung der Introspektion neigen, die in der Geschichte der Erforschung von Gehirn und Bewusstsein immer wieder festzustellen war. Die Skepsis gegenüber extrospektiven wissenschaftlichen Erklärungen unserer mentalen Zustände ist auch aus diesem Grund nicht weiter verwunderlich. Wissenschaftliche Erklärungen basieren schließlich auf drittpersonaler Erkenntnis, und der trauen wir im Falle unserer eigenen mentalen Zustände eben nicht allzu viel zu. Umgekehrt müssten wir die Überbewertung der introspektiven Erkenntnis überwinden, um die Bedeutung wissenschaftlicher Ansätze richtig einschätzen zu können. Die hier vorgelegten empirischen Daten sollten Gründe genug für diesen Schritt liefern – auch wenn solche z. T. tiefverwurzelten Einstellungen nicht einfach durch einen Entschluss zu überwinden sind.

Fazit

Ich hatte im ersten Kapitel versucht zu zeigen, dass die bisherige Auseinandersetzung mit dem Problem von Geist und Gehirn nicht nur immer wieder zu sprunghaften und schwer vorhersehbaren Zunahmen in unserem *empirischen Wissen über* dieses Problem geführt hat. Vielmehr hat sich auch unsere *Vorstellung von dem Problem selbst* tiefgreifend verändert. Sichtbar wurde dies an der begrifflichen Entwicklung von den frühen Seelenvorstellungen über den Begriff des Geistes bis hin zum modernen Bewusstseinsbegriff. Von Bedeutung ist diese Entwicklung vor allem insofern, als sie einerseits den Spielraum für naturalistische Erklärungen vergrößert, auf der anderen Seite aber auch mehr Raum für die Erfassung der subjektiven Erfahrung schafft: Während die ursprünglichen Seelenvorstellungen primär von äußerlich erkennbaren Dingen wie einem Vogel oder einem Atemhauch sprechen, räumt der Bewusstseinsbegriff der subjektiven Erfahrung eine zentrale Rolle ein.

Die mit der Etablierung des Bewusstseinsbegriffs einhergehende Engführung von Wissen und Bewusstsein führt jedoch gleichzeitig in ein schwieriges Dilemma, dessen Konsequenzen bis heute nicht überwunden sind. Diese Engführung resultiert nämlich in der Auffassung, dass nicht nur die bewusste Erfahrung dem Subjekt vorbehalten ist, sondern auch die introspektive Erkenntnis dieser Erfahrung. Damit scheinen die Erkenntnis und mehr noch die Erklärung von Bewusstsein den objektiven Methoden der empirischen Forschung entzogen.

Das Problem deutet sich bereits in Leibniz' berühmtem Mühlengleichnis an. Zentrale Bedeutung gewinnt es in der zweiten Hälfte des 19. Jahrhunderts, als der Psychophysische Parallelismus bewusste Erfahrung auch im Rahmen einer naturalistischen Theorie des Bewusstseins thematisiert. Dabei versuchen Lange und Du Bois-Reymond zu zeigen, dass das Dilemma unauflöslich ist. Ähnlich ist die Reaktion von Nagel, Jackson, Levine und Chalmers, als sich seit den 1970er Jahren die Diskussion in der Analytischen Philosophie des Geistes wieder stärker der bewussten Erfahrung zuwendet: Eine objektive Erklärung dieser subjektiven Erfahrung durch eine naturwissenschaftliche Theorie sei prinzipiell ausgeschlossen, das Erklärungslückenproblem unlösbar.

Doch wenn sich die Konzeption des Problems in der Vergangenheit verändert hat, dann sind vergleichbare Veränderungen auch in der Zukunft nicht auszuschließen. Tatsächlich müssen wir angesichts der massiven Anstrengungen, die heute zur Klärung des Verhältnisses von Geist und Gehirn unternommen werden, davon ausgehen, dass es auch weiterhin nicht nur unvorhersehbare Sprünge in der Entwicklung des empirischen Wissens geben wird, vielmehr dürfte sich auch unsere Konzeption des Problems in Zukunft substantiell verändern.

Dabei ist wichtig festzuhalten, dass es einen bestimmten Kern von Problemen gibt, der nicht wegdefiniert werden kann, nur um zu einer schnelleren Lösung zu gelangen. Zentral für das hier zur Diskussion stehende Phänomen ist in jedem Falle die bewusste Erfahrung z. B. von Schmerzen, von Lustempfindungen oder Überlegungen. Wie auch immer die Konzeption des Problems aussehen mag, welche Terminologie verwendet werden wird und welche Lösung sich am Ende durchsetzt: Angemessen können sie nur sein, solange sie den Aspekt erfassen, den wir heute bewusste Erfahrung nennen. Ja, wie oben mehrfach gezeigt, scheint es sogar nötig, dieses Phänomen noch genauer zu beschreiben, als es uns heute möglich ist.

Ein zweifellos möglicher Gegenstand solcher Veränderungen, so habe ich versucht zu zeigen, ist jedoch die Engführung von Bewusstsein und Wissen. Dies liegt vor allem daran, dass diese Engführung ebenso wie das aus ihr erwachsene Introspektionsprivileg durchaus anfechtbar ist. Zweifel weckt schon die Entstehungsgeschichte des Privilegs, wie sie im ersten Kapitel dieser Arbeit verfolgt wurde. Es geht nämlich nicht etwa auf eine Analyse der epistemischen Situation der Introspektion zurück, vielmehr war seine Einführung motiviert von weitreichenden metaphysischen und epistemologischen Zielen.

Die entscheidenden Einwände ergaben sich jedoch aus der systematischen Auseinandersetzung mit dem Privileg im zweiten Kapitel. Als fragwürdig erwies sich die Rechtfertigung des Privilegs durch die vermeintliche Unmittelbarkeit des introspektiven Wissens. Die Berufung auf die Unmittelbarkeit steht im Widerspruch zu einigen grundsätzlichen Implikationen unserer Vorstellung von Wissen: Dieser Vorstellung zufolge ist Wissen gerade nicht unmittelbar. So gibt sich die Standarddefinition von Wissen eben nicht mit einer unmittelbaren Schau zufrieden, sondern fordert rechtfertigende Gründe. Pragmatisch gehen wir davon aus, dass der Erwerb von Wissen im Allgemeinen einen gewissen Abstand zum Gegenstand des Wissens erfordert, um Unabhängigkeit und Objektivität zu gewährleisten. Davon abgesehen ist es aber auch mehr als fraglich, ob introspektives Wissen die behauptete Unmittelbarkeit überhaupt besitzt.

Als problematisch erwiesen sich auch neuere Theorien des phänomenalen Wissens, wie sie z. B. David Chalmers vorgelegt hat. In seiner Konzeption des »direkten phänomenalen Wissens« wird die phänomenale Erfahrung zum unmittelbaren Bestandteil des für das Wissen konstitutiven phänomenalen Begriffs. Eine Rotempfindung wird somit selbst schon zum begrifflichen Kriterium ihrer eigenen Klassifikation *als* Rotempfindung. Damit aber fehlt der externe Vergleichsmaßstab, der es erlauben würde, abweichende Empfindungen als solche zu erkennen.

Außerdem stellten sich die Gedankenexperimente, die üblicherweise angeführt werden, um die Unzulänglichkeiten des extrospektiven Wissens zu illustrieren, als unhaltbar heraus. Diese auf den ersten Blick äußerst suggestiven Szenarien scheinen zu zeigen, dass phänomenale Erfahrungen sich radikal verändern können, ohne dass dies irgendwelche äußerlich erkennbaren Konsequenzen hätte. Unser Farbempfinden kann auf den Kopf gestellt werden, ja, die phänomenalen Erfahrungen können vollständig ausbleiben, ohne dass dies auch nur die geringsten Spuren z. B. am Verhalten oder in den neuronalen Funktionen der Person hinterlassen würde. Da die Abweichungen aber aus der Perspektive der ersten Person erkennbar sein sollen, würde damit in der Tat ein sehr starker Beleg für ein Privileg des introspektiven Wissens geliefert.

Bei näherer Betrachtung hatte sich jedoch herausgestellt, dass diese Gedankenexperimente nicht haltbar sind; daher existiert auch das Privileg nicht, das mit Hilfe dieser Gedankenexperimente begründet werden sollte. In Wirklichkeit besteht eine prinzipielle Symmetrie zwischen Introspektion und Extrospektion: Phänomenale Unterschiede, die introspektiv zu erkennen sind, lassen sich zumindest im Prinzip immer auch extrospektiv erkennen.

Dies heißt zunächst, dass wir gute systematische Gründe haben, das Privileg des phänomenalen Wissens aufzugeben. Bei phänomenalen Prozessen können wir also ebenso wie bei kognitiven Vorgängen davon ausgehen, dass introspektiv erkennbare Unterschiede sich zumindest mit wissenschaftlichen Methoden auch extrospektiv erkennen lassen. Spätestens damit ist gezeigt, dass es Ansätze zur Lösung des Erklärungslückenproblems gibt. Die Lösung selbst liegt damit natürlich noch nicht vor. Die Zurückweisung des Privilegs des phänomenalen Wissens schafft jedoch insofern eine wichtige Voraussetzung für eine solche Lösung, als sie die Möglichkeit einer genaueren extrospektiven Erfassung der subjektiven Erfahrung nachweist und damit auch das oben skizzierte Dilemma auflöst.

Doch was genau heißt das? Und welche empirischen Ansätze gibt es, um diese theoretisch existierenden Spielräume in konkrete wissenschaftliche Praxis umzusetzen? Eine Antwort auf diese Fragen sollte das dritte Kapitel geben. Es widmete sich der Konkretisierung der bisherigen systematischen Ergebnisse durch empirische Erkenntnisse zu den Leistungen von Introspektion und Extrospektion. Was

Letztere angeht, so hatte sich erstens herausgestellt, dass wir nicht nur bestens darauf vorbereitet sind, die Wünsche und Überzeugungen anderer im Alltag zu erkennen, vielmehr gibt es auch wissenschaftliche Ansätze wie das Quality-Space-Modell, mit dessen Hilfe eine objektive Erfassung phänomenaler Erfahrungen möglich ist. Diese scheint zudem genauer und systematisch kohärenter zu sein, als dies mit introspektiven Mitteln möglich wäre. Hier finden sich erste Ansätze der von Nagel postulierten »Objektiven Phänomenologie«, die essentiell ist für ein besseres Verständnis des Zusammenhangs zwischen neuronalen Prozessen und bewusster Erfahrung.

Deutlich wurde auch, dass introspektive Erkenntnis keineswegs so unmittelbar ist, wie uns dies aus der Perspektive der ersten Person erscheinen mag und wie es auch von gängigen philosophischen Theorien bis heute behauptet wird. Insbesondere die Ergebnisse von Schachter, Sperling, Becker und Haynes zeigen, dass introspektive Erkenntnis auf komplexen neuronalen und kognitiven Prozessen basiert. Diese Prozesse lassen sich überdies sowohl funktional wie neurobiologisch klar unterscheiden von den Aktivitäten, die der Erfahrung zugrunde liegen.

Außerdem kann es bei der kognitiven Verarbeitung zu Verzerrungen und sogar zu regelrechten Fehlleistungen kommen. So sind beispielsweise die Versuchspersonen in den Experimenten von Sperling in ihren introspektiven Erkenntnissen stark eingeschränkt, ja, sie sind in einer schlechteren Position als der Experimentator, wenn es darum geht, ihre visuellen Erfahrungen zu erkennen: Immerhin verfügt der Experimentator über zuverlässige Kenntnisse darüber, welche Ziffern die Versuchspersonen gesehen haben. Den

Probanden selbst fehlen solche Kenntnisse ihrer eigenen Erfahrungen aufgrund der Beschränkungen ihres Arbeitsgedächtnisses. In anderen Fällen, z. B. bei Schachter oder in den Experimenten zum farbigen Träumen, kam es durch den interpretativen Charakter der introspektiven Erkenntnis zu Verzerrungen und Widersprüchen.

Die Experimente von Haynes haben zudem gezeigt, dass die nachgeschalteten Erkenntnisprozesse keineswegs mit einem Verlust von Information einhergehen müssen. Ganz im Gegenteil können sie einen klaren Informationsgewinn bewirken, indem sie z. B. zu einer deutlichen Ausdifferenzierung der wahrgenommenen Inhalte führen. Auch dies lässt noch einmal erkennen, wie verfehlt die Annahme ist, Unmittelbarkeit stelle eine besondere epistemische Auszeichnung dar. Auf der anderen Seite wird der hier mögliche Erkenntnisgewinn jedoch mit dem Risiko von Fehlinterpretationen erkauft; wie gezeigt, sind diese zumindest teilweise extrospektiv zu erkennen.

All dies zeigt, dass die vielfach angenommenen Einschränkungen wissenschaftlicher Untersuchungen bei der Erkenntnis mentaler Zustände mehr als zweifelhaft sind. In Wirklichkeit ist extrospektive Erkenntnis nicht prinzipiell schlechter gestellt als die Introspektion. Unsere Neigung, die Introspektion weiterhin zu privilegieren, lässt sich auch durch die sogenannte Introspektionsillusion erklären: Hierbei handelt es sich um eine sehr weit verbreitete Tendenz, introspektive Erkenntnisse zu überschätzen, solange es um einen selbst geht.

Damit werden die im zweiten Kapitel vorgebrachten systematischen Argumente für eine prinzipielle Symmetrie von Introspektion und Extrospektion durch empirische

Erkenntnisse bestätigt und gleichzeitig präzisiert. So ist es mit wissenschaftlichen Methoden auch praktisch möglich, geistige Prozesse extrospektiv zu erkennen und damit Fehler der introspektiven Erkenntnis aufzudecken.

Unsere Fähigkeit, mentale Zustände mit objektiven Methoden zu erfassen, sollte in jedem Falle ausreichen, um unsere Vorstellungen von der Phänomenologie subjektiver Erfahrung zu konkretisieren und damit die notwendige Beziehung zwischen der phänomenalen und der funktionalen Ebene, zwischen der subjektiven Erfahrung und den objektiv messbaren neuronalen und behavioralen Prozessen herzustellen. Zunächst dürften dazu die Selbstaussagen von Versuchspersonen ausreichen. Natürlich leiden diese Aussagen unter genau den Einschränkungen introspektiver Erkenntnisse, also unter genau den Fehlern und Ungenauigkeiten, von denen im vorliegenden Kapitel ausführlich die Rede war. Doch sobald es gelungen ist, aus diesen Aussagen beispielsweise mit Hilfe eines Qualitätsraumes ein halbwegs stabiles Bezugssystem zwischen mentalen und neuronalen Eigenschaften herzustellen, kann man auch darangehen, fehlerhaften Angaben oder individuellen Besonderheiten auf die Spur zu kommen – schließlich können wir aus den zuvor genannten Gründen davon ausgehen, dass phänomenale Abweichungen durch funktionale Abweichungen erkennbar sind. Wie weit man bei dieser Abbildung phänomenaler auf funktionale Eigenschaften gelangen wird, muss die Praxis zeigen, zumal der Erfolg dieses Unternehmens auch von dem Aufwand abhängen wird, mit dem man es betreibt. In jedem Falle aber sollte es möglich sein, eine hinreichend genaue Beziehung zwischen subjektiver Erfahrung und objektiv erkennbaren neuronalen Prozessen herzustellen, um so zufriedenstellende wissenschaftliche Erklärungen mentaler Zustände zu ermöglichen.

Doch selbst wenn man alle oben genannten systematischen Argumente und empirischen Befunde akzeptiert, so kann man sich mit viel gutem Willen allenfalls noch eine objektive *Erfassung* phänomenaler Eigenschaften vorstellen. Wie auch immer eine wissenschaftliche *Erklärung* subjektiver Erfahrungen aussehen wird: Sie wird mit Sicherheit weit über die Grenzen unseres Vorstellungsvermögens hinausgehen. Und aus den Problemen bei der Vorstellung, *wie* eine Erklärung aussehen soll, erwächst allzu leicht die intuitive Skepsis, *ob* eine Erklärung überhaupt möglich ist.

Zwar lässt sich eine solche intuitiv begründete Skepsis nicht widerlegen. Ich habe jedoch vor allem im ersten Kapitel gezeigt, dass es diese Art von Skepsis in der Geschichte der Erforschung von Geist und Gehirn immer wieder gegeben hat – und sie ist immer wieder überwunden worden, sobald sich die ersten Ansätze zu der vermeintlich unmöglichen Lösung abzeichneten.

Es gibt keinen Grund, hier eine ähnliche Entwicklung auszuschließen. Man sollte sich daher besser an ernsthaften Argumenten orientieren, statt sich von Intuitionen leiten zu lassen, die uns schon oft genug in die Irre geführt haben, weil sie uns unüberwindliche Grenzen suggerierten, wo wir es in Wirklichkeit nur mit den überwindbaren Grenzen des zeitgenössischen Wissensstandes zu tun hatten. Und die systematischen Argumente zeigen, dass das Problem von Geist und Gehirn eben *nicht* fundamental anders ist als die

Probleme, mit denen sich die empirischen Wissenschaften bislang ganz erfolgreich auseinandergesetzt haben. Der entscheidende Unterschied betrifft das Maß der Komplexität, nicht aber irgendwelche grundlegenden Besonderheiten unseres epistemischen Zugangs.

Um sich dieses Ausmaß an Komplexität vor Augen zu führen, hilft vielleicht noch einmal ein Verweis auf das sogenannte Human-Brain-Project, ein sogenanntes Flaggschiffprojekt der EU, das mit bis zu einer Milliarde Euro gefördert werden soll. Die Initiatoren des Projekts um den Lausanner Neurowissenschaftler Henry Markram hatten angekündigt, eine biologisch realistische Simulation des menschlichen Gehirns innerhalb eines Jahrzehnts bereitzustellen. Sie konnten dazu auf Arbeiten aus einem Vorgängerprojekt zurückgreifen, das bereits über ein vergleichsweise weit entwickeltes Simulationsmodell verfügte, welches auf einem Supercomputer lief. Doch um die eigenen Pläne zu verwirklichen, hätte man nach Angaben des Projekts die millionenfache Rechenkapazität benötigt, und selbst das war vermutlich noch stark untertrieben. Und von den Problemen, die Resultate dieser Modellrechnung am menschlichen Gehirn zu überprüfen, bei dem Eingriffe zu Testzwecken völlig ausgeschlossen sind, haben wir da noch nicht gesprochen.

Doch es ist eben nicht verwunderlich, dass der Versuch, das bei weitem komplexeste uns bekannte System zu beschreiben und zu verstehen, auf größte Schwierigkeiten trifft. Ein großer Fehler wäre es jedoch, die Schwierigkeiten an der falschen Stelle zu verorten. Noch verhängnisvoller wäre es, das ganze Projekt des Verständnisses von Geist und Gehirn als aussichtslos abzuschreiben.

Ich habe in diesem Buch versucht zu zeigen, dass die bisherige Entwicklung eine gewisse Folgerichtigkeit aufweist. Insofern ist es weder ein Zufall, dass seit dem Erstarken objektiver, naturwissenschaftlicher Ansätze im 19. Jahrhundert die Frage nach der Erklärbarkeit subjektiver Erfahrungen mit besonderer Dringlichkeit gestellt wird, noch dass bei den Antworten die Skepsis über die Machbarkeit solcher Erklärungen überwiegt. Doch die Integration subjektiver Erfahrung in einen soliden naturalistischen Ansatz ist der nächste Schritt, der zum Verständnis der Natur des Geistes erforderlich ist. Ziel dieses Buches war der Nachweis, dass die Hindernisse groß, aber eben nicht unüberwindlich sind. Wenn uns morgen aber jemand die endgültige Lösung präsentieren würde, könnten wir damit vermutlich genauso wenig anfangen wie Descartes mit den Erkenntnissen der modernen Hirnforschung: Zum einen würden wir wahrscheinlich die empirischen Methoden genauso wenig verstehen, wie Descartes einen modernen fMRI-Scanner verstehen würde – vermutlich würden uns dazu einfach Grundlagenkenntnisse fehlen, so wie Descartes das Grundlagenwissen in der Physik, der Chemie und der Informationstechnik fehlte, das man zum Verständnis eines fMRI-Scanners benötigt. Zum zweiten würde sich eine solche Lösung vermutlich auf Prozesse im Gehirn stützen, die außerhalb unserer Vorstellungswelt liegen. Auch hier liegt ein Vergleich mit Descartes nahe, der sich mangels der notwendigen Kenntnisse der elektrochemischen Informationsverarbeitung das Gehirn als einen mechanischen Apparat vorstellte. Wahrscheinlich würden wir also nicht allzu viel verstehen, wenn man uns die Prozesse erläutern würde, auf die sich die Neurowissenschaft der Zukunft stützen wird, um die Entstehung von bewusster Erfahrung zu erklären. Eher schon sollten wir etwas mit der genaueren Beschreibung bewusster Erfahrung anfangen können, die ebenfalls zu den zentralen Voraussetzungen einer solchen Lösung gehören dürfte: Schließlich geht es letztlich um das Phänomen, das wir als Bewusstsein bezeichnen. Dennoch hätten wir wahrscheinlich den Verdacht, dass damit ein anderes Problem gelöst würde als das, mit dem wir uns beschäftigt haben.

Aber nach ein wenig Nachdenken sollten wir es als eine weiterentwickelte Fassung unseres Problems erkennen – vorausgesetzt wie gesagt, das, was wir heute bewusste Erfahrung nennen, bleibt Bestandteil des Problems und Gegenstand der Lösung.

Nachwort

Die Arbeit an diesem Buch wäre nicht möglich gewesen ohne die vielfältige Unterstützung von Freunden, Kollegen und Institutionen, bei denen ich mich hiermit ganz herzlich bedanken möchte. Nicht namentlich aufführen kann ich die Studierenden in meinen Veranstaltungen an der Humboldt-Universität und an der Berlin School of Mind and Brain, aber auch viele Kollegen an beiden Institutionen, von denen ich sehr viel gelernt habe.

Die Zeit für die Arbeit an diesem Buch verdanke ich vor allem einem Freiräume-Stipendium meiner Universität; meine philosophischen Kollegen Dominik Perler und Stephen Menn haben mir wichtige Hinweise für den historischen Teil dieses Buches gegeben, mit John-Dylan Haynes habe ich nicht nur die eine oder andere lebhafte Diskussion geführt, vielmehr habe ich von ihm auch eine Menge über neuere Techniken bei der Analyse neuronaler Prozesse gelernt, und Lena Kästner hat mir mitten in der Weihnachtszeit bei der Überarbeitung der Einleitung geholfen. David Rosenthal verdanke ich wichtige Erkenntnisse über das Quality-Space-Modell, Laura Schlingloff und Carolin Kuntz halfen mir bei der Korrektur, Alexander Staudacher hat mich immer wieder gezwungen, meine halbwegs optimistische Einschätzung gegen seine Skepsis zu verteidigen, und von Reinhard Brandt habe ich wichtige Hinweise bei der Auseinandersetzung mit Pseudo-Mayne erhalten. Schließlich möchte ich mich auch bei Beate Klemm, Mathias Reuter und Jens Schneider-Mergener, aber auch bei meinen Nachbarn in unserer Hauswohngemeinschaft bedanken, die mich, jeder auf seine Weise, bei der Arbeit unterstützt haben. Mein Lektor Alexander Roesler hat mir mit einer bemerkenswerten Langmut gegenüber meinem etwas lässlichen Umgang mit Abgabeterminen den nötigen zeitlichen Spielraum verschafft, und dass ich die ganze Sache ohne größere Blessuren an Geist, Seele und Leib durchgestanden habe, verdanke ich vor allem meiner Partnerin Beate.

Widmen möchte ich das Buch meiner Tochter Cosima. Sie zeigt meinen extrospektiven Fähigkeiten zwar immer wieder die Grenzen auf, doch die Überraschungen, die dann folgen, sind meist umso schöner!

Anmerkungen

Einführung: Die Natur des Geistes

1 Eine gewisse Ausnahme macht hier allerdings Aristoteles, der die Seele *nicht* als Substanz auffasst, Aristoteles ist daher in der neueren Literatur zuweilen als Funktionalist, ja als Materialist bezeichnet worden. Genauere Untersuchungen haben jedoch erhebliche Differenzen zum modernen Funktionalismus aufgewiesen; so ist Aristoteles' Theorie z. B. nicht neutral bezüglich der möglichen Realisierung mentaler Eigenschaften (vgl. Goldberg 2004; Langton 2000). Die Integration dieser Theorie in die mittelalterliche Theologie zeigt auch, dass das Problemverständnis nicht allein von einzelnen Begriffen wie Seele oder Bewusstsein bestimmt wird, vielmehr spielt der gesamte philosophische, wissenschafts- und kulturgeschichtliche Hintergrund eine wichtige Rolle.

2 Dies geschieht insbesondere bei der Etablierung des Bewusstseinsbegriffs im 17. Jahrhundert. Viele der Protagonisten dieser Entwicklung sprechen von Seele *und* Bewusstsein. Die beschriebenen Unterschiede sind also idealtypisch, sie schließen Übergänge nicht aus.

3 Vgl. hierzu Cary 2000.

4 Jung 1933.

5 Ibid.

6 Heller-Roazen 2012, Kap. II.

7 Jung 1933; Grimm 1984, Artikel bewust, Bewustsein.

8 Vgl. Heller-Roazen 2012, Kap. II.

9 Nagel 1993, 262.

10 Gegen diese Auffassung gibt es die bekannten Gegenbeispiele von Edmund Gettier sowie eine ganze Reihe von Lösungsvorschlägen, deren Diskussion jedoch im gegenwärtigen Kontext zu weit vom Thema abführen würde. Eine genauere Analyse des introspektiven Wissens findet sich unten im zweiten Kapitel.

11 Der Ausdruck Extrospektion ist generell wenig gebräuchlich. Wenn er verwendet wird, dann steht er häufig generell für sämtliches Wissen über die Außenwelt, also auch für Wissen über unbelebte Prozesse, nicht nur über die mentalen Zustände anderer. Wäre dieser generelle Gebrauch etabliert, dann müsste man strenggenommen stets von *mentalem* extrospektivem Wissen sprechen, wenn man sich auf das Pendant zum introspektiven Wissen bezieht. Da dieser generelle Gebrauch aber nicht etabliert ist, scheint es gerechtfertigt, die Qualifikation im Folgenden wegzulassen. Mit extrospektivem Wissen ist hier also stets das Wissen über die mentalen Zustände anderer gemeint.

12 Ziche 1999.

13 Boring 1953.

14 Nisbett und Wilson 1977.

15 Sifneos 1973; Ruth und Padmakumari 2014; Subic-Wrana et al. 2005.

16 Sperling 1960.

17 Die Aussage bezieht sich selbstverständlich nicht auf ethische Fragen. Angesichts des immensen Aufwandes für die Experimente ist im Moment nicht zu erwarten, dass Dritte unbemerkt oder gar gegen den eigenen Willen Wissen z. B. über die eigenen Überzeugungen oder Gedanken erlangen können. Völlig unmöglich ist dies natürlich nicht, wie auch die Diskussion über eine neue Generation von Lügendetektoren zeigt. In diesem Falle wären strikte Regeln zum Schutz der mentalen Privatheit unerlässlich.

18 Haynes 2014.

19 Pronin 2009.

Kapitel I: Historische Hintergründe

1 Mees 2007, 245.

2 Sheils 1978; Hinterhuber 2001; Hasenfratz 1986; Assmann 2001.

3 Vgl. Platon, Timaios 41d-47e; 61c-72d.

4 Damit ist keine feste Grenze gesetzt – es könnte sein, dass wir naturwissenschaftliche Beschreibungsverfahren in Zukunft auf Phänomene ausdehnen, von denen wir heute noch keinerlei Kenntnis haben. Das Kriterium ist dennoch nicht leer, denn heute noch unbekannte Phänomene müssten ja erst einmal mit naturwissenschaftlichen Methoden erfasst werden. Die Berufung auf nächtliche Träume, die Eingebungen eines Sehers, heilige Schriften etc. würden dafür nicht ausreichen. Vgl. hierzu auch Montero 1999; Hellman und Thompson 1975.

5 Sheils 1978.

6 Gilmore 1919, 6.

7 Vgl. hierzu und zum Folgenden Hinterhuber 2001.

8 Assmann 2001.

9 Die Beispiele bei Hinterhuber 2001, 9–16.

10 Tylor 1974.

11 Ibid.

12 Hasenfratz 1986, 26.

13 Ibid., 21 f.

14 Simrock 1878; Hasenfratz 1986, 18 f.

15 Ein Überblick findet sich bei Hasenfratz 1986, 104 ff.

16 Tylor 1974.

17 Ibid.

18 Ibid.

19 MacDonald 2003, 13.

20 Ibid., 13.

21 Nussbaum 1972b, 157.

22 MacDonald 2003, 45.

23 Nussbaum 1972b, 168 f.

24 »We see, then, that Heraclitus, taking two terms whose meanings before his time had most often been negatively defined in explicit use, has given them central positions in his philosophy: *psyche* as the connecting and knowing faculty, *logos* as the primary object of knowledge.« Nussbaum 1972a, 14.

25 Nussbaum 1972b, 166, 169.
26 Empedokles, Fragment DK 31B 112, Mansfeld 1987, 467.
27 MacDonald 2003, 31.
28 »Die gerechte Seele also und der gerechte Mann wird ein gutes Leben führen, die ungerechte aber ein schlechtes.« Platon, Republik 353d.
29 Platon, Timaios 69 ff.; ibid. Bd. VI, 105 ff.
30 Vgl. Platon, Timaios 61 ff.
31 Cary 2000.
32 Vgl. Platon, Menon 86a.
33 Schmitt 1994.
34 Busche 2001, 6; Vgl. Langton 2000; Goldberg 2004.
35 Langton 2000.
36 Cary 2000.
37 Vgl. Plotin 1930–37, Bd. 1, 69; Schrift 6: »Vom Abstieg der Seele in die Leibeswelt«.
38 »So suche also nicht mit sterblichen Augen zu erblicken ein Ding, das von der Art ist wie unsere Darlegung lehrt, und glaube nicht daß es auf dem Wege zu sehen ist, wie einer vielleicht denkt der glaubt daß alles Sinnendinge seien.« Ibid., Bd. 3, 51.
39 Ibid., Bd. 3, 37.
40 »Da es nun nicht zwei waren, sondern er selbst, der Schauende mit dem Geschauten eines war …, so trägt er, wenn er sich nur an seinen Zustand im Augenblick der Vereinigung erinnert, ein Abbild von jenem in sich.« Ibid., Bd. 1, 108.
41 Ibid., Bd. 3, 40: »Man darf also die geistigen Gegenstände nicht außerhalb des Geistes suchen und nicht annehmen, daß im Geist Abdrücke der seienden Dinge vorhanden sind.«
42 Ibid., Bd. 1, 102.
43 »So stieg ich stufenweise empor von den Körpern zu der durch Vermittlung des Körpers empfindenden Seele, von da zu ihrer inneren Kraft, der die körperlichen Sinne melden, was in der Außenwelt vorgeht, und über die auch die Tiere verfügen. Von da erhob ich mich weiter zum Vermögen des Verstandes, dem die Beurteilung des von den Sinnen Übermittelten obliegt. Dieser aber, veranlaßt durch die Erfahrung seiner eigenen Veränderlichkeit, schwang sich auf zu einer höheren Einsicht, löste das Denken von der Gewohntheit, entzog sich dem widerspruchs-

vollen Schwarm der Phantasievorstellungen, um das zu finden, dessen Glanz ihm leuchtet.« Augustinus 1982, 183.

44 Ibid., 178.

45 Cary 2000, 42.

46 Augustinus 1947, 67.

47 »Nun wandte ich mich zu mir selbst und sprach zu mir: Wer bist denn du? Ich antwortete: Ein Mensch. Und siehe, fasse ich mich selbst ins Auge, stehen da ihrer zwei, Leib und Seele, er draußen, sie drinnen.« Augustinus 1982, 252.

48 Ibid.

49 Ibid., 313.

50 Ibid., 55.

51 Ibid., 259.

52 Augustinus 1947, 81.

53 Augustinus [3]1991, Bd. II, 43; dasselbe Argument findet sich auch in der Schrift über die Willensfreiheit, Augustinus 1947, 55.

54 Vgl. hierzu vor allem Patterson 2000.

55 Vgl. James 2000, 116.

56 Descartes 1960, 48.

57 Descartes 1972, 52. In »Von der Methode« wird die wahrheitssichernde Kraft der klaren und deutlichen Erkenntnis aus dem Paradigma der klaren und deutlichen Erkenntnis des »cogito« abgeleitet. Vgl. Descartes 1960, 27.

58 Descartes 1972, 67; vgl. Descartes 1960, 27.

59 Descartes 1984, 7.

60 Descartes 1960, 46.

61 Vgl. Olson, im Erscheinen.

62 Descartes 1897, Bd. VI, 114 f.

63 Vgl. Oeing-Hanhoff 1984, 88.

64 Descartes 1972, 145.

65 Perler 2006, 152 ff.

66 Vgl. Oeing-Hanhoff 1984, 94.

67 »Cogitationis nomine complector illud omne quod sic in nobis est, ut ejus immediate conscii simus. Ita omnes voluntatis, intellectus, imaginationis & sensuum operationes sunt cogitationes.« Descartes, Meditationen, Anhang zu den zweiten Erwiderungen. Descartes 1897 Bd. VII, 160; dt. Übersetzung z. T. nach Descartes 1972, 145; vgl. Descartes 1953, 574.

68 Descartes 1972, 21, 145.

69 Vgl. Perler 2006, 166, Lähteenmäki 2007, 178, 194. Während die Komplexität von Descartes' Bewusstseinsbegriff wenig umstritten ist, herrscht Uneinigkeit darüber, inwieweit bereits einfache Bewusstseinsakte ein Mindestmaß an Reflexivität einschließen. Vgl. dazu ibid., 180 ff.

70 Descartes 1972, 26.

71 Ibid., 34.

72 Ibid., 62.

73 Menn 1989, 258.

74 Descartes 1972, 62 f.

75 Vgl. Patterson 2000, 101 f.: »The driving force in Descartes' thought is the desire to provide new metaphysical and epistemological foundations for his mathematical physics. … the soul's understanding of the world is based not on sensory images but on ideas innate in the intellect.«

76 Descartes 1972, 26.

77 Descartes 1953, 632 f.

78 Descartes 1972, 25.

79 So bemerkt Cudworth über die Auffassung seiner Kontrahenten, die die plastische Natur des Universums bestreiten: »Lastly; This Opinion is further Confuted, by that Slow and Gradual Process that is in the Generations of things, which would seem to be but a Vain and Idle Pomp, or a Trifling Formality, if the Agent were Omnipotent.« Cudworth 1678, 150.

80 »Though it [nature; M. P.]Act Artificially for the sake of Ends, yet it self doth neither Intend those Ends, nor understand the Reason of that it doth. Nature is not Master of this Consummate Art and Wisdom according to which it acts, but only a Servant to it, and a Drudging Executioner of the Dictates of it.«

81 Cudworth 1678, 159: »Synaisthesis, Consense and Consciousness … makes a Being to be Present with it self, Attentive to its own Actions, or Animadversive of them, to perceive it self to Do or Suffer, and to have a Fruition or Enjoyment of it self.« Vgl. Thiel 1991, 91.

82 »Sense is but a slight and Superficial Perception of the Outside and Accidentals of a Corporeal Substance, it doth not Penetrate into the Profundity of Inward Essence of it.« Cudworth 1731,

95. Im weiteren Verlauf bringt Cudworth zwei Beispiele, die sich sehr eng an Descartes' Beispiele am Ende der zweiten Meditation anlehnen; die Szene mit den Menschen vor dem Fenster, die man nur von außen sieht, übernimmt er fast wörtlich.

83 Ibid., 97 f.; im Einklang mit einer unter den Zeitgenossen gängigen Auffassung führt Cudworth »Intellectus« auf das innere Lesen (in interioribus legere) zurück.

84 Locke 1974, 211 (Essay II, 27, 8).

85 Siehe dazu jedoch die Zweifel am Cartesianischen Substanzdualismus oben Seite 64.

86 »I agree, the more probable opinion is, that this consciousness is annexed to, and the affection of, one individual immaterial substance.« Locke 1974, 219 (Essay II, 27, 25).

87 Ibid., 333 (Essay IV, 3, 6): »We have the ideas of matter and thinking, but possibly shall never be able to know whether any mere material being thinks or no; it being impossible for us, by the contemplation of our own ideas, without revelation, to discover whether Omnipotency has not given to some systems of matter, fitly disposed, a power to perceive and think, or else joined and fixed to matter, so disposed, a thinking immaterial substance.«

88 Auch hier gibt es einen gewissen, allerdings schwächeren Vorbehalt; vgl. Locke 1981, I, 145 (Essay II, 8, 4–5).

89 Ibid., I, 145 (Essay II, 8, 4).

90 Ibid., Bd. I, 121 (Essay, II, 1, 19).

91 Ibid., Bd. I, 121 (Essay, II, 1, 19).

92 Ibid., Bd. I, 108 (Essay II, I, 3–4).

93 Ibid., Bd. I, 121 (Essay II, 1, 19).

94 Ibid., Bd. I, 185 (Essay II, 11, 17).

95 Ibid., Bd. I, 119 (Essay II, 1, 17).

96 Ibid., Bd. II, 174 (Essay IV, 2, 1).

97 Ibid., Bd. II, 174 (Essay IV, 2, 1).

98 Ibid., Bd. II, 175 (Essay IV, 2, 1).

99 Vgl. Heinämaa et al. 2007, 7; Brandt 1983.

100 Zachary Mayne (1631–94), dem der Aufsatz oftmals zugeschrieben wird, war mehr als 30 Jahre vor der Publikation des Aufsatzes gestorben. Da der Aufsatz sich zudem auf Diskussionen bezieht, die erst nach Maynes Tod stattfanden, kommt er als Autor

nicht in Betracht (vgl. Milnes 2000). Da der Verfasser aber immer wieder mit Mayne identifiziert wurde, wird er hier in Übereinstimmung mit Brandt 1983 als »Pseudo-Mayne« bezeichnet.

101 Pseudo-Mayne 1983, 3.

102 Vgl. Pseudo-Mayne 1983, 19. Ich verdanke diesen Hinweis Reinhardt Brandt.

103 Ibid., 43.

104 Ibid., 85 f.

105 Ibid.

106 Vgl. ibid., 85 f.

107 Vgl. oben Seite 16.

108 Cudworth 1678, I, 159.

109 Pseudo-Mayne 1983, 11.

110 Ibid., 23.

111 Ibid., 9.

112 Die Theorie wird daher oft auch als »psychophysischer Parallelismus« bezeichnet; aufgrund ihrer dualistischen Ontologie unterscheidet sie sich prinzipiell vom monistischen Parallelismus Fechners; siehe dazu unten Seite 103.

113 Vgl. Leibniz 1904/06, Bd. II, 280.

114 Leibniz 1968, 136 (Theodizee § 63).

115 »Die materiellen Atome aber widerstreiten der Vernunft, abgesehen davon, dass auch sie sich aus Teilen zusammensetzen, da der unüberwindliche Zusammenhang zweier Teile – selbst wenn man ihn mit Recht annehmen oder voraussetzen könnte – ihre Verschiedenartigkeit keineswegs aufhebt.« Leibniz 1904/06, Bd. II, 265 (Neues System § 11); vgl. ibid., Bd. II, 435 (Monadologie §§ 5–6).

116 Ibid., Bd. II, 265 (Neues System § 11).

117 »Ich bin geneigt zu glauben, daß es eine Art Perzeption und Strebung auch in den Pflanzen gibt; ... und wenn es eine Pflanzenseele gibt, wie man allgemein annimmt, muß sie auch Perzeption besitzen.« Leibniz 1965, Bd. 1, 167 (Neue Abhandlungen II, 9, 11).

118 Leibniz 1904/06, Bd. II, 425 (Vernunftprinzipien der Natur und der Gnade § 4).

119 Ibid., Bd. II, 442, 455 (Monadologie, §§ 29, 84–86).

120 Vgl. Leibniz 1968, 74 f. (Theodizee § 61).

121 Leibniz 1904/06, Bd. II, 442 (Monadologie, § 30).
122 Leibniz 1965, Bd. I, 23.
123 ibid., Bd. I, 411.
124 Ibid., Bd. I, 411.
125 Vgl. Locke 1981, Bd. II, 184 (Essay II, 11, 17).
126 Leibniz 1965, Bd. I, 181.
127 Vgl. Leibniz 1904/06, Bd. II, 440 (Monadologie § 19).
128 Ibid., Bd. II, 439 (Monadologie § 17).
129 Ich möchte nur am Rande erwähnen, dass die Unterscheidung zwischen empirischen und philosophischen Ansätzen im 17. und 18. Jahrhundert wesentlich problematischer war als heute. Zum einen waren sowohl Philosophen wie Wissenschaftler jener Zeit recht gut mit den Entwicklungen in dem jeweils anderen Bereich vertraut, zum anderen waren für die Wissenschaftler insbesondere in der Hirnforschung theoretische Überlegungen angesichts des Mangels an gesicherter empirischer Erkenntnis sehr naheliegend.
130 Vgl. Hagner 2000, auf den ich auch im Folgenden zurückgreife; hier 30 ff.
131 Buffon 1797, 1.
132 Hagner 2000, 31.
133 Tyson 1699, 55.
134 Ibid., 55.
135 Buffon 1807, Bd. IX, 167.
136 Buffon 1797, Bd. III, 333.
137 Buffon 1807, Bd. V, 55 ff.
138 Ibid., Bd. V, 55 f.
139 Vgl. Castle 1845, 68 – 106.
140 Hagner 2000, 89 ff.
141 Breidbach 2001.
142 Gall 1979, 50.
143 Ibid., 50.
144 Hagner 2000, 104.
145 Gall, z.n. ibid., 99.
146 Vgl. ibid., 94.
147 Diese Bemerkungen dürften ausreichen, um deutlich zu machen, dass Galls Theorie sich deutlich von rassistischen Varianten der Kranioskopie unterscheidet: Es geht hier nicht um

stabile Merkmale einer Rasse, sondern um veränderliche individuelle Merkmale und Fähigkeiten. Dabei dient die Vermessung bestimmter Wölbungen des Schädels nur der Größenbestimmung entsprechender Areale des Gehirns.

148 Gall 1979, 54.

149 Woollett und Maguire 2011.

150 Gall 1979, 47.

151 Siehe unten Seite 97.

152 Flourens 1824.

153 Soemmerring 1796, 36.

154 Ibid., 36.

155 Ibid., 38.

156 Ibid., 37.

157 Vgl. Hagner 2000, 84.

158 Ackermann 1806, 139.

159 Ibid., 19 f., 138.

160 Charakteristisch für den recht willkürlichen Begriffsgebrauch ist, dass Ackermann Seele und Seelenorgan einander gleichsetzt. Vgl. beispielsweise ibid., 94 f.

161 Ibid., 115.

162 Ibid.

163 Görres 1805, 160 f.

164 Ibid., III.

165 Flourens 1824.

166 Hagner 2000, 114 f., 249.

167 Vgl. ibid., 248.

168 Broca 1861.

169 Vgl. Wernicke 1874, 22 ff.; Hagner 2000, 286 f.

170 Hagner 2000, 279 ff.

171 Ibid., 237.

172 Wernicke 1874, 4.

173 Hagner 2000, 187.

174 Fritsch und Hitzig 1870.

175 Ibid.

176 Ibid., 329 f.; vgl. Hagner 2000, 277.

177 Fritsch und Hitzig 1870, 331.

178 Schott und Tölle 2006, 82.

179 Breidbach 2001, 33.

180 Die Ausnahme bilden die in geringerer Zahl vorkommenden elektrischen Synapsen, die – wie von Golgi behauptet – eine direkte Verbindung zwischen den Nervenzellen herstellen.
181 Vgl. hierzu Roth und Strüber 2014, Kap. 1.3.
182 Lange 1908, Bd. I, 326.
183 Vgl. Laska 1985.
184 Wagner 1854.
185 Ibid., 23 f.
186 Lange 1908, Bd. II, 381.
187 Fechner 1860.
188 Heidelberger 2002, 44.
189 Siehe oben Seite 76.
190 Heidelberger 2002, 53.
191 Ibid.
192 Du Bois-Reymond 1974, 71.
193 Vgl. dazu oben Seite 81.
194 La Mettrie 2001, 31.
195 Büchner 1867, 130.
196 Vogt 1851, 5.
197 Ibid., 5.
198 Vgl. Wittkau-Horgby 1998, Kap. 1 u. 2.
199 Flourens hatte sich zwar gegen die Lokalisationshypothese gewendet, eine grundlegende Abhängigkeit kognitiver und motorischer Funktionen vom Gehirn jedoch anerkannt.
200 Büchner 1867, 150.
201 Ibid., 131 f.
202 Ibid., 132 f.
203 Wagner 1854, 23 f.
204 Vogt 1852, 445 f.
205 Vgl. dazu z. B. Pauen 2004.
206 Ziche 1999, 13.
207 Ibid., 23.
208 Ibid., 22.
209 Ibid., 32.
210 Eine echte Asymmetrie würde also nur dann bestehen, wenn solche Berichte unmöglich sind, so wie es z. B. in Gedankenexperimenten zu Zombies und Spektrumsinversionen angenommen wird.

211 »Behaviourism claims that consciousness is neither a definite nor a usable concept. The behaviourist, who has been trained always as an experimentalist, holds, further, that belief in the existence of consciousness goes back to the ancient days of superstition and magic.« Watson, 1925, 3.

212 »The verbal community specializes in self-descriptive contingencies. It asks such questions as: What did you do yesterday? What are you doing now? … The answers help people to adjust to each other effectively. And it is because such questions are asked that a person responds to himself and his behavior in the special way called knowing or being aware. Without the help of a verbal community all behavior would be unconscious. Consciousness is a social product. It is not only not the special field of autonomous man, it is not within range of a solitary man.« Skinner 1971, 191 f.

213 Carnap 1932, 131, vgl. Ryle 1969, 209.

214 Vgl. Block 1980.

215 Nagel 1974, dt. Nagel 1993.

216 Nagel 1979, 201.

217 Nagel 1993, 142 f.

218 Vgl. Kouider 2009.

219 Baars 1997.

220 Dehaene et al. 2006; Dehaene und Naccache 2001.

221 »Empirically, access of sensory stimuli to conscious report correlates with the activation of higher associative cortices, particularly parietal, prefrontal and anterior cingulate areas.« Dehaene et al. 2006, 205.

222 Vgl. hierzu vor allem unten den zweiten Abschnitt des dritten Kapitels.

223 Haynes 2014; Haynes 2009; siehe dazu auch unten Seite 261.

224 Lamme 2006.

225 Siehe unten Seite 255.

226 »According to such empirical and theoretical arguments, RP [Recurrent Processing] is the key neural ingredient of consciousness. We could even define consciousness as recurrent processing. This could shed an entirely different light on the matter of whether there is conscious phenomenal experience in states of inattention, split brain or extinction.« Lamme 2006, 499.

227 Macknik und Martinez-Conde 2009.
228 Milner und Goodale 2008; Goodale 2007.
229 Milner und Goodale 2008.
230 Vogt 1971, 624 f.
231 Clark und Chalmers 1998; Gallagher 2009; Thomson und Varela 2001.

Kapitel II: Systematische Argumente

1 Das ist der berühmte »Generality Constraint« von Gareth Evans: »Thus, if a subject can be credited with the thought that *a* is *F*, then he must have the conceptual resources for entertaining the thought that *a* is *G*, for every property of being *G* of which he has a conception. This is the condition that I call ›The Generality Constraint‹.« Evans 1982, 104.
2 Leibniz 1904/06, Bd. II, 427 (Principes de la nature, § 4).
3 Wie oben gezeigt, hält Leibniz an der Engführung von Bewusstsein und Wissen fest; offenbar sieht er hier jedoch keine begriffliche Identität.
4 James 1991, 234.
5 Armstrong 1963, 422.
6 Kornblith 1998.
7 Nagel 1979, 201.
8 Von einer unabsichtlichen Missachtung dieser Unterscheidung kann man u. a. deshalb ausgehen, weil Nagel sie an anderer Stelle in Zusammenhang mit der oben ebenfalls bereits erwähnten »objektiven Phänomenologie« ausdrücklich verteidigt. Vgl. Nagel 1993, 142 f.
9 Für ein *exklusives* Wissensprivileg könnte man allenfalls dann argumentieren, wenn man die Unterscheidung von Wissen und Erfahrung, für die ich oben argumentiert habe, nicht akzeptiert und behauptet, dass Erfahrung von Schmerzen schon eine Form des Wissens ist. In diesem Falle könnte man behaupten, dass diese Form des Wissens der Perspektive der ersten Person vorbehalten wäre; es gäbe also auch ein exklusives Privileg für das erstpersonale Wissen. Die Position von Jesse Butler, die ich

weiter unten diskutieren werde, kommt dieser Auffassung am nächsten. Ich werde jedoch zu zeigen versuchen, dass Butler in Wirklichkeit nur von Erfahrung spricht und nicht von Wissen.

10 Alston 1971.

11 Aristoteles, De Anima 424b-426a. Aristoteles spricht von einer Wahrnehmung zweiter Stufe, bei der wir »wahrnehmen, daß wir sehen und hören«.

12 Augustinus 1947, 61.

13 Descartes 1972, 62f.

14 Locke 1981, Bd. I, 121 (Essay II, 1, 19).

15 Armstrong 1963, 419. Armstrong wendet sich allerdings ganz entschieden gegen die Vorstellung, dass Introspektion unfehlbar sei.

16 Butler 2006, 80.

17 Smithies und Stoljar 2012, 16ff.

18 Eine mögliche Antwort besteht darin, den Zusammenhang an zusätzliche Bedingungen zu knüpfen, z. B. an die Verfügung über die entsprechenden Begriffe. Formell wäre die These damit gerettet, da sie sich nicht mehr auf Kinder und Tiere beziehen würde; allerdings erscheint es unplausibel, ein konstitutives Merkmal für einen bestimmten Zustand von der Verfügung über ganz andere Fähigkeiten abhängig zu machen.

19 Smithies 2012, 261.

20 »According to the simple theory, introspection is a distinctive way of knowing that one is in a certain mental state, which one has just by virtue of being in that mental state.« Ibid., 260.

21 Vgl. Schwitzgebel 2002b; Schwitzgebel 2002a; Schwitzgebel 2008; Schwitzgebel 2012.

22 Dies schließt nicht aus, dass körperliche Prozesse Teil der Erfahrung selbst sind, wie dies u. a. Damasio mit seiner »Somatic Marker«-Theorie gezeigt hat. Doch auch dabei müssen die körperlichen Prozesse nicht wahrgenommen werden, und in keinem Falle kommen sie erst durch die Introspektion ins Spiel, vielmehr sind sie konstitutiver Bestandteil der Erfahrung selbst; vgl. Damasio 1994.

23 Campbell 1999; Coliva 2002; Prosser und Recanati 2012.

24 Armstrong 1963.

25 Nagel 1993.

26 Jackson 1982.
27 Levine 1983; Levine 1991; Levine 1993; Levine 2001.
28 Chalmers 1996; Chalmers 1995; Chalmers 1997; weitere Arbeiten zum Thema stammen von Nida-Rümelin 1993; Nida-Rümelin 1998; Kim 2002; Bieri 1992; Pauen 2000; Pauen 2006; Pauen 2010; Pauen 2015. Siehe hierzu auch die Sammelbände von Bieri 1993; Metzinger 1996; Heckmann und Walter 2001; Pauen und Stephan 2002; Pauen et al. 2007.
29 Ich werde diese Entwicklungen z. B. bei Jackson und Levine hier nicht kommentieren, da dies die Argumentation unnötig kompliziert machen würde, ohne dass damit ein Gewinn in der Sache verbunden wäre. Um Ungenauigkeiten zu vermeiden, werde ich mich auf die klassischen Publikationen beider Autoren beschränken, also v. a. auf Levine 1983; Levine 1991; Levine 1993; Levine 2001; Jackson 1982.
30 Jackson 1982.
31 Levine 2001, 152 ff.
32 Loar 1997.
33 Papineau 1996.
34 Gertler 2012, 94.
35 Ibid., 97.
36 Butler 2006, 75.
37 Ibid., 80.
38 »Such knowledge has no propositional content. Consequently, it could not possibly consist of true (or false) beliefs, and it is unclear as to what it would even mean for a phenomenal state in itself to be justified or unjustified. For instance, the experience of an orgasm in itself is neither true nor false.« Ibid., 67.
39 »Phänomenales Farbenwissen ist somit propositionales Wissen. Selbstverständlich ist dieses Wissen mit gewissen praktischen Fähigkeiten verbunden (z. B. die Fähigkeit, auf das richtige Dia bei entsprechender Frage zu deuten).« Nida-Rümelin 1993, 14.
40 Vgl. Stalnaker 1998.
41 Chalmers 2003, 16.
42 Shoemaker 1975; Searle 1992.
43 Balog 2000; Pauen 2015.
44 Vgl. hierzu auch die entsprechende Erläuterung oben Seite 164.

45 »Not all experiences are accompanied by corresponding direct phenomenal concepts. Many of our experiences appear to pass without our forming any beliefs.« Chalmers 2003, 16 f.

46 Ibid., 17.

47 Siehe dazu die oben Seite 171 zitierte Aussage Chalmers' zu diesem Punkt.

48 Wirklich irrtumsimmun wäre das Verfahren allerdings nicht, da z. B. Fehler der Elektronik denkbar wären, die das Analogon zu kognitiven Fehlfunktionen bilden.

49 Man könnte hier einwenden, dass Chalmers in dem obigen Beispiel Mary ein bestimmtes Prädikat (»R«) und nicht einfach einen indexikalischen Ausdruck (»so«) in den Mund legt. Wie oben gezeigt, funktioniert das vermeintliche Prädikat aufgrund seiner Abhängigkeit von der bezeichneten Erfahrung jedoch so wie ein indexikalischer Ausdruck.

50 Dieser Punkt ist auch insofern wichtig, weil das Erklärungslückenargument in der philosophischen Diskussion häufig als begriffliches Argument verstanden wird. Um sicherzustellen, dass eine Erklärung z. B. der neuronalen Grundlagen einer Schmerzerfahrung wirklich eine hinreichende Erklärung der Schmerzerfahrung selbst gibt, benötigen wir eine begriffliche Verbindung zwischen der neuronalen und der phänomenalen Ebene. Sie soll zeigen, dass das, was wir meinen, wenn wir von Schmerzen sprechen, wirklich von der neurobiologischen Erklärung erfasst wird, ohne dass hier noch ein unerklärbarer Rest bleibt. Die klassischen Gedankenexperimente sollen dann den Nachweis erbringen, dass die notwendige begriffliche Verbindung scheitern muss, weil die subjektive Erfahrung nicht in objektiven Kategorien zu erfassen ist. Die entscheidende Konsequenz aus den gerade präsentierten Überlegungen ist, dass die klassischen Gedankenexperimente zurückgewiesen werden müssen, weil sie das für die Erklärungslückentheoretiker unverzichtbare introspektive Wissen untergraben und weil sie zu absurden Konsequenzen führen. Eine wesentlich detailliertere Darstellung dieser Argumentation findet sich in Pauen 2015.

Kapitel III: Empirische Erkenntnisse zum Erste-Person-Privileg

1 Meltzoff und Moore 1983.
2 Oerter und Montada 1995, 230.
3 Woodward 1996.
4 Tomasello 1993, 174.
5 Wimmer und Perner 1983; Moll und Meltzoff 2010.
6 Pauen 2012.
7 Rosenthal 2010.
8 Wie oben bereits gezeigt, sollten funktionale Beschreibungen ein solches Bezugssystem liefern können; allerdings sind wir mit unserem heutigen Wissensstand noch sehr weit von einer plausiblen funktionalen Beschreibung entfernt.
9 Geldard und Sherrick 1972.
10 Blankenburg et al. 2006.
11 Dennett 1991; Dennett und Kinsbourne 1992.
12 Nisbett und Wilson 1977.
13 Goethals und Reckman 1973.
14 Bem und McConnell 1970.
15 Adams et al. 1996.
16 Sifneos 1973.
17 Lane et al. 1997.
18 Ruth und Padmakumari 2014; Lane et al. 1997.
19 So betrachtet z. B. Lane Störungen im Anterioren Cingulum als wahrscheinliche Ursache der Alexithymie, während andere Autoren eher Störungen der interhemisphärischen Verbindungen im Corpus Callosum als Ursache nennen. Vgl. Lane et al. 1997.
20 Warnes 1986.
21 Ibid.
22 Subic-Wrana et al. 2005; Subic-Wrana et al. 2001.
23 Schachter 1962; Schachter 1964; Schachter und Wheeler 1962.
24 Schachter 1964; Schachter und Wheeler 1962.
25 Dutton 1974.
26 Platon, Theätet 157d-158e.
27 Vgl. hierzu und zum Folgenden Schwitzgebel 2002b.
28 Ibid., 650.
29 Vgl. ibid., 650.
30 Ibid., 651.

31 Vgl. O'Regan 1992.
32 Ibid., 483.
33 Kornblith 1998, 56.
34 Nazir und O'Regan 1990.
35 Sperling 1960.
36 Landman et al. 2003.
37 Ibid.
38 Simons und Rensink 2005; Jensen et al. 2011.
39 Siehe https://www.youtube.com/watch?v=v3iPrBrGSJM.
40 Landman et al. 2003.
41 O'Regan 1992.
42 Becker et al. 2000.
43 Ruff et al. 2007.
44 Eine Erklärung hierfür könnte die im Folgenden noch etwas genauer vorzustellende Theorie von Victor Lamme liefern. Ihr zufolge basiert bewusste Erfahrung auf der Aktivität neuronaler Netze, die sich aufgrund von Rückkopplungen gegenseitig aktiv halten.
45 Becker et al. 2000.
46 Ibid.
47 Dennett 1991; Dennett und Kinsbourne 1992; Dennett beruft sich dabei bereits auf das Cutaneous-Rabbit-Experiment; etwas vorsichtiger argumentiert Dennett 2007.
48 Dennett 1993.
49 Vgl. Dennett und Kinsbourne 1992.
50 Hier gibt es allerdings zumindest eine prinzipielle Verwandtschaft zu Dennetts Verfahren der »Heterophänomenologie«, die sich mit ›strenger Neutralität‹ der wissenschaftlichen Erfassung von Daten auch über die subjektive Erfahrung widmen soll (Vgl. Dennett 2007, 49 ff.). Die Heterophänomenologie insbesondere in der Fassung, in der Dennett sie in SÜSSE TRÄUME vorstellt, steht jedoch in einer starken Spannung zu den introspektionsskeptischen Positionen, die Dennett z. B. in QUINING QUALIA, CONSCIOUSNESS EXPLAINED oder INTENTIONAL SYSTEMS vertreten hat (vgl. Dennett 1993; Dennett 1991; Dennett 1971).
51 Block 2007.
52 Lamme 2006.

53 Siehe oben Seite 119.
54 Lamme 2006, 499.
55 Vgl. Haynes 2014; Haynes 2009.
56 Siehe oben Seite 117.
57 Baars 1996; Baars 1997; Dehaene und Naccache 2001; Dehaene et al. 2006.
58 »Conscious information processing … in our view is associated with a distinct internal space, buffered from fast fluctuations in sensory inputs, where information can be shared across a broad variety of processes including evaluation, verbal report, planning and long-term memory. Empirically, access of sensory stimuli to conscious report correlates with the activation of higher associative cortices, particularly parietal, prefrontal and anterior cingulate areas.« Dehaene et al. 2006, 205.
59 Der Unterschied ist jedoch nicht schwer zu erkennen. Während Block von zwei unterschiedlichen Formen von Bewusstsein ausgeht, gibt es hier nur eine Form von Bewusstsein, nämlich die bewusste Erfahrung, die – anders als bei Block – nicht notwendigerweise phänomenal sein muss. Ihr wird keine andere Form von Bewusstsein, sondern eine bestimmte kognitive Leistung gegenübergestellt, nämlich die Erkenntnis dieser Erfahrung.
60 »The only rationale for attributing phenomenal consciousness to preconscious processing seems to be the intuition that visual experience involves a richness of content that goes beyond what we can report. However, this intuition itself can be explained as a kind of illusion – we think that we see more than we actually do.« Ibid.
61 Siehe oben Seite 244.
62 Leopold und Logothetis 1996.
63 Bode et al. 2013; Bode et al. 2012; Haynes 2014.
64 Tusche et al. 2010.
65 Kahnt et al. 2011.
66 Pronin 2009.
67 Ibid.
68 Ibid.

Literatur

Ackermann, Jacob Fidelis. 1806. *Die Gall'sche Hirn-, Schedel-, und Organenlehre vom Gesichtspunkte der Erfahrung aus beurtheilt und widerlegt*. Heidelberg: Mohr und Zimmer.

Adams, H. E., L. W. Wright, Jr. und B. A. Lohr. 1996. »Is homophobia associated with homosexual arousal?« *Journal of Abnormal Psychology* 105 (3): S. 440–5.

Alston, William. 1971. »Varieties of Privileged Access.« *American Philosophical Quarterly* 8: S. 223–241.

Armstrong, David M. 1963. »Is introspective knowledge incorrigible?« *Philosophical Review* 62 (4): S. 417–32.

Assmann, Jan. 2001. Tod und Jenseits im alten Ägypten. München: Beck.

Augustinus, Aurelius. [3]1991. *Vom Gottesstaat. Übers. v. Wilhelm Thimme. Eingel. u. komm. v. Carl Andresen*. München.

–, 1947. *Der freie Wille. Übertragen von Carl Johann Perl*. Paderborn: Schöningh.

–, 1982. *Bekenntnisse. Eingeleitet und übertragen von Wilhelm Thimme*. München: dtv.

Baars, Bernard J. 1996. »Understanding Subjectivity: Global Workspace Theory and the Resurrection of the Observing Self.« *Journal of Consciousness Studies* 3: S. 211–216.

–, 1997. »In the Theatre of Consciousness. Global Workspace Theory, A Rigorous Scientific Theory of Consciousness.« *Journal of Consciousness Studies* 4: S. 292–309.

Balog, Katalin. 2000. »Conceivability, Possibility and the Mind-Body Problem.« *The Philosophical Review* 108 (4): S. 497–528.

Becker, M.W., H. Pashler und S.M. Anstis. 2000. »The role of iconic memory in change-detection tasks.« *Perception* 29 (3): S. 273–86.

Bem, D.J. und H.K. McConnell. 1970. »Testing the self-perception explanation of dissonance phenomena: on the salience of premanipulation attitudes.« *J Pers Soc Psychol* 14 (1): S. 23–31.

Bieri, Peter. 1992. »Was macht Bewußtsein zu einem Rätsel?« *Spektrum der Wissenschaft*: S. 48–56.

– (Hrsg.). 1993. *Analytische Philosophie des Geistes*. Bodenheim: Athenäum.

Blankenburg, Felix, Christian C. Ruff, Ralf Deichmann, Geraint Rees und John Driver. 2006. »The Cutaneous Rabbit Illusion Affects Human Primary Sensory Cortex Somatotopically.« *PLOS Biology* 4 (3): S. e69.

Block, Ned. 1980. »Troubles with Functionalism.« In: *Readings in Philosophy of Psychology I*, hrsg. v. N. Block. Cambridge MA: Harvard University Press, S. 268–307.

–, 2007. »Consciousness, accessibility, and the mesh between psychology and neuroscience.« *The Behavioral and Brain Sciences* 30: S. 481–99.

Bode, Stefan, Carsten Bogler und John-Dylan Haynes. 2013. »Similar neural mechanisms for perceptual guesses and free decisions.« *NeuroImage* 65 (0): S. 456–465.

Bode, Stefan, Carsten Bogler, Chun Siong Soon und John-Dylan Haynes. 2012. »The neural encoding of guesses in the human brain.« *NeuroImage* 59 (2): S. 1924–1931.

Boring, Edwin G. 1953. »A history of introspection.« *Psychol Bull* 50 (3): S. 169–89.

Brandt, Reinhard. 1983. »Einleitung.« In: *Pseudo-Mayne, Über das Bewußtsein. Übersetzt von Reinhardt Brandt*. Hamburg: Felix Meiner, S. XI–IL.

Breidbach, Olaf. 2001. »Hirn und Bewußtsein – Überlegungen zu einer Geschichte der Neurowissenschaften.« In: *Neurowissenschaften und Philosophie. Eine Einführung*, hrsg. v. M. Pauen und G. Roth. München: Fink UTB, S. 11–58.

Broca, Pierre Paul. 1861. »Perte de la parole, ramollissement chronique et destruction partielle du lobe antérieur gauche du cerveau.« *Bulletin de la Société Anthropologique* 2: S. 235–238.

Büchner, Ludwig. 1867. *Kraft und Stoff. Empirisch-naturphilosophische Studien*. 9. Aufl. Leipzig: Theodor Thomas.

Buffon, Georges-Louis Leclerc de. 1797. *Natural History.* 10 Bde. London.

–, 1807. *Natural History.* 10 Bde. London: T. Gillet.

Busche, Hubertus. 2001. *Die Seele als System. Zu Aristoteles' Wissenschaft von der Psyche*. Hamburg: Meiner.

Butler, Jesse Wade. 2006. Rethinking Introspection: How We Know (And Fail To Know) Our Own Minds Department of Philosophy, University of Oklahoma, Ann Arbor MI.

Campbell, John. 1999. »Immunity to Error through Misidentification and the Meaning of a Referring Term.« *Philosophical Topics* 26 (1 & 2): S. 89–104.

Carnap, Rudolf. 1932. »Psychologie in physikalischer Sprache.« *Erkenntnis* 3: S. 107–142.

Cary, Phillip. 2000. *Augustine's invention of the inner self: the legacy of a Christian Platonist*. Oxford; New York: Oxford University Press.

Castle, M. 1845. *Die Phrenologie*. Stuttgart: Adolph Krabbe.

Chalmers, David J. 1995. »Facing up to the Problem of Consciousness.« *Journal of Consciousness Studies II*: S. 200–219.

–, 1996. *The Conscious Mind. In Search of a Fundamental Theory.* New York Oxford: Oxford University Press.

–, 1997. »Moving Forward on the Problem of Consciousness.« *Journal of Consciousness Studies IV*: S. 3–64.

–, 2003. »The Content and Epistemology of Phenomenal Beliefs.« In: *Consciousness: New Philosophical Perspectives*, hrsg. v. Q. Smith und A. Jokic. Oxford.

Clark, Andy und David J. Chalmers. 1998. »The Extended Mind.« *Analysis* 58: S. 10–23.

Coliva, Annalisa. 2002. »Thought Insertion and Immunity to Error through Misidentification.« *Philosophy, Psychiatry, and Psychology* 9 (1): S. 27–34.

Cudworth, Ralph. 1678. *The true intellectual system of the universe: wherein all the reason and philosophy of atheism is confuted, and its impossibility demonstrated. Bd. I.* 4 Bde. London: Richard Royston.

–, 1731. *A Treatise concerning Eternal and Immutable Morality*. London: James and John Knapton.

Damasio, Antonio R. 1994. *Descartes' Error: Emotion, Reason, and the Human Brain*. New York: Putnam.

Dehaene, S., J.P. Changeux, L. Naccache, J. Sackur und C. Sergent. 2006. »Conscious, preconscious, and subliminal processing: a testable taxonomy.« *Trends Cogn Sci* 10 (5): S. 204–11.

Dehaene, S. und L. Naccache. 2001. »Towards a cognitive neuroscience of consciousness: basic evidence and a workspace framework.« *Cognition* 79 (1–2): S. 1–37.

Dehaene, Stanislas, Jean-Pierre Changeux, Lionel Naccache, Jérômee Sacku und Claire Sergent. 2006. »Conscious, preconscious, and subliminal processing: a testable taxonomy.« *Trends in Cognitive Science.*

Dennett, Daniel C. 1971. »Intentional Systems.« *Journal of Philosophy* 68: S. 87–106.

–, 1991. *Consciousness Explained.* Boston New York Toronto: Backbay Books.

–, 1993. »Quining Qualia.« In: *Readings in Philosophy and Cognitive Science*, hrsg. v. A.I. Goldman. Cambridge MA: MIT Press, S. 381–414.

–, 2007. *Süße Träume. Die Erforschung des Bewußtseins und der Schlaf der Philosophie. Aus dem Amerikanischen von Gerson Reuter.* Frankfurt/M.: Suhrkamp.

Dennett, Daniel C. und Marcel Kinsbourne. 1992. »Time and the observer: The where and when of consciousness in the brain.« *The Behavioral and Brain Sciences* 15: S. 183–247.

Descartes, René. 1953. *Œuvres et lettres. Textes présentés par André Bridoux.* Paris: Editions Gallimard.

–, 1960. *Von der Methode des richtigen Vernunftgebrauchs und der wissenschaftlichen Forschung. Übers. v. Lüder Gäbe.* Hamburg: Meiner.

–, 1972. *Meditationen über die Grundlagen der Philosophie. Hrsg. v. Arthur Buchenau.* Hamburg.

–, 1984. *Die Leidenschaften der Seele. Hrsg. und übers. v. Klaus Hammacher.* Hamburg: Meiner.

Descartes, René. 1897. *Œuvres de Descartes. Publiées par Charles Adam et Paul Tannery.* 12 Bde. Paris: L. Cerf.

Du Bois-Reymond, Emil. 1974. »Über die Grenzen des Naturerkennens.« In: *Vorträge über Philosophie und Gesellschaft*, hrsg. v. S. Wollgast. Hamburg: Meiner, S. 54–78.

Dutton, Donald G., Aron, Arthur P. 1974. »Some Evidence for Heightened Sexual Attraction Under Conditions of High Anxiety.« *Journ. of Pers. and Soc. Psych. XXX*: S. 510–517.

Evans, Gareth. 1982. *Varieties of Reference*. Oxford: Oxford University Press.

Fechner, Gustav Theodor. 1860. *Elemente der Psychophysik*. 2 Bde. Leipzig: Breitkopf und Härtel.

Flourens, Pierre Marie Jean. 1824. *Recherches expérimentales sur les propriétés et les fonctions du système nerveux, dans les animaux vertébrés*. Paris: Crevot.

Fritsch, Gustav und Eduard Hitzig. 1870. »Über die elektrische Erregbarkeit des Großhirns.« *Archiv für Anatomie, Physiologie und wissenschaftliche Medicin*: S. 300–332.

Gall, Franz Joseph. 1979. »Des Herrn Dr. F. J. Gall Schreiben über seinen bereits geendigten Prodromus über die Verrichtungen des Gehirns der Menschen und Thiere an Herrn Jos. Fr. von Retzer.« In: *Franz Joseph Gall. Naturforscher und Anthropologe*, hrsg. v. E. Lesky. Bern Stuttgart Wien: Huber, S. 47–59.

Gallagher, Shaun. 2009. »Philosophical Antecedents of Situated Cognition« In: *The Cambridge Handbook of Situated Cognition*, hrsg. v. P. Robbins und M. Aydede. Cambridge: Cambridge University Press, S. 33–51.

Geldard, F. A. und C. E. Sherrick. 1972. »The Cutaneous »Rabbit«: A Perceptual Illusion.« *Science* 178: S. 178–179.

Gertler, Brie. 2012. »Renewed Acquaintance.« In: *Introspection and consciousness*, hrsg. v. D. Smithies und D. Stoljar. New York, N. Y.: Oxford University Press, S. 93–128.

Gilmore, George W. 1919. *Animism; or, Thought currents of primitive peoples*. Boston: Marshall Jones company.

Goethals, G. R. und R. F. Reckman. 1973. »Perception of Consistency in Attitudes.« *Journal of Experimental Psychology* 9 (6): S. 491–501.

Goldberg, Nathaniel. 2004. »Is Aristotle's Philosophy of Mind Functionalist?« *Philosophical Writings* 26: S. 47–65.

Görres, Joseph 1805. *Exposition der Physiologie*. Koblenz: Lasaulxsche Buchhandlung.

Grimm, Jacob u. Wilhelm. 1984. *Deutsches Wörterbuch*. München.

Hagner, Michael. 2000. *Homo Cerebralis. Der Wandel vom Seelenorgan zum Gehirn*. Frankfurt: Insel.

Hasenfratz, Hans-Peter. 1986. *Die Seele. Einführung in ein religiöses Grundphänomen*. Zürich: Theologischer Verlag.

Haynes, John-Dylan. 2014. »An Information-Based Approach to Consciousness: Mental State Decoding.« In: *Open Mind 17 (T)*, hrsg. v. T. Metzinger und J. M. Windt. Frankfurt / Main: Mind Group.

Haynes, John Dylan. 2009. »Decoding visual consciousness from human brain signals.« *Trends Cogn Sci* 13 (5): S. 194 – 202.

Heckmann, Heinz-Dieter und Sven Walter (Hrsg.). 2001. *Qualia – Ausgewählte Beiträge*. Paderborn: Mentis.

Heidelberger, Michael. 2002. »Wie das Leib-Seele Problem in den Logischen Empirismus kam.« In: *Phänomenales Bewußtsein – Rückkehr der Identitätstheorie?*, hrsg. v. M. Pauen und A. Stephan. Paderborn: Mentis, S. 40 – 72.

Heinämaa, Sara, Vili Lähteenmäki und Pauliina Remes. 2007. »Introduction.« In: *History of Consciousness: From Perception to Reflection in the History of Philosophy*, hrsg. v. S. Heinämaa, V. Lähteenmäki und P. Remes. Dordrecht: Springer, S. 1 – 26.

Heller-Roazen, Daniel. 2012. *Der innere Sinn. Archäologie eines Gefühls*. Frankfurt: Fischer.

Hellman, Geoffrey Paul und Frank Wilson Thompson. 1975. »Physicalism: Ontology, Determination, and Reduction.« *The Journal of Philosophy* 72: S. 551 – 564.

Hinterhuber, Hartmann. 2001. *Die Seele. Natur- und Kulturgeschichte von Psyche, Geist und Bewusstsein*. Wien: Springer.

Jackson, Frank. 1982. »Epiphenomenal Qualia.« *Philosophical Quarterly* 32: S. 127 – 136.

James, Susan. 2000. »The Emergence of the Cartesian Mind.« In: *History of the Mind-Body Problem*, hrsg. v. T. Crane und S. Patterson: Routledge, S. 111 – 130.

James, William. 1991. »Does Consciousness Exist?« In: *Selbstbwusstseinstheorien von Fichte bis Sartre*, hrsg. v. M. Frank. Frankfurt: Suhrkamp, S. 233 – 248.

Jensen, M. S., R. Yao, W. N. Street und D. J. Simons. 2011. »Change blindness and inattentional blindness.« *Wiley Interdisciplinary Reviews-Cognitive Science* 2 (5): S. 529 – 546.

Jung, Gertrud. 1933. »Syneidesis, Conscientia, Bewusstsein.« *Archiv für die gesamte Psychologie* 89: S. 525–540.
Kahnt, Thorsten, Marcus Grueschow, Oliver Speck und John-Dylan Haynes. 2011. »Perceptual Learning and Decision-Making in Human Medial Frontal Cortex.« *Neuron* 70 (3): S. 549–559.
Kim, Jaegwon. 2002. »Emergenz, Reduktionsmodelle und das Mentale.« In: *Phänomenales Bewußtsein – Rückkehr der Identitätstheorie?*, hrsg. v. M. Pauen und A. Stephan. Paderborn: Mentis, S. 148–164.
Kornblith, Hilary. 1998. »What is it Like to be Me.« *Australasian Journal of Philosophy* 76 (1): S. 48–60.
La Mettrie, Julien Offray de. 2001. *Der Mensch eine Maschine.* Stuttgart: Reclam.
Lähteenmäki, Vili. 2007. »Orders of Consciousness and Forms of Reflexivity in Descartes.« In: *Consciousness. From Perception to Reflection in the History of Philosophy*, hrsg. v. S. Heinämaa, V. Lähteenmäki und P. Remes. Dordrecht: Springer, S. 177–202.
Lamme, V. A. 2006. »Towards a true neural stance on consciousness.« *Trends in cognitive sciences* 10 (11): S. 494–501.
Landman, Rogier, Henk Spekreijse und Victor A. F. Lamme. 2003. »Large capacity storage of integrated objects before change blindness.« *Vision Research* 43 (2): S. 149–164.
Lane, R. D., G. L. Ahern, G. E. Schwartz und A. W. Kaszniak. 1997. »Is alexithymia the emotional equivalent of blindsight?« *Biol Psychiatry* 42 (9): S. 834–44.
Lange, Friedrich Albert. 1908. *Geschichte des Materialismus und Kritik seiner Bedeutung in der Gegenwart. 2 Bde.* Leipzig: J. Baedeker.
Langton, Rae. 2000. »The Musical, the Magical, and the Mathematical Soul.« In: *History of the Mind-Body Problem*, hrsg. v. T. Crane und S. Patterson: Routledge, S. 13–33.
Laska, Bernd A. 1985. »Julien Offray de La Mettrie.« In: *La Mettrie, Der Mensch als Maschine.* Nürnberg: LSR Verlag, S. VII–XL.
Leibniz, Gottfried Wilhelm. 1904/06. *Hauptschriften zur Grundlegung der Philosophie. Übers. v. A. Buchenau. 2 Bde.* Leipzig: Meiner.
–, 1965. *Neue Abhandlungen über den menschlichen Verstand. Hrsg. u. übers. v. W. v. Engelhardt u. H. H. Holz.* Frankfurt: Insel.

–, 1968. *Die Theodizee. Übers. v. Arthur Buchenau, Einf. v. Morris Stockhammer*. Hamburg: Meiner.
Leopold, D. A. und N. K. Logothetis. 1996. »Activity changes in early visual cortex reflect monkeys' percepts during binocular rivalry.« *Nature* 379 (6565): S. 549–53.
Levine, Joseph. 1983. »Materialism and Qualia: The Explanatory Gap.« *Pacific Philosophical Quarterly* 64: S. 354–361.
–, 1991. »Cool Red.« *Philosophical Psychology* 4: S. 27–39.
–, 1993. »On Leaving Out What It's Like.« In: *Consciousness. Psychological and Philosophical Essays*, hrsg. v. M. Davies und G. W. Humphreys. Oxford: Blackwell, S. 121–136.
–, 2001. *Purple Haze. The Puzzle of Consciousness*. Oxford: Oxford University Press.
Loar, Brian. 1997. »Phenomenal States.« In: *The Nature of Consciousness. Philosophical Debates*, hrsg. v. N. Block, O. Flanagan und G. Güzeldere. Cambridge MA: MIT Press, S. 597–616.
Locke, John. 1974. *An Essay Concerning Human Understanding*. New York.
–, 1981. *Versuch über den menschlichen Verstand. In vier Büchern. 2 Bde*. Hamburg: Meiner.
MacDonald, Paul S. 2003. *History of the concept of mind*. Aldershot, Hants, England; Burlington, VT: Ashgate.
Mansfeld, Jaap. 1987. *Die Vorsokratiker*. Stuttgart: Reclam.
Mees, Allard. 2007. »Der Sternenhimmel vom Magdalenenberg. Das Fürstengrab bei Villingen-Schwenningen – Ein Kalenderwerk der Hallstattzeit«. *Jahrbuch des Römisch-Germanischen Zentralmuseums* 54: S. 217–264.
Meltzoff, A. und M. Moore. 1983. »The origins of imitation in infancy: Paradigms, phenomena, and theories.« In: *Advances in infancy research*, hrsg. v. L. P. Lipsitt und C. K. Rovee-Collier. Norwood, S. 265–301.
Menn, Stephen Philip. 1989. Descartes and Augustine. Ph. D., University of Chicago.
Metzinger, Thomas. 1996. *Bewußtsein. Beiträge aus der Gegenwartsphilosophie*. 2. Aufl. Paderborn: Schoeningh.
Milnes, Tim. 2000. »On the authorship of two dissertations concerning sense and the imagination, with an essay on consciousness (1728).« *Notes and Queries* 47 (2): S. 196-b-198.

Moll, Henrike und Andrew Meltzoff. 2010. »Perspective-taking and its foundation in joint attention.« In: *Perception, causation, and objectivity. Issues in Philosophy and Psychology*, hrsg. v. J. Roessler. Oxford: Oxford University Press.

Montero, Barbara. 1999. »The Body Problem.« *Nous* 33: S. 183–200.

Nagel, Thomas. 1974. »What Is It Like to Be a Bat?« *Philosophical Review* 83: S. 435–450.

–, 1979. *Mortal Questions*. Cambridge.

–, 1993. »Wie ist es, eine Fledermaus zu sein?« In: *Analytische Philosophie des Geistes*, hrsg. v. P. Bieri. Bodenheim: Athenäum, S. 261–275.

Nazir, T. A. und J. Kevin O'Regan. 1990. »Some results on translation invariance in the human visual system.« *Spatial Vision* 5 (2): S. 81–100.

Nida-Rümelin, Martine. 1993. *Farben und phänomenales Wissen*. Wien: Verband der wissenschaftlichen Gesellschaften Österreichs.

–, 1998. »Vertauschte Sinnesqualitäten und die Frage der Erklärbarkeit von Bewußtsein.« In: *Bewußtsein und Repräsentation*, hrsg. v. F. Esken und H.-D. Heckmann. Paderborn: Schöningh, S. 299–324.

Nisbett, Richard E. und Timothy DeCamp Wilson. 1977. »Telling More Than We Can Know: Verbal Reports on Mental Processes.« *Psychological Review* 84: S. 231–59.

Nussbaum, Martha C. 1972a. »ΨΥΧΗ in Heraclitus, I.« *Phronesis* 17 (1): S. 1–16.

–, 1972b. »ΨΥΧΗ in Heraclitus, II.« *Phronesis* 17 (2): S. 153–170.

O'Regan, J. Kevin. 1992. »Solving the »real« mysteries of visual perception: the world as an outside memory.« *Can J Psychol* 46 (3): S. 461–88.

Oeing-Hanhoff, Ludger. 1984. »»Seele« und »Geist« im philosophischen Verständnis Descartes'.« In: *Seele. Ihre Wirklichkeit, ihr Verhältnis zum Leib und zur menschlichen Person*, hrsg. v. K. Kremer. Leiden / Köln: Brill, S. 84–99.

Oerter, Rolf und Leo Montada (Hrsg.). 1995. *Entwicklungspsychologie. Ein Lehrbuch*. Weinheim: Beltz.

Olson, Michael. forthcoming. »The Camera Obscura and the Nature of the Soul: On a Tension between the Mechanics of Sensation and the Metaphysics of the Soul.« *Intellectual History Review*.

Papineau, David. 1996. »Der antipathetische Fehlschluß und die Grenzen des Bewußtseins.« In: *Bewußtsein. Beiträge aus der Gegenwartsphilosophie*, hrsg. v. T. Metzinger. Paderborn: Schöningh, S. 305–322.

Patterson, Sarah. 2000. »How Cartesian was Descartes?« In: *History of the Mind-Body Problem*, hrsg. v. T. Crane und S. Patterson: Routledge, S. 70–110.

Pauen, Michael. 2000. »Painless Pain. Property Dualism and the Causal Role of Phenomenal Consciousness.« *American Philosophical Quarterly* 37: S. 51–64.

–, 2004. *Illusion Freiheit? Mögliche und unmögliche Konsequenzen der Hirnforschung*. Frankfurt/M.: S. Fischer.

–, 2006. »Feeling Causes.« *Journal of Consciousness Studies* 13 (1–2): S. 129–152.

–, 2010. »How Privileged is First Person Privileged Access.« *American Philosophical Quarterly* 47 (1): S. 1–15.

–, 2012. »The Second Person Perspective.« *Inquiry* 55 (1): S. 33–49.

–, 2015. »The Functional Mapping Hypothesis.« *Topoi*: S. 1–12.

Pauen, Michael, Michael Schütte und Alexander Staudacher. 2007. *Begriff, Erklärung, Bewusstsein: neue Beiträge zum Qualia-Problem*. Paderborn: Mentis.

Pauen, Michael und Achim Stephan. 2002. *Phänomenales Bewusstsein: Rückkehr zur Identitätstheorie?* Paderborn: Mentis.

Perler, Dominik. 2006. *René Descartes*. 2. Aufl. München: Beck.

Platon. 1923. *Sämtliche Dialoge. Hg. v. Otto Apelt*. 7 Bde. Hamburg: Meiner.

Plotin. 1930–37. *Schriften. Übersetzt von Richard Harder*. 5 Bde. Leipzig: Meiner.

Pronin, Emily. 2009. »The Introspection Illusion.« In: *Advances in Experimental Social Psychology*, hrsg. v. M. P. Zanna. Burlington: Academic Press, S. 1–67.

Prosser, Simon und François Recanati. 2012. *Immunity to error through misidentification: new essays*. Cambridge; New York: Cambridge University Press.

Pseudo-Mayne. 1983. *Über das Bewusstsein (1728). Übersetzt von Reinhardt Brandt*. Hamburg: Felix Meiner.

Rosenthal, David. 2010. »How to Think about Mental Qualities.« *Philosophical Issues* 20: S. 363–393.

Roth, Gerhard und Nicole Strüber. 2014. *Wie das Gehirn die Seele macht*. Stuttgart: Klett Cotta.

Ruff, Christian C., Árni Kristjánsson und Jon Driver. 2007. »Readout From Iconic Memory and Selective Spatial Attention Involve Similar Neural Processes.« *Psychological Science* 18 (10): S. 901–909.

Ruth, Sharon und P. Padmakumari. 2014. »Recent Trends in Alexithymia.« *International Journal of Psychology and Behavioral Sciences* 4 (3): S. 106–111.

Ryle, Gilbert. 1969. *Der Begriff des Geistes*. Stuttgart: Reclam.

Schachter, S., Singer, J. E. 1962. »Cognitive, Social and Physiological Determinants of Emotional State.« *Psych. Review LXIX*: S. 379–399.

Schachter, Stanley. 1964. »The interaction of cognitive and physiological determinants of emotional states.« In: *Advances in experimental social psychology*, hrsg. v. L. Berkowitz. New York: Academic Press, S. 49–80.

Schachter, Stanley und L. Wheeler. 1962. »Epinephrine, chlorpromazine, and amusement.« *J Abnorm Soc Psychol* 65: S. 121–8.

Schmitt, Arbogast. 1994. Verhaltensforschung als Psychologie. Aristoteles über das Verhältnis von Mensch und Tier. *(Unveröff. Manuskript)*

Schott, Heinz und Rainer Tölle. 2006. *Geschichte der Psychiatrie. Krankheitslehren, Irrwege, Behandlungsformen*. München: Beck.

Schwitzgebel, Eric. 2002a. »How Well Do We Know Our Own Conscious Experience. The Case of Visual Imagery.« *Journal of Consciouness Studies* 9 (5–6): S. 35–53.

–, 2002b. »Why Did We Think We Dreamed in Black and White?« *Studies in History and Philosophy of Science* 33: S. 649–660.

–, 2008. »The Unreliability of Naive Introspection.« *The Philosophical Review* 117 (2): S. 245–73.

–, 2012. »Introspection, What?« In: *Introspection and consciousness*, hrsg. v. D. Smithies und D. Stoljar. New York, N. Y.: Oxford University Press, S. 29–48.

Searle, John R. 1992. *The Rediscovery of the Mind*. Cambridge MA, London.

Sheils, Dean. 1978. »A Cross-Cultural Study of Beliefs in Out-of-the-Body Experiences, Waking and Sleeping.« *Journal of the Society of Psychical Research* 49 (775): S. 697–741.

Shoemaker, Sydney. 1975. »Functionalism and Qualia.« *Philosophical Studies* 27: S. 271–315.

Sifneos, P. E. 1973. »The prevalence of alexithymic characteristics in psychosomatic patients.« *Psychotherapy and Psychosomatics* 22: S. 255–262.

Simons, D. J. und R. A. Rensink. 2005. »Change blindness: past, present, and future.« *Trends Cogn Sci* 9 (1): S. 16–20.

Simrock, Karl Joseph. 1878. *Die Edda die Ältere und Jüngere nebst mythischen Erzählungen der Skalda.* 7. Aufl. Stuttgart: J. G. Cotta.

Skinner, B. F. 1971. *Beyond Freedom and Dignity*. Indianapolis: Hackett.

Smithies, Declan. 2012. »A Simple Theory of Introspection.« In: *Introspection and consciousness*, hrsg. v. D. Smithies und D. Stoljar. New York, N. Y.: Oxford University Press, S. 259–294.

Smithies, Declan und Daniel Stoljar. 2012. »Introspection and consciousness: An overview.« In: *Introspection and consciousness*, hrsg. v. D. Smithies und D. Stoljar. New York, N. Y.: Oxford University Press, S. 3–28.

Soemmerring, Samuel Thomas. 1796. *Über das Organ der Seele.* Königsberg: Nicolovius.

Sperling, George. 1960. *The information available in brief visual presentations, Psychological monographs: general and applied.* Washington: American Psychological Association.

Stalnaker, Robert. 1998. »What might nonconceptual content be?« *Philosophical Issues* 9: S. 339–352.

Subic-Wrana, Claudia, Susanne Bruder, Walther Thomas, Richard D. Lane und Karl Köhle. 2005. »Emotional awareness deficits in inpatients of a psychosomatic ward: a comparison of two different measures of alexithymia.« *Psychosom Med* 67 (3): S. 483–9.

Subic-Wrana, Claudia, Walther Thomas, Michael Huber und Karl Köhle. 2001. »Levels of Emotional Awareness Scale (LEAS). Die deutsche Version eines neuen Alexithymietests.« *Der Psychotherapeut* 46: S. 176–181.

Thiel, Udo. 1991. »Cudworth and Seventeenth-Century Theories of Consciousness.« In: *The Uses of Antiquity. The Scientific Revolution and the Classical Tradition*, hrsg. v. S. Gaukroger. Dordrecht: Kluwer, S. 79–100.

Thomson, Evan und Francisco Varela. 2001. »Radical Embodiment: Neural Dynamics and Consciousness.« *Trends in Cognitive Science* 5: S. 418–425.

Tomasello, Michael. 1993. »On the Interpersonal Origins of Self-Concept.« In: *The Perceived Self. Ecological and Interpersonal Sources of Self-Knowledge*, hrsg. v. U. Neisser. Cambridge New York: Cambridge University Press, S. 174–184.

Tusche, A., S. Bode und J. D. Haynes. 2010. »Neural responses to unattended products predict later consumer choices.« *J Neurosci* 30 (23): S. 8024–31.

Tylor, Edward B. 1974. *Primitive culture: researches into the development of mythology, philosophy, religion, art, and custom*. 2 Bde. New York: Gordon Press.

Tyson, Edward. 1699. *The anatomy of a pygmie compared with that of a monkey, an ape, and a man*. 2d. Aufl. London: Th. Bennet.

Vogt, Carl. 1851. *Untersuchungen über Thierstaaten*. Frankfurt: Literarische Anstalt.

–, 1852. *Bilder aus dem Thierleben*. Frankfurt/M.: Literarische Anstalt.

–, 1971. »Köhlerglaube und Wissenschaft.« In: *Schriften zum kleinbürgerlichen Materialismus in Deutschland*, hrsg. v. D. Wittich. Berlin: Akademie Verlag, S. 517–640.

Wagner, Rudolph. 1854. *Menschenschöpfung und Seelensubstanz. Ein anthropologischer Vortrag*. Göttingen: Wigand.

Warnes, H. 1986. »Alexithymia, clinical and therapeutic aspects.« *Psychother Psychosom* 46 (1–2): S. 96–104.

Watson, John B. 1925. Behaviorism. London: Kegan Paul, Trench, Trubner & Co. Ltd.

Wernicke, Carl. 1874. *Der aphasische Symptomencomplex. Eine psychologische Studie auf anatomischer Basis*. Breslau: Max Cohn & Weigert.

Wimmer, Heinz und Josef Perner. 1983. »Beliefs about Beliefs. Representation and Constraining Function of Wrong Beliefs in Young Children's Understanding of Deception.« *Cognition* 13: S. 103–128.

Wittkau-Horgby, Annette. 1998. *Materialismus. Entstehung und Wirkung in den Wissenschaften des 19. Jahrhunderts*. Göttingen: Vandenhoeck und Ruprecht.

Woodward, Amanda. 1996. Infants Pay Special Attention to an Actor's Goal. Vortrag, International Conference on Infant Studies, April 1996, Providence RI.

Woollett, K. und E. A. Maguire. 2011. »Acquiring »the Knowledge« of London's layout drives structural brain changes.« *Curr Biol* 21 (24): S. 2109–14.

Ziche, Paul. 1999. »Einleitung.« In: *Introspektion: Texte zur Selbstwahrnehmung des Ichs*, hrsg. v. P. Ziche. Wien / New York: Springer, S. 1–42.

Michael Pauen

Grundprobleme der Philosophie des Geistes

Eine Einführung

Band 14568

An der Philosophie des Geistes scheiden sich die Geister. Die Auseinandersetzung um das Verhältnis von Gehirn und Bewusstsein beschäftigt Philosophen und empirische Wissenschaftler seit Jahrhunderten. Entsprechend unübersichtlich ist die Diskussionslage.

Michael Pauen gibt eine systematische, problemorientierte Darstellung der wichtigsten Positionen, Debatten und Argumente der letzten Jahrzehnte und unterscheidet dabei auch zwischen aussichtsreichen und weniger aussichtsreichen Vorschlägen. Berücksichtigt werden außerdem die Ergebnisse der empirischen Forschung sowie die möglichen Konsequenzen für unser Selbstverständnis als bewusste, frei handelnde Subjekte.

Fischer Taschenbuch Verlag

fi 14568 / 1